Ingeborg Prior

Sophies Vermächtnis
*Das tragische Schicksal einer Deutschen
in sibirischer Verbannung*

KNAUR TASCHENBUCH VERLAG

Besuchen Sie uns im Internet:
www.knaur.de

Vollständige Taschenbuchausgabe März 2006
Knaur Taschenbuch.
Ein Unternehmen der Droemerschen Verlagsanstalt
Th. Knaur Nachf. GmbH & Co. KG, München
Copyright © 2002 by Verlag Kiepenheuer & Witsch, Köln
Alle Rechte vorbehalten. Das Werk darf – auch teilweise –
nur mit Genehmigung des Verlags wiedergegeben werden.
Umschlaggestaltung: ZERO Werbeagentur, München
Umschlagabbildung: Foto von Sophie Lissitzky-Küppers
aus dem Besitz der Familie
Satz: Adobe InDesign im Verlag
Druck und Bindung: Norhaven A/S
Printed in Denmark
ISBN-13: 978-3-426-77830-2
ISBN-10: 3-426-77830-0

2 4 5 3 1

Knaur.

Über die Autorin:
Ingeborg Prior, geboren 1939, Journalistin und Buchautorin, lebt und arbeitet seit 1960 in Köln.

Inhalt

Erster Teil
1. Sophies Sumpflegende 9
2. Die Liebe und die Kunst 26
3. »La mère des bolcheviks« 47
4. Vom jiddischen Schtetl nach Berlin 55
5. Sophies Wahl 71
6. Ein Schweizer Dokument 87
7. Nach Moskau, zur Sonne, zur Freiheit 91

Zweiter Teil
8. Eine Deutsche in Moskau, ein Russe in Köln 103
9. Ein kleiner Lissitzky 125
10. »Entartete Kunst« 138
11. Die Tür schlägt zu 150
12. »Haben Sie je von Lissitzky gehört?« 166
13. Sophie und Jelena 172
14. Ewige Verbannung 181

Dritter Teil
15. Sibirischer Winter 197
16. Die Mauer zeigt Risse 206
17. Der Tyrann stirbt, das Leben geht weiter 215
18. »Sammlung Küppers kaputtgegangen,
    alles verloren« 227
19. Die rote Mappe 237
20. Besuch aus Köln 248
21. »Ich habe nur noch einen Wunsch ...« 258

Vierter Teil
22. Die Ankunft 279
23. Der Kunstfahnder 300
24. Sophies Liste 311
25. »Russe pfändet Millionengemälde!« 323
26. Erste Erfolge 335
27. Zwei schwarze Flecke 343
28. Kandinskys »Improvisation Nr. 10« 347

Epilog 361

Quellenverzeichnis 367

Erster Teil

1. Sophies Sumpflegende

Ein Gebirgsdorf im Frühlingsföhn. Licht fällt auf schroffe Felsen, auf purpurbraune Häuser mit hell umrandeten Fenstern, auf einen Jungen am düsteren Tümpel, auf sprossendes Grün. Kahle Tannenbäumchen und weiße Kreuze – oder sind es Hexenzeichen? – vereinigen sich mit Kreisen und Dreiecken. Und schwebt da nicht über allem ein Engel? Ein Luftgeist? Die geheimnisvolle Stimmung lockt den Betrachter in eine mystische Märchenwelt.

Sophie und Paul Erich Küppers konnten sich dieser Verlockung nicht entziehen. Richtig verliebt hatten sie sich in das kleine Ölgemälde von Paul Klee, das der Künstler im Jahr 1919 in seinem neuen Atelier im Schlösschen Suresnes in der Münchener Werneckstraße gemalt hatte. Kurz zuvor erst war er aus dem Kriegsdienst – zuletzt als Schreiber in der Verwaltung einer Fliegerschule – entlassen worden. »Sumpflegende« hatte er sein Bild genannt, ein rätselhafter Name, der neugierig machte. Sophie und Paul Erich Küppers besuchten Klee in seinem Atelier. Das Gemälde lehnte an der Wand, noch ungerahmt. Es war gerade fertig geworden, er wollte sich eigentlich noch nicht von ihm trennen. Doch dem fordernden Charme der jungen Frau konnte er sich nicht entziehen. Und so überließ er dem Paar sein Bild für das wenige Ersparte, das es in kleinen Scheinen und Münzen angesammelt hatte. Jetzt gehörte es ihnen.

»Wer Paul Klees zarte Phantasien nicht liebt, wird nur schwer den Zugang zu diesem Elfenreich finden, wo alle

Schwere überwunden scheint. Hier ist alles seltsam, von kindlichen Träumen umrankt, ins Unglaubliche und Wunderbare gezaubert. In den kritzelnden, zuckenden Strichelchen sind Geheimnisse eingebettet, und die Farbe, duftig und durchsichtig, ist darüber hingehaucht wie schwebendes, dunstiges Gewölk ...« So poetisch äußerte sich der junge Kunsthistoriker Küppers über Klees magische Bilderwelt.

»Es war die glücklichste und unbeschwerteste Zeit meines Lebens. Ich hatte immer davon geträumt, für die Kunst zu leben. Und nun durfte ich es an der Seite dieses wunderbaren Mannes«, notierte Sophie Küppers später in ihrem Tagebuch. Die Kunst hatte sie zusammengeführt. Beide studierten an der Münchener Hochschule Kunstgeschichte, hörten die Vorlesungen von Professor Heinrich Wölfflin und Dr. Karl Voll, den damaligen Koryphäen der Universität.

Paul Klees »Sumpflegende« sollte den Grundstein ihrer außergewöhnlichen und bis heute heftig umkämpften Sammlung zeitgenössischer Kunst bilden. Sie wollten dieses Bild, das sie sehr lieb gewonnen hatten und das eine Zeit lang in ihrem Salon in der Königstraße Nummer acht in Hannover hing, immer um sich haben. Doch das Schicksal hatte anderes vor mit ihnen, mit der »Sumpflegende« und all den anderen Bildern.

Sophie Küppers, geborene Schneider, hat die Geschichte der Münchener Bürgersfamilie, in die sie im Jahr 1891 hineingeboren wurde, nach den Erzählungen ihres Vaters aufgeschrieben. Ihre Aufzeichnungen helfen uns, diese unbeugsame Tochter eines unbeugsamen Vaters kennen und verstehen zu lernen. Sophie hat ihren Vater Christian Schneider über alles geliebt. Seine Stärke, seinen Lebensmut, seinen Humor und seine Liebe zur Kunst. Sie war ein wissbegieriges kleines Mädchen – und er ein phantasievoller Erzähler. Dass er als junger Mann bei einem Duell seine Nasenspitze verloren hatte und fortan »Nasen-Schneider« genannt wurde, tat ihrer Bewunderung keinen Abbruch.

Als Jüngster einer großen Kinderschar geboren zu werden, war kein einfaches Schicksal für einen Jungen, der mit den Schwestern erzogen wurde und genau wie sie sticken und nähen lernen musste. In der Gesellschaft seiner drei älteren Brüder fühlte sich Christian Schneider wohler als in der seiner albern kichernden Schwestern. Die Jungen spielten oft auf der Straße, und dort erlebte er mit Hermann, Julius und Fritz die heftigsten Religionskriege zwischen den Kindern der Nachbarfamilien. »Ihr habt unseren Herrn Jesus umgebracht«, schrien die protestantischen Kinder ihren jüdischen Spielkameraden zu und stürzten sich auf sie. »Das waren nicht wir, das waren doch die Oppenheimers«, wehrten die sich. Nicht selten endeten die Straßenkämpfe mit blutigen Schrammen.

Christians Vater Friedrich Schneider war der Gründer der *Fliegenden Blätter* und der *Münchener Bilderbogen* gewesen. Zusammen mit dem Künstler Kaspar Braun hatte er 1843 den Kunstbuch-Verlag *Braun & Schneider* aus der Taufe gehoben, dessen bekanntester Autor Wilhelm Busch wurde. Da wunderte es kaum, dass der kleine Christian *Max und Moritz,* Buschs »Bubengeschichte in sieben Streichen«, aus dem Stegreif aufsagen konnte.

Zu Lebzeiten von Sophies Großvater fanden in der Redaktion der *Fliegenden Blätter* wöchentliche Tanzkränzchen statt, an denen die jungen Künstler des Verlages teilzunehmen hatten. Schließlich galt es, fünf Töchter zu verheiraten. Aber wie so oft bei derartigen Verkuppelungsmanövern sprechen die Herzen eine andere Sprache.

Gusti, die älteste Schneider-Tochter, freundete sich mit dem Maler Moritz von Schwind an, der sie als liebliches Mädchen porträtierte. Geheiratet hat sie dann einen Chemiker, mit dem sie jedoch nicht glücklich wurde. »Mit Morphium hat sie ihr Dasein erleichtert«, umschrieb Sophie die zu einem frühen Tod führende Sucht ihrer Tante.

Die zweite Schwester des Vaters, ihre Patentante Sophie, deren Namen sie bekam, war eine begabte Künstlerin und Schriftstellerin. Ihre Liebesbeziehung zu einem Marineoffizier scheiterte am Geld. Weil die Eltern ihr keine Mitgift bezahlen konnten und er die 70 000 Mark Kaution nicht aufbringen konnte, die ein Offizier stellen musste, wenn er heiraten wollte, gab es eben keine Hochzeit. Der Geist der unglücklichen Sophie soll dies nicht verkraftet haben. Jedenfalls verbrachte sie ihr restliches Leben in einer Anstalt. »Von dort hat sie mir, ihrem Patenkind, wunderbare Briefe geschrieben, in denen die Anstaltszensur aber viel gestrichen hatte«, erinnerte sich Sophie. »Sie nannte mich ihr Herzlieberl, ihr Sonnenscheinerl. Und sie schenkte mir ein Notenheft mit Weihnachtsliedern, die wir jedes Jahr am Heiligen Abend sangen.«

Auch Lilly, die dritte Schwester, hatte wenig Glück mit Männern. Sie war das intelligenteste, aber nicht eben das schönste der Mädchen. Später führte sie mit strenger Hand den Haushalt ihrer unverheirateten Brüder. An ihrer Wohnungstür im Schneider-Haus war ein himmelblauer Glockenzug aus Porzellan befestigt, der beim Eintreten melodisch bimmelte. In einem Eckschrank ihres roten Salons bewahrte sie alle Bilderbücher des Verlages auf. Aus ihrem Zimmer im Schneider-Haus blickte Sophie auf das Schillerdenkmal und die Pferdebahn. »Tante Lilly hat uns Kinder sehr lieb gehabt. Die Kultur und Wärme, die sie ausstrahlte, war für mich kleines Mädchen ein großes Glück. Manchmal durfte ich bei ihr eine kostbare Ausgabe von Shakespeares Werken anschauen, zu der Onkel Hermann die Illustrationen gezeichnet hatte.«

Im Verlag spielte Lilly eine gewichtige Rolle. Einmal in der Woche wurde in ihrem Büro der »Kübel« ausgeschüttet. Das war ein großer Pappkarton, in dem die Witze gesammelt wurden, die von Lesern eingeschickt worden waren. Tante Lilly entschied, was angenommen und was abgelehnt wurde.

Von der unglücklichen Marie gibt es kein Foto. Sie soll eine wirkliche Schönheit gewesen sein. Und mutig dazu. Sie heiratete einen Abenteurer und Gauner und folgte ihm nach Amerika, wo er im berüchtigten Gefängnis Sing-Sing verstorben sein soll. Sie und ihre Kinder waren danach auf die Unterstützung durch die Brüder angewiesen. »Du wirst mal eine zweite Marie, prophezeite meine Mutter, die mein Kunststudium am liebsten verhindert hätte.«

Babette, die jüngste Schwester, war eins der hübschesten Mädchen Münchens – aber leider nicht besonders klug. Da auch sie in ihrer Jugend keine Aussteuer bekommen konnte, heiratete sie erst mit 35 Jahren einen Witwer, den Edlen und Ritter von Schmädel. »Das war ein übler Bursche, der immer schmutzige Zoten erzählte. Mein Vater konnte ihn deswegen nicht leiden, und meine Tante Marie spuckte dem Schwager eines Tages ins Bier, als er einen besonders dreckigen Witz erzählte«, hat Sophie notiert.

Sophie Schneider 1896 *(Foto: privat)*

Die Wohnung von Sophies Onkeln Hermann und Julius Schneider lag direkt über der von Tante Lilly. Sophie erinnert sich an den starken Duft nach Eau de Cologne, der ihr über die Treppe entgegenwehte und den sie gar nicht mochte. Eine große Reproduktion von Rubens' Aktgemälde »Das Pelzchen« hing in Onkel Hermanns Schlafzimmer. Der Salon mit seinen roten Plüschmöbeln war eher süßlich als männlich-herb eingerichtet. Das einzig Verlockende darin war für Sophie der große Bechstein-Flügel, zu dem sich später noch das damals gerade erfundene Pianola gesellte. Auf ihm wurde bei Familienfesten der Feuerzauber aus der *Walküre* heruntergehämmert, begleitet von Dackelgebell und Stimmengewirr.

Hermann Schneider war ein schöner, eleganter Mann, mit der typischen prägnanten Schneidernase, die auch seine Schwester Babette zierte. Obwohl er ein begabter Zeichner war, wollte er im eigenen Leben die Kunst nicht zum Broterwerb verkommen lassen. Er bevorzugte den bequemen Posten als künstlerischer Redakteur bei den *Fliegenden Blättern*.

Julius, als ältester Sohn der Erbe des Verlags, schwerhörig und immer kränkelnd, war seiner Größe und seiner vollen grauen Haare wegen eine imposante Erscheinung. »Aber«, so erinnerte sich Sophie, »der Zwang, dass wir Kinder am Sonntag nach der Kirche zu diesem unbeweglichen und dumpfen Menschen gehen mussten, um laut schreiend zu fragen: ›Wie geht es dir, Onkel Julius?‹, um dann ein Zehn-Mark-Stück zu bekommen mit dem immer gleichen Rat: ›Geh damit zum Rottenhöfer und kauf dir ein Gefrorenes‹, machte mir diesen Götzendienst ohne interessante oder belustigende Gespräche doch recht zuwider und langweilig.«

Fritz Schneider, der ebenfalls ein begabter Künstler gewesen sein soll, von dem jedoch keine Zeichnung und kein Bild in der Familie zurückgeblieben waren, wurde 1870 im Deutsch-Französischen Krieg verwundet. Nach seiner Genesung heiratete er ein Mädchen aus reichem Haus, dessen Familie große Ölmühlen besaß. Später wählte er den Freitod. Sophies Großvater schob die Schuld der Familie seiner Schwiegertochter zu, die den armen Künstler, weil er nicht zum Gelderwerb taugte, stets verachtet und gedemütigt hatte.

Sophies Vater Christian, der jüngste Schneider-Sohn, war das von allen verhätschelte, ewig kränkelnde Nesthäkchen, selbst noch als erwachsener Mann. Schon als Kind quälten ihn ständige Schmerzen, die Folge einer nie richtig auskurierten Bauchfellentzündung.

Auf dem humanistischen Gymnasium lernte er Griechisch, Lateinisch, Englisch und Französisch. »Oft hat er uns Kindern Verse aus der Odyssee oder lateinische Strophen vorgesprochen, wenn wir mit ihm die Treppen in unsere Wohnung hinaufstiegen. Der Klang und der Rhythmus der klassischen Sprachen bezauberten mich durch ihre Fremdheit und Schönheit«, erinnerte sich Sophie an den Vater.

Als Christian die Schule verließ, wurde ein mit den Eltern befreundeter General zur Berufsberatung hinzugezogen. Und natürlich empfahl dieser den Stand eines Offiziers für einen jungen Mann aus gutem Hause. Doch der hatte andere Pläne. Selbstbewusst entgegnete Christian, für ihn sei der Stand des Gelehrten der einzig richtige, weil er damit der Menschheit helfen könne. Schließlich setzte er seinen Willen durch und begann in München Medizin zu studieren. Während seiner

Ausbildung zum Chirurgen geriet er jedoch an den berühmten Professor Nußbaum, der fast alle seine Schüler mit Morphium vertraut machte. So jedenfalls hat der Vater seiner Tochter Sophie seine Sucht später zu erklären versucht.

In die Studentenzeit fiel auch sein Duell mit einem Offizier, der ihm die Nasenspitze abschlug. Seine Mutter war sehr unglücklich über die Verunstaltung ihres jüngsten Sohnes. Aus ihrer Abneigung gegen »dieses ganze korpsbrüderliche Gehabe« machte sie keinen Hehl.

Bei einem fröhlichen Zechgelage kamen die jungen, abenteuerlustigen Doktoren auf die Idee, als Schiffsärzte bei der Marine anzuheuern. Sie bewarben sich, Christian Schneider wurde als Einziger angenommen und musste sich nun in Kiel melden. In der ersten Zeit fiel es ihm schwer, sich an das steife preußische Regiment zu gewöhnen. Christian praktizierte zunächst als Arzt auf dem Schulschiff »Albatros« und später auf dem großen Segelschiff »Gneisenau«, auf dem er viele ferne Länder kennen lernte.

Während eines längeren Aufenthaltes in der Südsee raffte eine tropische Malaria die halbe Besatzung des Schiffes dahin. Der junge Doktor schlief in der Mitte des zur Krankenstation umfunktionierten Speisesaals bei seinen schwerkranken Patienten. Jedem hatte er eine Schnur ums Handgelenk geschlungen und diese mit seiner eigenen Hand fest verbunden. So wachte er sofort auf, wenn ein Patient unruhig wurde. Auf den Fidschiinseln heilte er Geschwüre und andere Hautkrankheiten der Einheimischen. Die ihm dankbar überreichten Geschenke – kostbare Schnitzereien, Geschirr aus Schildpatt und bemalte Tapas – brachte er mit nach Hause. Und außerdem einen quicklebendigen Boy, der als der »schwarze Hans« in die Familiengeschichte einging. Der junge »Wilde« lernte lesen und schreiben und war die exotische Attraktion für Christians Schwestern und deren Freundinnen. Später schickte man ihn in seine Heimat zurück, weil er, wie Sophies Vater erzählte, allzu zutraulich zum weiblichen Geschlecht geworden war; er wollte ihn vor drohenden Alimenten schützen. Und sich davor, diese Alimente für seinen Schützling bezahlen zu müssen.

Von seinen Reisen in ferne Länder brachte Sophies Vater häufig seltene Volkskunst mit. »Ein ganzer chinesischer Schrank voll mit unglaublich winzigen und zauberhaften Dingen, die Arbeiten namenloser Künstler – bedeuteten für uns Kinder einen geheimnisvollen Schatz, in dem wir immer wieder Überraschendes aufspürten. Da gab es pures gelbes Gold in porösem Kalkstein aus Australien, japanische Rikschas und Dschunken aus Schildpatt, zauberhafte Elfenbeinblumen der Geishas. Winzige silberne Schlitten, und aus Madeira wunderbare Spitzen und Stickereien. Ein kleines bezauberndes Museum und eine kostbare Sammlung, die er schließlich dem Ethnographischen Museum der Stadt München schenkte. In mir, seiner Tochter, hat sein schöpferischer Geist, der alles Schöne und Gute in sich aufnahm, tiefe Spuren hinterlassen.«

Dass Sophies Vater nicht auch zum eisernen Junggesellen wurde wie seine beiden Brüder, verdankte er einem Komplott seiner damals noch unverheirateten Schwestern. Sie bestanden darauf, dass der Jüngste für den Fortbestand der Schneider-Familie zu sorgen habe. Ein zierliches und gescheites Fräulein Mathilde Parcus wurde mit ihm bekannt gemacht. Ihr Vater besaß, was für ein Zufall, eine Druckerei. Ein Vermögen von 150 000 Goldmark und eine prächtige

Aussteuer machten das Fräulein Parcus zur standesgemäßen Partie.

Sophies Vater war elf Jahre älter als die junge Frau, mit der er sich im Herbst 1890 verlobte. Sie war nach dem frühen Tod ihrer Mutter in einem Pensionat aufgewachsen, beherrschte perfekt die englische und französische Sprache, spielte gut Klavier und hatte sich kurz vor ihrer Heirat in einem Restaurant in die Kunst des Kochens einführen lassen. Alles Gaben, die der Ehefrau eines Arztes wohl anstanden.

»Sie hat uns nie über den tragischen Tod ihrer Mutter nach einem zweiten Selbstmordversuch erzählt. Niemals habe ich ein Bild meiner Großmutter mütterlicherseits gesehen. Nur ihr Gesangbuch mit der Inschrift ›Marie Gebhardt‹ bekam ich zur Konfirmation geschenkt. Ein Charakterzug der Großmutter jedoch wurde mir als abschreckende Mahnung gegen meine Verschwendungssucht von der Familie immer wieder vorgehalten – sie hatte ihren kostbaren Pelz einer Bettlerin geschenkt, die sie um Hilfe bat.

Aus was für einem Leben musste sich diese arme Frau befreien? Vielleicht spielte dabei die Religion eine Rolle. Sie war Protestantin und der Großvater ein fanatischer Katholik. Nichts ist mir von dieser unglücklichen Gemeinschaft bekannt – nur ein grenzenloses Mitleid hatte ich immer mit dieser geopferten Frau.«

Der Konflikt der verschiedenen Glaubensbekenntnisse wurde in die Ehe von Sophies Eltern weitergetragen. Der Vater war Protestant, die Mutter Katholikin. Die Braut bekam von einem Priester einen silbernen Rosenkranz geschenkt, verbunden mit der dringlichen Bitte, die Ehe mit diesem Ketzer nicht einzugehen, da sie dadurch das Recht verliere, ein Mitglied der katholischen Kirche zu sein.

Sie schickte den Rosenkranz zurück mit der Erklärung, dass sie ihr bereits gegebenes Wort nicht brechen werde und hiermit aus der katholischen Kirche ausscheide. Ihr Bräutigam musste als Marinearzt ein Papier unterzeichnen, in dem er versicherte, seine zu erwartenden Kinder protestantisch taufen zu lassen – Mischehen waren in der Marine nicht gestattet.

Die Hochzeit fand im Januar 1891 in München statt. Das Paar siedelte nach Berlin über, wo der junge Arzt die Kenntnisse auf seinem Fachgebiet der Infektionskrankheiten am Hygienischen Institut der Universität bei dem berühmten Bakteriologen und späteren Nobelpreisträger Dr. Robert Koch vertiefen konnte.

Im Herbst 1891 zog das Ehepaar erneut um, ganz in den Norden Deutschlands, nach Kiel. Auch Christian Schneider hatte sich auf einer seiner Reisen mit Malaria infiziert. Nachdem die Krankheit schließlich ausgeheilt war, fuhr er nicht mehr zur See, sondern untersuchte nun in der Verwaltung die Matrosen auf ihre Seetüchtigkeit.

In einem kleinen roten Backsteinhaus am Jägersberg wurde am 1. November dieses Jahres Sophie geboren – das Fünf-Kilo-Baby hätte seine zierliche Mutter fast das Leben gekostet. Sie brachte dann aber noch drei weitere Kinder zur Welt und wurde über achtzig Jahre alt. »Dass ich nur ein Mädchen war, hat unseren Vater sehr enttäuscht. Es wurde doch von seiner Familie dringend ein Erbe für den Verlag Braun & Schneider erwartet. Seine warnende Frage: ›Du wirst doch kein dummes Mädel sein‹, hat mich für mein Leben tapfer gemacht. So wie ich nicht zeigen durfte, dass es mich grauste, wenn ich ihm helfen musste, die schmutzigen Dorfkinder zu waschen und ihre Verletzungen zu versorgen.

In vielen harten Momenten meines Lebens habe ich mich an diese Mahnung erinnert. Der Vater hat in mich das Fundament meines moralischen Lebens gelegt, er hat mich erzogen, meine Pflicht in jeder Situation zu erfüllen. Er ließ keinen Kompromiss gelten – den hingegen die Mutter immer von mir forderte. So bin ich zwischen zwei Feuern groß geworden und habe mich oft an ihnen verbrannt.«

Christian Schneider hatte seiner Frau gestanden, dass er dem Morphium verfallen sei, und ihr versprochen, sich von der Abhängigkeit zu befreien. In den ersten Monaten seiner Ehe gelang es ihm auch – bis zu einer ersten von vielen späteren Gallenkoliken, die er mit dem Narkotikum betäubte.

Als Tilly, seine zweite Tochter, zur Welt kam, weinte er vor Enttäuschung. Trotzdem hat er seine beiden Mädchen über alles geliebt. Die ersten zehn Jahre seiner Ehe mit Mathilde waren ausgesprochen glücklich. Als angesehener Arzt bekam er hohe Auszeichnungen. Zur Zeit der Kieler Woche, wenn viele ausländische Schiffe im Hafen ankerten, wurde seine Frau dank ihrer Sprachkenntnisse und ihrer Eleganz zum begehrten Mittelpunkt der Gesellschaften. Anders als die steifen norddeutschen Damen tanzte sie leicht und graziös und wurde von den Kavalieren hofiert. Ihr Mann sah das voller Stolz.

Der 21. August 1898 war ein Tag des Glücks. Mathilde Schneider schenkte ihrem Mann seinen ersten Sohn, den sie Julius nannten. »Am Abend hisste unser glückseliger Vater die Bayerische Weckerlfahne, zum Erstaunen und Entsetzen aller biederen Kieler Garnisoneinwohner über solch eine ungewöhnliche Proklamation. Wir Mädchen bekamen zur Feier des Tages Wickelpuppen geschenkt, für die unsere Mutter spitzenverzierte Kleidchen genäht hatte. Wir waren selig über das neue Brüderchen. Die Taufe des Stammhalters war ein großes, glänzendes Fest. Unsere Mutter bekam ein elegantes Kleid aus rosa Brussaseide, die der Vater eigens aus der Türkei besorgt hatte. Meine Schwester und ich in unseren feinen Batistkleidchen durften am Festessen teilnehmen, das mit Kaviar im Eisblock begann. Das zarte Büblein war in ein weißes Spitzenkleidchen gehüllt und schaute mit großen blauen Augen in die noch unbegreifliche Welt.«

Doch das Glück hielt nicht lange an, die Gesundheit des Vaters verschlechterte sich zunehmend, sein Morphiumkonsum zur Betäubung der Schmerzen wurde immer größer. Bis er schließlich seinen Abschied von der Marine nehmen musste. Damit war das sorglose Leben in Kiel zu Ende, die Zukunft der Familie unsicher.

Nach einem Sommer in Heidelberg, wo Sophies Vater zahlreiche Gallensteine entfernen ließ und sich allmählich erholte, erreichte ihn das Angebot seines Freundes, des Bakteriologen Dr. Emil von Behring, den er während seiner Ausbildung bei Dr. Robert Koch kennen gelernt hatte. Der Entdecker des Serums gegen Tetanus und Diphtherie schlug ihm vor, an seinem Institut für Immunforschung in Marburg mitzuarbeiten. Was für eine Auszeichnung!

Doch dann traf ein alles entscheidender Brief aus München ein. Sein reicher, immer leidender Bruder Julius bat ihn, als sein Leibarzt nach München zu kommen. Dafür würde er ihn und seine Familie als Haupterben seines Vermögens einsetzen. Lange zögerte Christian Schneider, sich in diese Abhängigkeit zu begeben. Aber seine eigene angeschlagene Gesundheit und die Sorge um die Zukunft seiner Familie gaben schließlich den Ausschlag. Die Familie zog nach München, Julius stellte ihr eine geräumige Wohnung zur Verfügung.

Sophie erinnerte sich besonders an den großen Garten, der das Haus umgab, mit einer Wiese, wie Kinder sie mögen: Hier durften sich im Frühling die zarten Gänseblümchen und die dicken gelben Löwenzahn-Dotter ungezwungen zwischen Klee und Grashalmen ausbreiten. Einmal im Jahr legte der Garten sein Festtagsgewand an, wenn im März der Magnolienbaum seine weiße, lila schimmernde Blütenpracht präsentierte. Der Garten grenzte an die Ludwigskirche und ein katholisches Priesterseminar. Für die Kinder war es eine Riesengaudi, wenn die jungen Geistlichen nebenan in ihren langen Gewändern Fußball spielten und dabei mehr als einmal stolperten.

Erst später begriff Sophie, welches Opfer ihr Vater der Familie zuliebe gebracht hatte. Mit der wissenschaftlichen Arbeit, die ihn so sehr faszinierte, war es nun vorbei. Außerdem begann er an einer chronischen Bronchitis zu leiden.

1903, als Sophie zwölf Jahre alt war, kam ihr jüngster Bruder Hermann zur Welt, ein Kind, das nicht geplant und auch nicht mehr sonderlich erwünscht war. Das hatte Sophie aus späteren Gesprächen der Eltern herausgehört, die immer öfter in Streitigkeiten endeten. Weil der Nachkömmling zu Hause zur Welt kommen sollte, zog Sophie eine Zeit lang zu ihrer Tante Babette. Deren Wohnung lag direkt neben der alten Pinakothek, die für das junge Mädchen zum magischen Anziehungspunkt wurde.

»Ich erinnere mich vor allem an den Rubenssaal und seine Bilder, die für mich voller Geheimnisse steckten ... Wenn wir uns am Sonntag in der protestantischen Kirche die langweiligen, unverständlichen Predigten anhören mussten, entschädigte uns Tante Babette anschließend mit einem Besuch im Kunstverein. Damals begann meine geradezu fanatische Liebe zur Kunst, die zum Hauptinhalt meines ganzen Lebens wurde. Von Onkel Hermann bekam ich zu Weihnachten stets für 30 Mark Kunstbücher, die ich mit einem tüchtigen Rabatt bei dem freundlichen Buchhalter im Verlag bestellen durfte.«

Auch die Angestellten in der Redaktion der *Fliegenden Blätter* wurden zu Weihnachten reich beschenkt. Sophie half ihrer Tante Babette beim Backen süßer Leckereien. Ein großer Tannenbaum wurde in der Redaktion aufgestellt, und jeder Mitarbeiter bekam einen Teller voller Süßigkeiten. Onkel Julius legte noch einen Umschlag mit einem vollen Monatsgehalt neben die Teller und wünschte allen ein »fröhliches Fest«. Manchmal begleitete Sophie ihren Vater bei seinen Krankenbesuchen, die er sich neben seiner Tätigkeit als Leibarzt des Bruders nicht nehmen ließ und die sein eintönig gewordenes Leben einigermaßen ausfüllten. »Für jeden hatte er ein heiteres, gutes Wort, er wurde von seinen Patienten geliebt und verehrt.«

Dem Vater hatte es Sophie schließlich zu verdanken, dass sie gegen den heftigen Widerstand der Mutter in München ein Studium der Kunstgeschichte beginnen konnte. Diese fand die Vorstellung unschicklich, dass Sophie »mit jungen Burschen nackichte Bilder« anschauen musste. Doch die Tochter hatte darüber nur gelacht. Allerdings waren studierende Frauen damals noch eine Seltenheit. So hatten sich im Sommersemester des Jahres 1909 im Deutschen Reich 1432 weibliche Studenten in den Universitäten eingeschrieben, die meisten in den Fächern Philosophie und Geschichte. Auch wenn sie manchen Spott ertragen mussten, hatten diese jungen Frauen ihren nicht studierenden Geschlechtsgenossinnen gegenüber einen riesigen Vorteil. Sie konnten sich unter ihren vielen Kommilitonen in aller Ruhe den Mann fürs Leben aussuchen. »Wir waren wirklich nur zwei Mädchen zwischen all den Studenten. Meine Studiengenossin hat dann später unseren Lehrer Dr. Braune geheiratet. Und ich lernte Paul Erich Küppers kennen...«

2. Die Liebe und die Kunst

Sophie, Paul und die Kunst, es war von Anfang an eine leidenschaftliche Liebe zu dritt. Der Sohn eines Bergwerkbesitzers aus Essen und die Münchener Arzttochter lernten sich in der Universitäts-Bibliothek kennen, wo beide Literatur zu den Künstlern der Renaissance suchten. Einen Moment lang wurde die Kunst zur Nebensache, als sie sich neugierig über den Rand ihrer Bücher hinaus beobachteten, als es in ihren Augen blitzte und sie schließlich ins Gespräch kamen und feststellten, dass beide mehr über die Tafelbilder des Florentiner Malers Ghirlandaio erfahren wollten. Über ihn hat Paul Erich Küppers später promoviert.

Die Kunst beflügelte ihre Liebe, bot ständigen Diskussionsstoff, brachte sie mit vielen interessanten Menschen zusammen. Eine »Ménage à trois«, die bis zuletzt wunderbar harmonierte. Die beiden galten als besonders glückliches Paar.

Die streng erzogene Sophie taute in der Gegenwart ihres lebenslustigen Freundes nur langsam auf. Sie wagte es ja noch nicht einmal, ihrem Tagebuch intime Gedanken anzuvertrauen. So wie sie überhaupt ein Leben lang persönliche Gefühle hinter einer nur schwer durchdringbaren Mauer versteckte, die erst im Alter zu bröckeln begann. Haltung statt Emotionen – das hatte sie in ihrem Elternhaus gelernt. Kunst war der beste Ausweg, die flirrenden Empfindungen in ihrem Bauch und Herzen dennoch nicht zu unterdrücken. Sophie war eine kleine, höchst energische und temperamentvolle Frau. Ihre aufblühende üppige Weiblichkeit bildete einen reizvollen Kontrast zu ihrem kurz geschnittenen, glatt und streng nach hinten gekämmten Haar, das in der Farbe reifer Kastanien glänzte, und den dichten, düsteren Augenbrauen. Wenn sie diese unwillig zusammenzog – und das tat sie recht oft –, konnte jeder die Gedanken in ihrem Gesicht lesen. Den Eindruck der überlegenen Intellektuellen milderten nur ihre warmen freundlichen Augen. Auch viel später, in den Zeiten größter Trauer und Not, lag noch ein Hauch von Humor in ihnen.

Paul Erich Küppers war ein hübscher schlanker Bursche mit dunklem gewellten Haar und unternehmungslustig blitzenden Augen. Zwischen Nase und Oberlippe zierte ihn ein akkurat zum Dreieck gestutztes Bärtchen. Er war phantasievoll, geistreich, fröhlich und spontan, stürzte sich begeistert in alle neuen Strömungen der Kunst. Er liebte das Leben und riss seine etwas spröde Freundin mit.

Heimlich verlobten sich die beiden. Wieder einmal hatte es Sophie schwer, sich gegen den Widerstand der Mutter durchzusetzen. Nur im Beisein ihrer Schwester Tilly durfte sie sich mit dem Freund treffen, nachdem er von seinen Studien in Florenz zurück nach München gekommen war. Aber im Nymphenburger Park gab es glücklicherweise stille Seitenwege. Auch ihre Onkel setzten ihr zu, die Verlobung zu lösen. Sie sorgten sich um die materiellen Aussichten dieser Ehe, nachdem der Vater des Bräutigams Konkurs angemeldet hatte und sein Bergwerk schließen musste.

Auch dass Paul Erich Küppers während seines Studiums an Tuberkulose erkrankt war, erschien der Schneider-Sippe bedenklich, obwohl die Krankheit nach einem einjährigen Aufenthalt in einem Sanatorium im Schwarzwald als ausgeheilt galt.

In dieser schwierigen Zeit fand Sophie Unterstützung einzig bei ihrem nun an Gallenkrebs leidenden Vater. Doch auch er wollte die Hochzeit seiner geliebten Tochter zunächst nicht gestatten. Erst, nachdem auf seinen Wunsch hin ein Münchener Facharzt den jungen Kunsthistoriker untersucht und für gesund befunden hatte, gab er seinen väterlichen Segen. Sophie wusste, dass er mit dieser unwürdigen Gesundheitsinspektion nur seine Brüder beruhigen wollte, von deren Wohlwollen sein Leben und das seiner Familie schließlich abhing. Deshalb nahm sie es ihm auch nicht übel.

»Seine Worte – Du wirst doch einen kranken Menschen nicht im Stich lassen – haben sich mir für mein ganzes Leben ins Herz geprägt. Mein Vater, der im Mai 1915, nur 58 Jahre alt, während einer Operation starb, war mir ein Vorbild aufrichtiger Menschlichkeit. Seinen Hass auf alles Militärische und auf den Götzendienst an das Geld hat er mir unausrottbar vererbt. Meinem Vater verdanke ich es, dass ich erkannt habe, auf welcher Seite der Mensch zu stehen hat – es gibt keine Mitte!«

Am 14. September 1916 heirateten Sophie Schneider und Paul Erich Küppers in München. Ihr Brautbouquet aus weißen Nelken legte sie auf das Grab des Vaters. Sophie war froh, das Haus in München nun für immer verlassen zu können, in dem sie sich ohne ihren geliebten Vater einsam und fremd gefühlt hatte.

Drei Monate vor ihrer Hochzeit, mitten im Krieg und in einer Zeit künstlerischer Stagnation, war am 20. Juni 1916 in Hannover die Kestner-Gesellschaft gegründet worden. Paul Erich Küppers, der wegen seiner labilen Gesundheit als kriegsuntauglich eingestuft wurde und sich daraufhin verpflichtet hatte, ein Jahr unentgeltlich als wissenschaftlicher Assistent im Kestner-Museum zu arbeiten, wurde im Alter von nur 27 Jahren ihr künstlerischer Leiter.

Ausgerechnet in dieser »stocksteifen Provinzstadt«, wie Sophie die damals noch königliche Haupt- und Residenzstadt charakterisierte, bildete sich eine Plattform freier künstlerischer Entfaltung – im bewussten Gegensatz zur offiziellen Kunstpolitik der Stadt und ihres konservativen Kunstvereins.

Die Kestner-Gesellschaft war mit privaten Mitteln hannoverscher Bürger – Ärzte, Kaufleute, Bankiers, Rechtsanwälte, Fabrikanten, Architekten – ins Leben gerufen worden, unabhängig von städtischen oder staatlichen Beschränkungen. Zu ihren Gründungsmitgliedern gehörten die Familien Bahlsen, Beindorff und Sprengel, der Galerist von Garvens-Garvensburg, der Bankier Richard Oppenheimer, Professor Wilhelm von Debschitz, Sanitätsrat Dr. Catzenstein und weitere Stützen der Hannoveraner Gesellschaft. Benannt wurde sie nach dem Bürger August Kestner, der im 18. Jahrhundert in Hannover ein bekannter Sammler und Mäzen gewesen war. Man wollte sich nicht länger von dem mächtigen Stadtdirektor Heinrich Tramm, den manche den »Kaiser von Hannover« nannten, vorschreiben lassen, was Kunst sei und was nicht. Bei ihm jedenfalls hörte sie mit den großen deutschen Impressionisten Corinth, Slevogt und Liebermann auf. Die Kunstwende, die in der Luft lag, hatte für ihn etwas Bedrohliches. Die Fauves, die Kubisten, die Maler der »Brücke« und des »Blauen Reiter« beherrschten damals mit ihren starken Farben und abstrakten Formen schon die Wände der Berliner und Münchener Galerien. Doch Heinrich Tramm schloss seine ansonsten so spendable Kunstkasse ab. »Solange ich in

Hannover etwas zu sagen habe, kommt kein Nolde und kein Rohlfs hierher«, soll er einmal geäußert haben.

Aber eben deshalb, um Nolde und Rohlfs und noch viele andere Künstler fördern zu können, hatte sich die Kestner-Gesellschaft gegründet. Wer hätte gedacht, dass unter den Dächern dieser konservativen Stadt kurze Zeit später die wildesten Dada-Abende stattfinden würden?

Und das allen widrigen Begleiterscheinungen des Krieges zum Trotz. Immer wieder kam es zu Tumulten und Unruhen zwischen Soldaten und der zivilen Bevölkerung. Bei einem Eisenbahnerstreik gab es Tote und Verwundete. Offizieren wurden die Degen entrissen. Die Menschen wollten diesen Krieg nicht, der sie in große Hungersnot stürzte.

Am 22. November 1916 gab die Stadtverwaltung bekannt, dass durch das eingetretene Winterwetter die Zufuhr von Kartoffeln vorläufig nicht mehr möglich sei und dass für jede Person nur noch ein halbes Pfund täglich ausgegeben werden könne. Die Mitteilung endete mit folgendem Ratschlag: »Um den durch diesen Ausfall betroffenen Haushaltungen Ersatz zu bieten, hält die Stadtverwaltung große Mengen von Steckrüben zur Verfügung.« Fleisch und Butter wurden ebenfalls streng rationiert.

Am 3. Februar 1917 veröffentlichte die Gerichtszeitung folgende Meldung: »Unter Anschuldigung des Landfriedensbruches sind über 30 Personen verhaftet worden ... es handelt sich um das törichte Vorgehen von Frauen und jungen Leuten, die sich zu der Annahme verführen ließen, sie könnten markenfreies Brot in den Bäckerläden erlangen.«

Am 9. September 1917 wurde an alle Frauen die dringende Aufforderung gerichtet, in kriegswichtigen Betrieben tätig zu werden. »Eine unsühnbare Schuld nimmt derjenige auf

Das Hochzeitspaar Sophie Schneider und Paul Erich Küppers 1916 *(Foto: privat)*

sich, der in der Heimat feiert, anstatt zu arbeiten! Vor allem die gebildeten Frauen sollten zeigen, dass niemand zu gut ist für die Arbeit in den Munitionsfabriken!«

War das nicht eine geradezu persönliche Aufforderung an Sophie Küppers und den weiblichen Teil ihres Kreises von Künstlern und Kunstintellektuellen? Sie wurde ignoriert.

Die Leiden der Bevölkerung und der Tod vieler junger Männer auf den Schlachtfeldern des Krieges bestärkten Paul Erich Küppers in seiner Absicht, die noch unbekannten Künstler und ihre zukunftsweisende Kunst zu fördern. »Nur die jungen Künstler«, schrieb er mit expressionistischem Pathos im Vorwort zum Katalog einer Erich-Heckel-Ausstellung im Februar 1919, »als die feinsten Seismographen der Zeit fühlten den Umschwung seit Jahren voraus. In ihren Werken wetterleuchtete schon das Kommende, in ihrer Seele brannte die Sehnsucht nach Umkehr und Einkehr.«

Die zahlreichen Künstler, die dank der Kestner-Gesellschaft nach Hannover kamen und hier gern verweilten, tanzten trotz des Hungerwinters ihren Tanz auf dem Vulkan.

Schnell wurden die Küppers Mittelpunkt einer wagemutigen Kunstszene und Gastgeber ausgelassener Geselligkeiten, bei denen ausgerechnet ein Sohn der Stadt, der als Bürgerschreck und Dada-Clown verschriene Kurt Schwitters, provozierte und polarisierte.

Schon 1917, als ganz Hannover noch missbilligend oder ratlos den Kopf über den »Lumpensammler« schüttelte, der aus den Abfällen des Alltags ein Spiegelbild der Welt komponierte, war Schwitters Stammgast des im klassizistischen Stil erbauten Hauses der Kestner-Gesellschaft in der Königstraße 8. Der Maler, Grafiker und Dichter, der Erfinder der Merz-Kunst, seiner persönlichen Variante der Dada-Bewegung,

Schöpfer der aus Vokalen und Konsonanten bestehenden »Ursonate« und des originellen Liebesgedichts »An Anna Blume«, stellte in der Kestner-Gesellschaft aus und las aus seinen Märchen und Dichtungen. Sophie Küppers verfolgte amüsiert die künstlerischen Eskapaden und Eulenspiegeleien dieses heute weltberühmten Klassikers der Moderne. Später wurde er ihr ein vertrauter Freund.

»Kurt Schwitters, Hannovers ›Enfant terrible‹, war ein unermüdlicher Propagandist alles Neuen«, schrieb Sophie. »Den Expressionismus hatte er schnell hinter sich gebracht, klebte Collagen, von denen wir auch eine erworben hatten. Außerdem hatte Schwitters den Entwurf zu einer Schatulle gemacht, mit der ihn Küppers, der ihn scherzhaft den ›Hauptmann von Köpenick‹ in der Kunst nannte, beauftragt hatte. Dieser Entwurf wurde von dem alten Intarsienmeister Schulz in den verschiedensten kostbaren Hölzern sowie Elfenbein, Perlmutt und Silberstückchen ausgeführt.« Auch dieser 23 x 23 x 16 Zentimeter große Intarsienkasten mit der Signatur Schwitters und der Inschrift »S.K./P für Sophie und Paul Erich Küppers« sollte in Sophies Leben eine besondere Rolle spielen; nach einer abenteuerlichen Reise nach Sibirien steht er heute als rare Kostbarkeit hinter Glas im Kestner-Museum Hannover.

Zu den engsten Freunden der Küppers gehörte das jüdische Ehepaar Käte und Dr. Ernst Steinitz, beide gebürtige Oberschlesier. Man hatte den Facharzt für Nervenkrankheiten im letzten Kriegsjahr von der Front nach Hannover gerufen, wo er als Chefarzt die Lazarette um den Döhrener Turm leiten sollte. Später war er Leitender Arzt am jüdischen Krankenhaus Siloah und hatte eine eigene Praxis in der Georgstraße.

Seine Frau Käte war Künstlerin und kam aus Berlin, wo sie Schülerin von Lovis Corinth gewesen war. Auch ihr Haus gehörte zu den Treffpunkten der munteren Hannoveraner Kunstszene in den zwanziger Jahren. Aus Nazi-Deutschland musste das Ehepaar später emigrieren, nach Aufenthalten in Holland und Israel fanden sie schließlich mit ihren drei Töchtern in den USA eine neue Heimat.

Ihr erster Erkundigungsgang durch das schmutzige, schmelzende Glatteis grauer Straßen führte Käte Steinitz an einem trüben Regentag im Januar vor ein vornehmes Haus in der Königstraße 8, wo ein Ausstellungsplakat sie magisch anzog. Dieses Haus mit seiner noblen Fassade stammte noch aus dem vorigen Jahrhundert und hatte eine hohe Einfahrt für die Pferdekutschen. Im Innenhof stand das Kutscherhäuschen, ein kleines Fachwerkhaus, das später verschiedenen Künstlern als Atelier diente.

»Ich fand mich in einem wohltuend geschwungenen Treppenhaus und, oben angelangt, in wohlproportionierten Ausstellungsräumen«, schrieb Käte Steinitz viele Jahre später in ihrer neuen Heimat Amerika, über die für sie unvergessene Kestner-Gesellschaft, »deren Name mit großen Buchstaben im Inhaltsverzeichnis meines Lebens steht.

Zum ersten Mal sah ich das Werk von Paula Modersohn-Becker, zum ersten Mal Bilder aus Worpswede, dem norddeutschen Künstlerdorf, die mir mehr bedeuteten als romantische Heimatsentimentalität.

In den Ausstellungsräumen ging ein lebhaftes junges Paar herum, als wenn es hier zu Hause wäre. Es war tatsächlich hier zu Hause, denn es handelte sich um Paul Erich Küppers, den künstlerischen Leiter der Kestner-Gesellschaft, und seine junge Frau Sophie. Wir wurden schnell miteinander bekannt. Ich folgte den beiden ins Büro und subskribierte sofort die Mitgliedschaft für Dr. Steinitz und mich selbst. Von nun an würde sogar bei trostlosem Wetter ein bunter Fleck in Hannover zu finden sein.

Ich kehrte vergnügt in die Pension zurück, in der Dr. Steinitz und ich mit unseren zwei kleinen Kindern provisorisch Station genommen hatten. Das heitere junge Paar aus der Kestner-Gesellschaft erschien, zu meiner Freude, am Fenster gegenüber. Tatsächlich hausten die jungen Küppers in dem Eckhaus gegenüber unserer Pension sehr bescheiden, denn offenbar hatten die beiden nicht die volle Zustimmung zu ihrer Heirat von Sophies reichen Verwandten, die alle zu dem Verlagshaus der *Fliegenden Blätter,* Braun & Schneider, in München gehörten. Die Wohnung und Kleidung der jungen Küppers waren damals noch bescheiden, aber sie kauften bereits Werke von Nolde, Klee, Kirchner und Kandinsky.«

Gut erinnern kann sie sich an Wassily Kandinskys großes abstraktes Ölbild »Improvisation Nr. 10«, das der russische Künstler am 27. Juni 1910 gemalt hatte. »Ich sehe diesen Kandinsky genau vor mir; eine der frühen Abstraktionen, in der man noch die Herkunft von weiten hellen Landschaften mit rollenden Hügeln fühlen kann.«

Sophie Küppers hatte Kandinskys frühes Meisterwerk, das die Geburtsstunde der abstrakten Malerei einläutete, am 15. Oktober 1919 in der Berliner Galerie »Der Sturm« für rund 3000 Mark erworben. So jedenfalls war die Improvisation im Katalog ausgezeichnet. Das war für damalige Verhältnisse eine große Investition, nicht umsonst sprach Sophie später stets von »unserem wichtigsten Bild«. Noch ahnte niemand, dass dieses und andere Werke Kandinskys einmal für zweistellige Millionen-Dollar-Beträge gehandelt würden.

Sophie Küppers, die selbst künstlerisches Talent besaß, verfügte neben ihrem Fachwissen auch über einen untrüglichen Instinkt für die künftige Bedeutung von Künstlerpersönlichkeiten und deren Werken. So für den in Paris noch in großer Armut lebenden holländischen Maler Piet Mondrian, dem sie eine Komposition abkaufte und für den sie einige Jahre später Ausstellungen in Dresden und München organisierte.

In jener kurzen Zeit, die das Glück ihnen gönnte, verbrachten die Küppers zusammen mit den Ehepaaren Steinitz, Schwitters und Gleichmann 1919 und 1920 ihre Sommerferien auf der damals noch einsamen Nordseeinsel Baltrum.

Otto Gleichmann, Studienrat und als expressionistischer Maler zugleich poetischer Träumer und wilder Phantast, hatte sich sofort der neu gegründeten Kestner-Gesellschaft angeschlossen. Auch im gastfreundlichen Haus von Otto Gleichmann und seiner Frau, der Malerin Lotte Gleichmann-Giese, auf dem »Montmartre von Hannover«, oben über der Ecke Oster- und Windmühlenstraße in der Altstadt, verkehrten damals in den zwanziger Jahren Künstler wie Paul Klee, Hans Arp, Wassily Kandinsky, Otto Dix, Tristan Tzara mit einer Gruppe Dadaisten und etwas später El Lissitzky und Amédée Ozenfant. Und natürlich die stadtbekannten Originale Kurt Schwitters und Theodor Däubler, der Lyriker. Die Leute blieben auf der Straße stehen, wenn die mächtige Gestalt des großen Verehrers der griechischen Antike über die Georgstraße schritt, um im Café Kreipe in der Bahnhofstraße für die kleine Gunda-Anna Gleichmann je nach Saison Schokoladen-Osterhasen, -Weihnachtsmänner oder andere Süßigkeiten zu kaufen. Mit seiner kolossalen Körperfülle, die noch durch einen langen Mantel mit Pelerine betont wurde, dem üppigen Vollbart, einem breitkrempigen italienischen Hut, zerknitterten Hosen, einem Knotenstock und derben schwarzen Wanderstiefeln mit stets offenen Schnürsenkeln wirkte er wie eine Naturerscheinung.

Es herrschte eine anregende und heitere Atmosphäre im verwinkelten Haus der Gleichmanns mit seinen schiefen Dielen und den blau, gelb und rot gestrichenen Wänden – man lebte schließlich im Zeitalter des Expressionismus. Selbst die Küche, die nur über das Treppenhaus zu erreichen war, und das Kinderzimmer des Töchterchens Gunda-Anna wurden in die Festlichkeiten mit einbezogen. Nur das winzige Atelier des scheuen Meisters, in dem gerade mal eine Staffelei und eine Leinwand Platz fanden, war für die Gäste tabu.

Die würdige Maske des Studienrats sei von Gleichmanns Gesicht gefallen, je munterer und alkoholischer es bei den Künstler-Abenden zuging, erinnerte sich Käte Steinitz. »Dann sah man, dass er im Himmel und in der Hölle zu Hause war. In solchen Nächten aber war er in beiden zugleich.«

Die gemeinsamen Sommerferien der vier Ehepaare auf der Insel Baltrum waren eine glückliche Zeit trotz großer Einschränkungen, zu denen die Folgen des Ersten Weltkriegs zwangen. Mit Kartoffeln, Steckrüben und, wenn's hoch kam, Frikadellen, mussten sich die Gäste begnügen. Käte Steinitz hat gemeinsame Urlaubsszenen festgehalten: »Zum Mittagessen trafen wir uns in einer großen Glasveranda, vor uns das Meer, auf dem Tisch das typische Nachkriegs-Pensionsessen. Fast jeden Tag erklang vom Küppers-Tisch das Frikadellen-Lied:

> *›Sind im Meere große Wellen,*
> *Gibt's bei Meyers Frikadellen.*
> *Sind im Meere kleine Wellen,*
> *Gibt's bei Meyers Frikadellen.‹«*

Während der Ferien arbeitete Paul Küppers an seinem Buch über den Kubismus, dem ersten in Deutschland, das über diese Kunstströmung des »Würfels« und seiner Interpreten wie Braque, Cézanne, Picasso, Léger oder Gleizes erschienen ist. »Den kubistischen Malern erschien der Kosmos als riesiger Kristall«, schrieb Käte Steinitz. »In unseren Kunstgesprächen erschien das kosmische Erlebnis wieder und wieder. Der Ozean mit seiner großen Brandung spielte mit uns kleinen Menschenkindern. Die stürmende Nordsee und die Wolken erregten wirklich Weltgefühle in uns. Aber zum Glück blieben wir irdische Menschen. Wer kann auch im trivialen täglichen Leben von früh bis abends ›kosmisch‹ sein bei einer Diät von Frikadellen? Paul Küppers tauchte durchgeschüttelt aus der Brandung auf und rief: ›Kinder, jetzt ist's genug mit der Unendlichkeit und dem Kosmos. Der Kosmos hängt mir zum Halse raus. Kann man auf dieser Insel nicht irgendwo einen guten Hummer bekommen und eine Pulle Wein dazu?‹«

Paul Küppers war wirklich kein Kind von Traurigkeit. Das bezeugt eine Postkarte, mit der er sich am 14. Oktober 1920 aus Heidelberg bei den Gleichmanns folgendermaßen ankündigte:

> *»Liebe Gleichgebeine!*
> *Wehe! Ich bin im Anzuge! (Cutaway!)*
> *Wehe! Ich komme! Wehe! Der Umtrunk beginnt!*

*Wehe! Gänzliche Untergiftsetzung der Organe!
Herzlichst Wehe!
Euer Knabe Paul E. Küppers«*

Im Frühjahr 1919 starb in München Sophies reicher Onkel Julius Schneider. Er hatte sich an sein Versprechen gehalten, das er ihrem Vater gegeben hatte, und hinterließ Sophie eine größere Erbschaft. »Kinder, wir sind reich«, teilte Küppers seinen Freunden jubelnd durchs Telefon mit – und lud sie ein zu Hummer und Wein.

Sie zogen in eine Wohnung mit acht Zimmern um und richteten sie mit schweren, gediegenen Möbeln und Ledergarnituren ein, in denen sich ein junges Paar heute kaum wohl fühlen würde. Doch das großbürgerliche Ambiente gehörte damals selbst in den fortschrittlichsten künstlerischen Kreisen zum guten Ton. Beherrscht wurden die Räume von riesigen Blumensträußen und natürlich von moderner Kunst. Nach und nach erwarben die Küppers, meistens vom Künstler persönlich, Arbeiten von Kurt Schwitters aus allen seinen verschiedenen Phasen, von Emil Nolde, Ernst Ludwig Kirchner, Paula Modersohn-Becker, Wassily Kandinsky, Karl Schmidt-Rottluff, Albert Gleizes, George Grosz, Marc Chagall, Oskar Kokoschka und immer wieder von dem von beiden so geliebten Paul Klee.

In ihrem geselligen Haus fühlten sich Künstler, Dichter, Journalisten, Sammler, Kunsttheoretiker und Freunde der modernen Strömungen wohl. Niemand konnte den selbstgebackenen schinkengefüllten Splitterhörnchen oder dem mit Schokolade glasierten Marmorkuchen widerstehen, die Sophie ihren Gästen anbot, die um den Tisch unter dem großen Kandinsky saßen. Sie war eine perfekte Gastgeberin.

Diese Kunstfertigkeit hatte sie, dem nachdrücklichen Wunsch der Mutter folgend, noch kurz vor ihrer Heirat in einer Haushalts- und Kochschule in Kiel gelernt. Dort gab es keinerlei Dienstboten – die Schülerinnen mussten alles selber machen. Zu Sophies Aufgaben gehörte es, beim Schweineschlachten die Zutaten für die Blutwurst zu rühren. Sie tat es mit wütender Entschlossenheit und hätte um nichts in der Welt ihren Ekel gezeigt. Den hätte ihr der Vater schon ausgetrieben.

Die Einladungen zu Vorträgen, Klavierkonzerten und Dichterlesungen im Hause Küppers waren Stadtgespräch. Der junge Pianist Walter Gieseking wurde noch als Student des Berliner Konservatoriums von Paul Küppers entdeckt. Er debütierte mit Debussy und Ravel auf dem ersten Konzertabend der Kestner-Gesellschaft. Küppers hatte ihm die damals noch seltenen Noten aus Berlin beschafft. Seine Interpretationen der Bach'schen Fugen, für die er später Weltruhm erlangen sollte, erklangen hier zum ersten Mal.

Schauspieler wie Alexander Moissi, Ernst Deutsch und Fritz Kortner rezitierten und spielten auf der neu gegründeten Kestner-Bühne. Ensembles aus Hamburg, Berlin und Leipzig zeigten den Hannoveranern zeitgemäße Dramatik wie Ibsens »Gespenster« oder Strindbergs »Fräulein Julie«. Auch die Dichterlesungen mit Franz Werfel oder Else Lasker-Schüler wurden zu Sternstunden in Hannovers Kulturleben.

Im Anschluss an die Aufführungen folgten oft lange, alkoholgetränkte Sitzungen in der Küppers-Wohnung. Aber man war nie so wild, wie man nach außen hin tat. Selbst Lieder, wie dieses, zu später Stunde lautstark gesungen –

*» Wir wollen uns mit Sekt berauschen,
wir wollen unsere Weiber tauschen,
wir wollen uns mit Dreck beschmieren,
und überhaupt ein freies Leben führen «*

– waren, so Käte Steinitz, »absolute Angeberei. Alle drei Ehemänner, Küppers, Gleichmann und Steinitz, waren außerordentlich zufrieden mit ihren eigenen Gattinnen und auch von unserer weiblichen Seite kam ein Tausch überhaupt nicht in Frage. Wir drei Frauen saßen müde und bereit zum Nachhausegehen auf den Treppenstufen und warteten auf die Männer. Jede von uns erwartete legalen Familienzuwachs.

Die Küppers konnten sich für keinen Namen entscheiden. So hatte ich ihnen ein kleines Wörterbuch der deutschen Vornamen mitgebracht. Das Geschenk wurde mit Freuden angenommen, aber nachdem die mehr als tausend Vornamen sorgfältig durchgelesen waren, wurde der neue kleine Küppers einfach Hansi genannt.« Sein drei Jahre älterer Bruder Kurt war bereits 1917 zur Welt gekommen.

Damals, im Jahr 1920, hielt der Kunsthistoriker Karl With in der Kestner-Gesellschaft Vorträge über ostasiatische Kunst. Käte Steinitz erzählte dazu folgende Geschichte:

»Karl With suchte Küppers in seinem schönen Haus auf und fand ihn wunderbar echt. Großartig war sein Verständnis und sein Enthusiasmus für das Kunstgeschehen der Zeit. Welche Entdeckerfreuden! Welches Glück, dass die Wogen der Zeit ihn nach Hannover geschwemmt hatten. Hier war dasselbe Suchen und Finden. Hier war stimulierendes Leben, nicht von außen angekurbelt, sondern von innen heraus.

Sophie, Tilly (Sophies Schwester), Lulu (Tochter von Tilly), Mathilde Schneider (Sophies Mutter), Julius, Hermann Schneider (Sophies Brüder), München 1928 *(Foto: privat)*

Der Salon von Sophie und Paul Erich Küppers' Wohnung in Hannover, zwanziger Jahre; an der Wand Kandinskys »Improvisation Nr. 10« *(Foto: privat)*

Am Nachmittag vor Karls erster Lesung saß er in ernster Vorbereitung an Küppers' Schreibtisch. Da kamen Walter Gieseking und ein paar andere Freunde. Es wurden Geschichten erzählt und Witze gemacht. In irgendeinem Zusammenhang fiel das Wort ›sexuelle Stubenreinheit‹. Der sonst so schweigsame Gieseking sagte lachend zu Karl With, wenn er den Ausdruck in den ersten zehn Minuten seines Vortrages in den Text einfüge, werde er eine Kiste Sekt spendieren.

Ich saß während des Vortrages neben Gieseking, der keine Miene verzog. Als aber die ›sexuelle Stubenreinheit‹ schon genau sieben Minuten nach Anfang des Vortrages mit leichter Zunge wie selbstverständlich ausgesprochen wurde, schüttelte mich ein Lachanfall so sehr, dass ich mich schnell aus dem Vortragssaal in die frische Luft retten musste.

Hinterher wurde der Sekt getrunken, und dann zog die angeheiterte Gesellschaft zu der Galerie von Garvens weiter. Ringelnatz war dabei, Hanns Krenz *(ab 1924 Geschäftsführer der Kestner-Gesellschaft)* und Max Burchartz *(der expressionistische Maler war der Taufpate von Hans Küppers)*, es wurde eine wunderbare ein bisschen besoffene Feier, die bis in den frühen Morgen dauerte ...«

Es kam die Nacht der Jahreswende von 1921 zu 1922. Auch das Ehepaar Steinitz wurde zur Silvestergesellschaft bei den Küppers erwartet, konnte die Einladung aber nicht annehmen, weil ihre Kinder erkrankt waren und sie deswegen zu Hause bleiben mussten.

»Außerdem«, so Käte Steinitz, »hatten wir Erwachsenen eine leichte Grippe, die man damals Influenza nannte. Küppers rief durchs Telefon: ›Kinder, macht es so wie ich, gurgelt mit Kognak.‹

Entweder hat er zu viel oder zu wenig gegurgelt, wahrscheinlich zu viel. Am Neujahrstag zitterten die Telefondrähte voller Angst.« Seine Gesundheit war nach der ausgeheilten Tuberkulose stets labil geblieben. Diese Infektionskrankheit, die hauptsächlich die Lunge befällt, erlangte damals als »spanische Grippe« traurigen Weltruhm: 700 Millionen Menschen erkrankten an der Epidemie, 22 Millionen fielen ihr zum Opfer – mehr als doppelt so viele, wie der Erste Weltkrieg an allen Fronten gekostet hatte. Eine Woche lang kämpfte der junge Küppers gegen eine schwere Lungenentzündung. Es gab noch kein rettendes Penizillin, das erst sechs Jahre später von Alexander Fleming entdeckt werden sollte.

Am 7. Januar 1922 war das kurze Leben von Paul Erich Küppers zu Ende.

Gunda-Anna Gleichmann-Kingeling, die Tochter des Malerehepaars Gleichmann, die heute hochbetagt in Hannover lebt, schildert die folgenschwere Silvesterfeier, wie die Eltern es ihr erzählt hatten:

»An einer langen opulenten Tafel, nur bei Kerzen, die in hohen Leuchtern glänzten, saßen die Gäste, zunächst fast in Schweigen gehüllt. Sie waren zum Teil in Frack und Zylinder gekommen. Plötzlich stand Küppers auf, schlug mit seinem Zylinder auf den Tisch und donnerte laut: ›Was ist denn hier eigentlich heute los? Warum ist denn alles so stumm? Das ist ja wie bei einem Leichenbegängnis!‹ Von dieser Sekunde an schlug die Stimmung hohe Wellen. Es wurde ein wildes Fest. In fortgeschrittener Nacht setzte sich Walter Gieseking an den Flügel und spielte, wie man es damals nannte, Negermusik. Er haute mit irrsinnigen Dissonanzen in die Tasten, bearbeitete sie vom tiefsten Bass bis zu den höchsten Tönen, stieß den Klavierhocker zur Seite, kletterte auf den Flügel und spielte bäuchlings von oben weiter. Am Schluss setzte er sich mit dem Hinterteil auf die Tasten. Es wurde getanzt und getanzt, wie auf einem Vulkan. Gegen Morgen brachte Küppers meine Eltern als letzte zur Haustür, trat noch ein paar Schritte mit ihnen hinaus in die frisch beschneite Nacht, fasste sich an die Brust und sagte: ›Gleichmann, ich weiss nicht, was das ist, meine Rippchen tun mir so weh …‹ Meine Eltern fuhren am selben Morgen in den Harz. Als sie nach acht Tagen in froher Stimmung erholt zurückkamen, fiel ihnen beim Öffnen der Wohnungstür aus dem Briefkasten ein schwarz umrandetes Kuvert entgegen. Es war die Anzeige vom Tode Paul Erich Küppers'.«

Sophie fiel aus ihrem pastellfarbenen Traum von Liebe, Glück und Kunst in das harte Licht der Wirklichkeit. Obwohl sie einen schweren Zusammenbruch erlitten hatte und lange das Bett hüten musste, schrieb sie ihren Schmerz in nur wenigen dürren Worten nieder: »Jubelnd gingen wir mit unseren Freunden in der Neujahrsnacht in das Jahr 1922 hinüber. Walter Gieseking spielte uns auf. Da war das Glück zu Ende! Am 7. Januar 1922 starb Paul Küppers, gerade 32-jährig, an der spanischen Grippe, die damals Deutschland heimsuchte. Ich aber musste weiterleben für meine beiden kleinen Söhne Kurt und Hans, die man mir Schwerkranken ans Bett brachte. Es war entsetzlich, sich wieder allein im Leben zurechtfinden zu müssen.«

Der plötzliche Tod ihres künstlerischen Leiters stürzte die Kestner-Gesellschaft im Winter 1922 in eine tiefe Krise. Wie sollte die Lücke gefüllt werden, die dieser mutige Schrittmacher der progressiven Kunst hinterließ? Der blinde Dichter Adolf von Hatzfeld, ein enger Freund von Paul Erich Küppers, schrieb in der »Frankfurter Zeitung«: »Diejenigen, die diesem Leben nahe standen, können die Sinnlosigkeit seines Todes kaum fassen ... Er war der ach so seltene Typus des Kunsthistorikers, der durch sein tägliches Leben die Kunst in lebendiges Leben verwandelte.«

Sophie Küppers stand in dieser schweren Zeit zum Glück nicht allein da. Die Freunde halfen, wo sie konnten. Man bot ihr an, in den unteren Räumen des großen Hauses in der Königstraße 8 Kunstgewerbe-Ausstellungen zu veranstalten. Sie konnte außerdem Arbeiten der von ihr bevorzugten Künstler wie Paul Klee, Kurt Schwitters, Christian Rohlfs und anderen ausstellen.

Zuvor hatte man ihr freundschaftlich versichert, dass man ihr die Leitung der Kestner-Gesellschaft übertragen hätte, weil man ihre Fähigkeiten und Begabungen durchaus zu schätzen wisse, aber ihre Stellung als Hausfrau und Mutter mache das unmöglich. Eine verantwortungsvolle Tätigkeit im Kunstbereich und Mutterschaft schlossen einander damals eben aus.

3. »La mère des bolcheviks«

Oft betrachtete Sophie Paul Klees »Sumpflegende«, wünschte sich hinein in diesen verzauberten Kosmos. Vielleicht war ihr geliebter Mann ja ein Teil davon geworden. Niemals hätte sie sich von diesem Bild getrennt, obwohl sie weiter Kunstwerke kaufte und andere verkaufte, sich mit Künstlern traf und Ausstellungen organisierte. Das lenkte sie von ihrer Trauer ab, die sie ganz in sich einschloss.

Erschwert wurden ihre persönliche Situation und auch die finanzielle Lage der Kestner-Gesellschaft durch die Inflation, die sich im Gefolge des Ersten Weltkriegs wie eine Epidemie ausbreitete. Die Mark war von Tag zu Tag weniger wert. Überweisungen an die Krankenkasse von 1.200.000.000 Reichsmark oder an den Kohlenhändler von 50.000.000.000 waren durchaus üblich. Sophie erinnerte sich an den Druck von Einhundert-Milliarden-Scheinen. »Wir waren fieberhaft tätig. Bis wir das Geld für Verkauftes abgeben konnten, war es schon entwertet. Wohl oder übel war ich in den Kunstbetrieb dieser halsbrecherischen Zeit geraten. Ich musste meine Kinder versorgen. Unsere ansehnliche Erbschaft zerplatzte wie Seifenblasen. Mit den Wertpapieren konnte man den Ofen heizen. Nur die Bilder, die wir erstanden hatten, stellten bald einen realen Wert dar; sie stiegen im Kurs wie Aktien, halfen mir und meinen Kindern, diese Krise zu überstehen.«

Viele häufig recht arme und noch nicht zu großem Ruhm gekommene Künstler scharten sich nach wie vor um Sophie, verehrten sie wie eine gütige und zugleich strenge Mutter.

Ihrem herben Charme und der Kraft ihrer Argumente konnte kaum einer widerstehen; wenn ihr eine Arbeit besonders gefiel, bekam sie sie für wenig Geld. Wenn ihr eine nicht gefiel, sagte sie das ganz offen. Wenn sie es sich in den Kopf gesetzt hatte, einen Künstler zu fördern, eine Ausstellung mit ihm zu veranstalten, dann war sie davon überzeugt, dass ihm eine große Zukunft bevorstand. Sie täuschte sich selten. Oft schenkten ihr die dankbaren Künstler auch Arbeiten. Scherzhaft nannte man sie »La mère des bolcheviks«. Diese Huldigung hatte sie den vielen Künstlern aus dem revolutionären Russland zu verdanken, die sie als Gastgeberin empfing und, eben wie eine Mutter, umsorgte.

Ein weiterer Spielplatz der Künste war in Hannover neben der Kestner-Gesellschaft drei Jahre lang die Galerie von Garvens in einer vornehmen Villa in Herrenhausen, die Herbert von Garvens-Garvensburg von seinen Eltern geerbt hatte. Er gehörte mit zu den Gründern der Kestner-Gesellschaft und zu den Wegbereitern der modernen Kunst in Hannover. Ihm gebührt das Verdienst, den belgischen Maler James Ensor für Deutschland entdeckt zu haben. Bei ihm durften so »unbequeme Künstler« wie George Grosz und Otto Dix ausstellen, er erwarb frühzeitig bedeutende Werke von Kandinsky, Delaunay, Kokoschka und Chagall. Bei ihm führte Kurt Schwitters zusammen mit weiteren Dadaisten 1922 sein berühmtes Dada-Revon-Spektakel auf. Das Kunstwort Revon ging als seine Umkehrung der Endsilben von Hannover in die Kunstgeschichte ein.

Man lag also auf einer Wellenlänge. Und mehr als einmal wechselten die Gäste der Kestner-Gesellschaft aus der Königstraße zum nächsten Ereignis in die Herrenhäuser Allee. Oder umgekehrt. Häufig tauschte man wechselseitig Künstler und Veranstaltungen aus.

Von Käte Steinitz, der Chronistin jener aufregenden Zeit, haben wir ein Porträt von Herbert von Garvens, der sich auch gern in der malerischen Tracht eines Zimmermanns fotografieren ließ. Sie schilderte ihn schwärmerisch als »eine Lichtgestalt mit unglaublich blauen Augen, Schönheit suchend und sie mit seinen äußerst gepflegten Händen ergreifend«.

Von Garvens war der Sohn eines wegen seiner großzügigen Spenden vom Kaiser geadelten hannoverschen Industriellen und Erbe der väterlichen »Commandit-Gesellschaft für Pumpen- und Maschinenfabrikation«. Früh hatte er sich der ungeliebten Aufgabe der Geschäftsführung entzogen und auf ausgedehnten Reisen nach Ostasien und in die Südsee bereits um 1910 mit dem Aufbau einer erlesenen Kunstsammlung begonnen. Von Garvens war mit seinem Freund und Mitarbeiter Hanns Krenz, dem späteren dritten Leiter der Kestner-Gesellschaft, aus der Kriegsgefangenschaft in Südfrankreich nach Hannover zurückgekehrt, zu seinen Kunstsammlungen, denen er sich nun wieder widmen wollte. Aber er mochte nicht nur als Sammler ein Stück nach dem anderen erwerben. In den wechselnden Ausstellungen einer Galerie würde jedes Kunststück intensiver erlebt werden und mehr Leben ausstrahlen, »gespiegelt von vielen Augen«, wie er es ausdrückte.

Käte Steinitz schilderte die Umgebung, in der sich von Garvens wohl fühlte: »Zwischen prachtvollen und seltenen Möbelstücken verschiedenster Stilarten, neben großen exotischen Pflanzen sahen wir James Ensor, Paula Modersohn, Kokoschka und russische Ikonen, Chagall, Kandinsky und

Schwitters, alles bis zu den Bauhaus-Künstlern Moholy-Nagy, Schlemmer und Baumeister. Wir sahen altes chinesisches Porzellan mit seltenen Chrysanthemen aus dem Treibhaus, Kinderkunst, Volkskunst, Kunst von Geisteskranken ...«

Nach nur drei Jahren schloss von Garvens im Spätherbst 1923 seine Galerie, begab sich erneut auf Weltreise und zog sich dann auf die Ostseeinsel Bornholm zurück, verbittert, weil er wegen seiner Homosexualität immer wieder den Anfeindungen konservativer Kreise ausgesetzt war. In dieser Zeit stand der Massenmörder Fritz Haarmann in Hannover vor Gericht, und mit einer Mischung aus Sensationsgier und Ekel nahm die Öffentlichkeit jedes schauerliche Detail dieses mörderischen Lebens begierig auf. Haarmann selbst hatte in einem der vielen Verhöre behauptet, er habe für die Wohlhabenden unter den hannoverschen Homosexuellen als Zubringer gearbeitet und die jungen Männer im Auftrag von Herbert von Garvens getötet, um Mitwisser zum Schweigen zu bringen. Obwohl diese Behauptungen völlig aus der Luft gegriffen waren, reichten sie doch aus, von Garvens in ein Zwielicht von Gerüchten und Verdächtigungen zu stoßen.

An jenem ausgelassenen Dada-Abend im Oktober 1922 im Salon von Garvens' war davon jedoch noch keine Rede. Schwitters war aus Paris über Holland nach Hause gekommen und hatte auf jeder Station seiner Reise einige Dadaisten aufgesammelt: die Holländer Theo und Nelly van Doesburg, den Schweizer Hans Arp, den Rumänen Tristan Tzara, den Ungarn László Moholy-Nagy, den Österreicher Raoul Hausmann, die Deutschen Hannah Höch, Werner Graeff und viele andere. Nur Sophie war der Veranstaltung ferngeblieben. »Ich war noch viel zu bedrückt, um mir den Spektakel des

›Épatez le bourgeois!‹ anzuhören, da sich doch das Zerschlagene durch nichts Neues, Positives ersetzen ließ.«

Tags darauf kam die Gruppe der Avantgardisten, bevor sie nach Düsseldorf zum großen Dadaisten-Kongress aufbrach, in die Kestner-Gesellschaft. Es wurde für Sophie Küppers ein schicksalhafter Tag.

»Kurt Schwitters eröffnete mir, dass der Russe El Lissitzky auch anwesend sei, um mir seine Arbeiten zu zeigen. Ich war sehr erfreut. Schwitters legte mir eine Mappe mit Aquarellen vor. Das waren also die Arbeiten, die mir im Oktober 1922 auf der ersten Russischen Kunstausstellung in der Berliner Galerie Van Diemen solch einen Schock versetzt hatten. Ich fühlte mich zu Hause in diesen unendlichen Räumen, spürte die Spannung der sich gleichsam vorwärts bewegenden, schwebenden Körper. Ein Aquarell hatte es mir besonders angetan. Es war eine durchsichtige Kugel aus Gelatine, die ein schwarzer Stab schwebend im Gleichgewicht hielt. Diese Arbeit musste ich besitzen! In meiner Geldschatulle, die mir als Kasse diente, kramte ich den vorhandenen Betrag zusammen, bat Schwitters, den Künstler zu fragen, ob es ihm möglich sei, mir die Arbeit für die bescheidene Summe, die ich anbot, zu überlassen. Schwitters brachte die Genehmigung. Dann nahm er Mappe und Geld und übergab sie dem bis dahin unsichtbaren Lissitzky.

Als alle gingen, verabschiedete sich von mir eine kleine, schmächtige, etwas gebeugte Gestalt. Ich schaute in schwarze, faszinierende Augen, die mir unter einer prächtigen Stirn entgegenleuchteten. ›Sie haben meine beste Arbeit ausgewählt‹, wurde mir mit festem Händedruck versichert. Worauf ich nur ›danke schön‹ sagen konnte.

Das war mein erstes Zusammentreffen mit El Lissitzky.«

Der mittellose, noch am Anfang seines Ruhms stehende russische Künstler aus einer jüdisch-orthodoxen Familie, aufgewachsen in einem der wetterzerzausten Holzhäuschen im Schtetl von Witebsk, ewig kränkelnd und hustend, und die protestantische Bürgerstochter aus einer wohlhabenden Münchener Verlegersfamilie – zwei Seelenmetalle, die wohl nie miteinander verschmelzen würden.

Aber er war der erste Vertreter der russischen Avantgarde, dem sie begegnete – der neuen Kunst, die aus einem fernen, geheimnisvollen Land kam, von dem man in Deutschland noch so wenig wusste. Das schon allein machte ihn für Sophie interessant. Und da waren diese dunklen Augen, in denen das Feuer der russischen Revolution glühte. Und der Hunger auf Leben. Und diese ansteckende Energie, die El Lissitzky ausstrahlte.

Sophie behauptete zwar später, dass sie zunächst nur den Künstler in ihm gesehen habe, den sie, ohne ihm bis dahin begegnet zu sein, vorbehaltlos bewundert habe. Aber seine Augen, die sie so fasziniert hatten, ließen sie nicht mehr zur Ruhe kommen.

Lissitzky, der seinen schon damals fast kahlen Kopf gern mit einer karierten Mütze bedeckte, war ein eher unscheinbarer Gast bei den ausgelassenen Festen rund um Kurt Schwitters. »Seine Arbeiten redeten, während er selbst schwieg«, beobachtete Sophie. Sie war es auch, die den Vorschlag machte, in der Kestner-Gesellschaft eine Ausstellung mit Lissitzky zu riskieren.

Im Januar 1923 war es dann so weit. Die Einladungskarte zeigte eine schwebende Figur im Raum, die bedeutendste Arbeit der Ausstellung. Sie wurde von Dr. Alexander Dorner, dem Leiter des Provinzial-Museums, erworben. Auf einen

Ausstellungskatalog musste verzichtet werden, die finanzielle Lage der Kestner-Gesellschaft verschlimmerte sich wegen der Inflation von Tag zu Tag.

Zusammen mit El Lissitzky stellte auch der Hannoveraner Expressionist Max Burchartz aus, der als Illustrator von Dostojewskjs Roman »Schuld und Sühne« bekannt geworden war. Der Gegensatz zwischen den beiden Künstlern hätte nicht größer sein können.

Damals grassierte eine wahre »Dostojewskj-Epidemie« in Deutschland. Kein anderer Schriftsteller hatte je so offen in die Abgründe der menschlichen Seele geblickt, hatte so schonungslos Wunden aufgerissen, so deutlich den tiefen Zwiespalt von Kopf und Seele, von Vernunft und Leidenschaft gezeigt. Bei den Abenden der Kestner-Gesellschaft trat häufig auch die Dresdener Schauspielerin Midia Pines, eine große Dostojewskj-Interpretin, auf. Gehüllt in ein langes, dunkles Gewand, las sie aus den Werken von Tolstoi und Gogol, aber vor allem aus Dostojewskjs Roman »Die Brüder Karamasow« und besonders dem Kapitel »Der Großinquisitor«. »Ihre Ausdruckskraft war so stark, dass sie die leicht erregbaren expressionistischen Geister noch mehr aufwühlte«, erinnerte sich Käte Steinitz.

Aber den größten Eindruck machte der erste öffentliche Auftritt des stillen Russen El Lissitzky. »Mit ihm blies der neue scharfe Wind der Konstruktivisten durch Hannover. Er fegte die expressionistischen Ekstasen weg und ersetzte sie durch Zirkel und Lineal.«

Die Ausstellung wurde ein Erfolg. Lissitzky begeisterte die Kunstfreunde Hannovers mit seiner Präzision und Klarheit. Sie ließen sich willig auf die neuen Räumlichkeiten ein, in denen der Künstler seine geometrischen Formen zum Schweben brachte, und kauften mehrere seiner Arbeiten. Daraufhin beauftragte die Kestner-Gesellschaft Lissitzky mit einer Mappe Lithographien als Jahresgabe für die Mitglieder. Es sollte die berühmte erste Kestner-Mappe werden. Lissitzky nahm den Auftrag an und versprach, zu dessen Ausführung wieder nach Hannover zu kommen. Dann reiste er nach Berlin, wo er seit zwei Jahren in der großen russischen Kolonie lebte.

4. Vom jiddischen Schtetl nach Berlin

Beinahe wäre der kleine Elisar Markowitsch Lissitzky, der am 10. November 1890 in dem Dorf Potschinok im Gouvernement Smolensk zur Welt kam, Amerikaner geworden. Sein Vater Mordochai, der als Verwalter eines Gutsbesitzers für sich und seine Familie im zaristischen Russland keine Chancen sah, wanderte, wie zuvor schon sein Bruder, nach Amerika aus. Er nannte sich fortan Mark. Als er dort nach einem Jahr ein sicheres Auskommen gefunden hatte, bat er seine Frau Sophia Lwowna, mit dem zweijährigen Lasar nachzukommen. Doch die strenggläubige Jüdin holte erst den Rat eines Rabbiners ein. Der ermahnte sie, es sei ihre Pflicht, in der Heimat und bei der Familie zu bleiben und den Ausreißer zurückzurufen.

So kam es, dass El Lissitzky, wie er sich später nannte, kein Sohn der Neuen Welt wurde, sondern dass sich seine Wurzeln tief in die kalte russische Erde gruben.

Im Schtetl des weißrussischen Provinzstädtchens Witebsk, dessen Bewohner zur Hälfte aus Juden bestanden, wuchs er auf. Der heimgekehrte Vater wurde dort Vertreter einer Glas- und Porzellanfabrik und konnte seine Familie – Elisar bekam noch einen Bruder und eine Schwester – mehr schlecht als recht ernähren.

Beide, Vater und Mutter, sollte Sophie später erkennen, konnten ihrem Ältesten zwar keine robuste Gesundheit mit auf den Lebensweg geben, aber sie vererbten ihm ihre besten Charaktereigenschaften und Begabungen. Der weit gereiste

Vater, der neben Russisch und Jiddisch auch Deutsch und Englisch sprach, übersetzte in seinen Mußestunden Heine und Shakespeare ins Russische. Er liebte Bücher über alles und übertrug diese Liebe auf seinen Sohn. Während seines ganzen künstlerischen Lebens hat sich El Lissitzky immer wieder mit dem Buch und seiner grafischen Gestaltung auseinander gesetzt. Seine Mutter, eine zierliche kleine Person mit großen schwarzen Augen, war mit einem außergewöhnlich scharfen Verstand und unerbittlicher Hartnäckigkeit gesegnet, vor allem wenn es darum ging, andere Menschen von ihrer Meinung zu überzeugen.

Die Familie lebte im Schtetl in einem primitiven, aus dicken Holzbalken gezimmerten Häuschen. Wie überall im russischen Reich wurden die Juden während der Zarenzeit unterdrückt und ausgegrenzt. Ein Ereignis in seiner Kindheit hat sich dem kleinen Elisar besonders eingeprägt: ein verheerender Brand, der den Himmel nächtelang tiefrot färbte und dem vor allem die Holzhäuser im Viertel der ärmsten Juden zum Opfer fielen.

Die Frische und Naivität der jüdischen Kinderbücher, die zu seinen frühen Arbeiten zählen, mit Bauersleuten, windschiefen Häusern, Pferden, Ziegen und Hühnern, sein Interesse an der Volkskunst, wurzelten in dieser Umgebung. Allerdings sollte er seiner ersten künstlerischen Liebe nicht lange die Treue halten. Marc Chagall hingegen, der drei Jahre zuvor ebenfalls in Witebsk zur Welt gekommen war, huldigte in seinen farbigen Tagträumen seiner Heimat ein Leben lang und inspirierte damit wie kein anderer Maler des 20. Jahrhunderts die Dichter seiner Zeit. Im Grunde seines Herzens blieb er immer, ganz gleich, ob er in Paris oder St. Petersburg lebte, ein Witebsker.

El Lissitzky 1932 *(Foto: M. Prechner / Verlag der Kunst, Dresden)*

Lissitzky war zunächst beeindruckt von den märchenhaften Bildern des fast Gleichaltrigen, distanzierte sich aber später von ihnen.

Nach der Russischen Revolution im Oktober 1917, in die vor allem die Künstler große Hoffnungen setzten als ein Tor zu neuen, besseren Welten, wurde Chagall zum Volkskommissar der Schönen Künste in Witebsk ernannt. Außerdem übernahm er die Leitung einer neu gegründeten Kunstakademie. Mit dem Unterricht beauftragte er wichtige Künstler der russischen Avantgarde wie Kasimir Malewitsch, Iwan Puni und auch El Lissitzky, der dort ab 1919 die graphischen Werkstätten und die Abteilung für Architektur leitete.

Schon bald musste Chagall erkennen, dass seine Kunstauffassung von sanfter Menschlichkeit mit dem Gebrauch von Zirkel und Lineal in der Kunst Malewitschs und Lissitzkys kollidieren würde. Die neue Realität eines schwarzen Quadrats oder eines roten Kreises passte nicht zu seinen grünen Kühen, fliegenden Pferden und umschlungenen Liebespaaren. Nachdem Malewitsch 1920 offen gegen Chagall revoltiert und El Lissitzky zudem verkündet hatte, dass »die Sensibilität der Seele durch die Empfindlichkeit einer Fotoplatte ersetzt« werde, trat Chagall tief gekränkt von der Leitung der Schule zurück und zog mit seiner Familie nach Moskau.

Aber noch war Elisar ein kleiner Junge. Sein mathematisches und zeichnerisches Talent blieb seinen Eltern nicht verborgen. Weil es in Witebsk kein Gymnasium gab, brachte ihn seine Mutter zum Großvater nach Smolensk. Nun lebte der Schüler des Realgymnasiums in der großen Gouvernersstadt und kehrte nur in den Ferien nach Witebsk zurück. Mit seinen unruhigen, fast prophetisch in die Zukunft gerichteten Augen beobachtete er alles, was um ihn herum vorging. Später schrieb er über diese Zeit:

»Mein Leben ist begleitet von noch nie dagewesenen Sensationen. Kaum fünf Jahre alt, steckt man mir die Gummischläuche des Edisonschen Phonographen in die Ohren. Mit acht Jahren laufe ich in Smolensk der ersten Elektrischen nach, und alle Bauernpferde fliehen vor dieser Teufelskraft aus der Stadt. Noch einige Jahre – da fliegen in Deutschland über meinem Kopf die Zeppelinluftblasen und die Aeros purzeln ihre ›looping the loop‹. Von Tag zu Tag steigert sich mein Schwingungstempo. Selbst wenn ich noch, dank einem Motorfehler, zu Fuß laufe, sehe ich doch, wie uns in einigen Jahren die heutige lumpige Paarhundert-Kilometer-Geschwindigkeit wie Schneckenlauf vorkommen wird.«

Im Haus der Großeltern, die in ihrer eigenen Werkstatt Mützen und Hüte herstellten, waren die Kinder aus der Nachbarschaft immer willkommen. Hier entdeckte El Lissitzky seine Begeisterung für karierte Mützen, die zu seinem Markenzeichen wurden. Später erzählte er Sophie von dem riesigen Holzofen, der die halbe Küche einnahm und in dem die Großmutter Fleisch und Gemüse schmorte. Es blieb die einzige kulinarische Erinnerung des ansonsten völlig anspruchslosen Künstlers. In seiner späteren Berliner Zeit, so erzählte Sophie, habe er hauptsächlich von Kakao und Brötchen gelebt, den Luxus seiner geliebten Pfeife sich jedoch nie versagt.

Seinen Lehrern in Smolensk fiel das zeichnerische Talent des Schülers Elisar auf. Sie verhalfen dem 13-Jährigen zu einem Ferienaufenthalt in der Witebsker Malschule des Künstlers Jehuda Pen, der auch der erste Lehrer von Marc Chagall war. Er hatte den realistischen Stil der akademischen

Salonmalerei um die Jahrhundertwende erlernt und gab ihn an seine Schüler weiter. Den jungen Lissitzky hatte er wohl mehr durch seine warme Menschlichkeit als durch seine Malweise beeinflusst. Aber er wies ihm seinen eigenen künstlerischen Weg. In dieser Zeit entstand die erste Buchgestaltung des angehenden Künstlers, ein revolutionärer Almanach jugendlicher Rebellen in zwei handgedruckten Exemplaren mit den Zeichnungen Lissitzkys und den Texten gleichgesinnter Kameraden.

Nach Beendigung des Gymnasiums bewarb sich Lissitzky um die Aufnahme an der Akademie der Künste in St. Petersburg – und wurde abgewiesen, da er seine Aufgabe, einen Diskuswerfer zu zeichnen, nicht nach den akademischen Richtlinien gelöst hatte. Ihm war natürlich klar, dass er in Wirklichkeit abgelehnt wurde, weil er Jude war und das »Judenkontingent« an der Akademie möglichst klein gehalten werden sollte. Trotzdem geriet er in eine tiefe Krise, zweifelte an den eigenen Fähigkeiten und gab die Malerei zunächst auf. In der Heimat hielt ihn nun nichts mehr.

1909 verließ Lissitzky Russland zum ersten Mal, um wie viele andere seiner Landsleute an der Polytechnischen Schule in Darmstadt Architektur zu studieren. Dieses Studium wurde zur Grundlage seines gesamten künstlerischen Schaffens. Kein anderer Künstler hat in so kurzer Zeit so viele Talente zum Blühen gebracht wie El Lissitzky: Er war Maler, Designer, Typograf, Illustrator, Fotograf, Ingenieur, Architekt, Bühnenbildner und Gestalter von Ausstellungen.

Während seiner Studienjahre wohnte er in einem bescheidenen Zimmer bei einer Arbeiterfamilie. Viele Stunden verbrachte er dort zeichnend und aquarellierend, vergaß alles um sich herum, sogar das Essen. Da der monatliche Zuschuss von zu Hause sehr knapp bemessen war, verdiente er sich zusätzliches Geld, indem er Prüfungsarbeiten für seine Kommilitonen ausführte, die entweder zu faul oder zu unbegabt waren, ihre Aufgaben selbst zu bewältigen. Diesem unermüdlichen Einsatz von Lineal und Zirkel verdankte er seine große Meisterschaft und Schnelligkeit im Entwerfen. Aber auch seinen gebeugten Rücken und den verengten Brustkorb, der später seine Krankheit beschleunigte.

Von dem Erlös seiner »Hilfsarbeiten« kaufte sich Lissitzky ein Fahrrad, mit dem er Ausflüge bis nach Worms unternahm. Dort saß er stundenlang in der alten Synagoge und skizzierte die Löwenreliefs, die in seinen späteren Illustrationen oft wiederkehrten.

Bis zu seinem Studienabschluss 1914 lebte Lissitzky in der großherzoglichen Residenz Darmstadt, die damals als Hochburg des Jugendstils galt. Von hier aus unternahm er Reisen nach Frankreich und Italien.

In Paris streifte er mit dem Bildhauer Ossip Zadkine, einem Jugendfreund aus der Witebsker Zeit, durch die Galerien, die großen Boulevards und die kleinen Seitenstraßen der Rue de Rivoli. Gemeinsam bewunderten sie die kühne Architektur des Eiffelturms. Auf seiner Rückreise besuchte Lissitzky den belgischen Architekten Henry van de Velde, den er sehr verehrte. Im Sommer 1912 brach er zu einem längeren Fußmarsch auf. Lernend und zeichnend wanderte er durch Norditalien. In seinen Wanderstab schnitzte er all die Orte der Lombardei und der Toskana ein, die er besucht hatte. Er übernachtete in billigen Herbergen und freundete sich mit wandernden Handwerksburschen an, die dort ebenfalls ein erschwingliches Nachtquartier fanden.

Nach seinem Examen am Darmstädter Polytechnikum,

das er mit Auszeichnung bestand, musste der 24-jährige Diplomarchitekt sein Gastland fluchtartig verlassen. Am 1. August 1914 hatte Deutschland Russland den Krieg erklärt – der Erste Weltkrieg war ausgebrochen!

Nach einer abenteuerlichen Reise über die Schweiz und den Balkan gelangte er schließlich nach Moskau. Alle seine Zeichnungen, Pläne und Bücher musste er in Darmstadt zurücklassen!

Erst 1923 konnte er dorthin zurückkehren. In einem Brief an Sophie Küppers nach Hannover schrieb er, damals noch mit der Distanz des heimlichen Verehrers: »In Darmstadt alles gefunden. Wunderbar, wie die Leute menschlich geblieben sind. Alte leere Tuschflaschen hat meine Wirtin aufbewahrt. Auf dem Dachboden in einer großen Kiste habe ich zwei Tage pompejanische Ausgrabungen betrieben. Das war wirklich blöd. Das Leben von einem vergangenen und vergessenen ›Ich‹ schichtweise auszugraben. Nur eines war mir interessant – ich habe Notizen von 1911 gefunden, also vor zwölf Jahren über meine Kunstanschauungen, deren Sinn und Ausdruck ich heute noch vollständig unterzeichnen kann. Komisch! Nicht wahr? Bei dem Diener der Hochschule habe ich alle meine Arbeiten von damals gefunden. Zeichnungen. Aquarelle. Einige werde ich behalten ...«

In Russland musste Lissitzky erneut ein Examen ablegen, um seinen Beruf ausüben zu können. Der Ingenieur-Architekt mit Doppeldiplom wurde Assistent des Architekten Klein, des Erbauers des Puschkin-Museums in Moskau. Die berühmte ägyptische Abteilung des Museums ist Kleins Werk, und Lissitzky war daran beteiligt – und sehr stolz darauf, wie er Sophie später bei einem Rundgang durch das Museum gestand; diese Inneneinrichtung, so Lissitzky, bringe die unerhörte Schönheit und Kostbarkeit einer vergangenen Kultur klar und überzeugend zur Geltung.

Weil es, bedingt durch die Härten des Krieges, keine größeren malerischen Aufgaben für den jungen Künstler gab, beschäftigte er sich hauptsächlich mit Grafik. In den Jahren 1917 bis 1919 entstanden seine jüdischen Kinderbücher, die heute in der Tretjakow-Galerie in Moskau aufbewahrt sind. Die mystisch-expressionistische Einwirkung Marc Chagalls ist in ihnen noch spürbar, obwohl sie im Laufe der Zeit immer architektonischer komponiert sind. Später hat Lissitzky seine frühen Bilder- und Kinderbücher kaum noch erwähnt – es waren für ihn Fingerübungen gewesen.

Die große Woge der russischen Oktober-Revolution im Jahr 1917 schwemmte ihn, wie so viele begeisterte Künstlerkollegen, ganz nach vorn. Als die Kugeln noch durch Moskaus Straßen pfiffen, gestaltete er die erste Fahne für das Zentralkomitee der Kommunistischen Partei der Sowjetunion, die Mitglieder der Regierung am 1. Mai 1918 feierlich über den Roten Platz trugen. Jetzt endlich wurde er gebraucht, war befreit von den Einschränkungen, mit denen das zaristische Reich seine jüdischen Mitbürger drangsaliert hatte. Jetzt war er gleichberechtigt mit allen Werktätigen der neuen Gesellschaft, stellte all seine Kräfte und Talente ihrer Arbeiter- und Bauernregierung zur Verfügung.

In seiner Witebsker Zeit als Lehrer an der Architekturfakultät der Kunstakademie begann die nicht immer ungetrübte Zusammenarbeit und Freundschaft mit dem über ein Jahrzehnt älteren Kasimir Malewitsch, der mit seiner Theorie des Suprematismus großen Einfluss auf die gesamte neue Kunst und natürlich auch auf Lissitzky ausübte. Diese neue

Kunstphilosophie, die die Nachahmung natürlicher Gestalten kategorisch verneinte, forderte nicht Nachbildung, sondern Neubildung klarer geometrischer Formen innerhalb des Bildrahmens. 1920 schrieb Lissitzky das Hohelied auf den Suprematismus Malewitschs, es endet mit folgendem euphorischen Satz in Großbuchstaben:

»So folgte auf das Alte Testament das Neue, auf das Neue das Kommunistische, und auf das Kommunistische schliesslich folgt das Testament des Suprematismus.«

Im Gegensatz zu dem Maler Malewitsch blieb der Architekt Lissitzky jedoch nicht der Fläche verhaftet, sondern befreite sich von ihr. Losgelöst von allen Zwängen scheinen die geometrischen Formen durch den unendlichen Bildraum Lissitzkys zu fliegen.

In seinem kargen Atelier in Witebsk arbeitete er wie ein Besessener an der Suche nach eigenen Lösungen für seine geometrisch-räumlichen Vorstellungen. Diese Experimente nannte er »Proun« (zusammengesetzt aus Pro + Unowis = Projekte für die Begründung des Neuen). Er selbst, dem die Bildleinwand zu eng geworden war, bezeichnete Proun als »Umsteigestation aus der Malerei in die Architektur«.

1921 wurde Lissitzky, der nun zu den Vorzeigekünstlern der jungen Sowjetunion gehörte, nach Moskau berufen, um dort die Architektur-Fakultät der Höheren Künstlerisch-Technischen Werkstätten »Wchutemas« zu leiten. Sie waren auf Erlass des Rates der Volkskommissare am 19. November 1920 gegründet worden. Dort bildete sich mit Wladimir Tatlin, Alexander Rodtschenko, Naum Gabo, El Lissitzky und anderen die Gruppe der Konstruktivisten, die von der Schönheit neuer Techniken begeistert waren. In Moskau trat diese

Gruppe zum ersten Mal geschlossen in einer Ausstellung auf. Und in Berlin, auf der ersten Russischen Kunstausstellung am 15. Oktober 1922 in der Galerie Van Diemen, Unter den Linden, wurde sie zur Sensation. Hier hatte sich Sophie in die Arbeiten des Künstlers Lissitzky verliebt:

»Von allen Werken dieser vielseitigen Schau machten die ›Prounen‹ El Lissitzkys den stärksten Eindruck auf mich. In diesen Kompositionen war etwas Neues, etwas, was ich bisher in der europäischen Kunst nirgends angetroffen hatte. Da war der in den Bildrahmen eingespannte kosmische Raum, in dem sich schwebende geometrische Körper durch ungeheure Spannungen im Gleichgewicht hielten ...«

Mit dem Auftrag seiner Regierung, Verbindungen zwischen den Kunstschaffenden der Sowjetunion und Deutschlands anzubahnen, fuhr Lissitzky Ende 1921 über Warschau nach Berlin und geriet in eine von Energien und Emotionen überquellende Stadt. Als die Goldenen Zwanziger wurde das dritte Jahrzehnt des letzten Jahrhunderts bezeichnet – laut, grell und schnell waren sie, und Berlin war ihr Mittelpunkt.

Berlin, eine der großen Kulturmetropolen Europas, bot nach dem Krieg einen fruchtbaren Nährboden für Expressionismus und Dadaismus. Auf ihm gedieh auch die russische Avantgarde, die die Welt mit den Mitteln der Kunst umgestalten wollte. Hier traten sich Maler, Schriftsteller, Dichter, Musiker, Regisseure, Schauspieler jeder Couleur fast schon auf die Füße, trafen sich zufällig auf der Straße oder absichtsvoll in ihren Stammkneipen. El Lissitzky war der richtige Mann zur richtigen Zeit am richtigen Ort, um Brücken zu schlagen zwischen russischen und deutschen Künstlern. Doch diese Zeit, so aufregend sie war, forderte von ihm ihren Tribut.

Sein Körper war durch die rastlosen Aktivitäten, durch schlechte Ernährung und wenig Schlaf geschwächt, es zeigten sich erste Symptome einer Lungen-Tuberkulose, und die schwarzen Locken seiner Jugend, die ihm ein so romantisches Aussehen verliehen hatten, fielen allmählich aus.

Sophie Küppers fuhr damals von Hannover öfter nach Berlin, um Künstler in die Kestner-Gesellschaft einzuladen. Sie erlebte die Metropole mit wachem Verstand und kritischer Distanz. Und notierte voller Empörung:

»Wie sahen denn jene goldenen zwanziger Jahre aus? Nach dem verlorenen Krieg, nach der verspielten Revolution, nach dem politischen Bankrott der sozialistischen Parteien brachten die ersten vier Jahre des Jahrzehnts den berühmten Regierungsschwindel, die deutsche Inflation, durch die eine kleine Machtgruppe den größten Teil des deutschen Volkes wirtschaftlich, politisch und moralisch ruinierte, bis ein Laib Brot eine Milliarde, ein deutsches Mädchen eine Zigarette, und das deutsche Gewissen gar nichts kostete ... Die goldenen zwanziger Jahre waren nur Dublee.«

Bei einem ihrer Besuche traf sich Sophie mit El Lissitzky. Gemeinsam schauten sie sich Charlie Chaplins ersten Kinofilm »The Kid« an. Die anrührende Geschichte einer Freundschaft zwischen dem armen Vagabunden und dem Findelkind bewegte nach Amerika auch hier die Gemüter und füllte die Kassen. Sophie war gerührt von der Darstellungskunst dieses volkstümlichen und zugleich philosophischen Narren, von der Ausdruckskraft seiner Augen und Hände und von seinem »todernsten Humor«.

Lissitzky nahm sie mit in seinen Berliner Künstlerkreis. Mit Werner Graeff, Hans Richter, Raoul Hausmann, Hanna Höch und weiteren Künstlern traf man sich im gastlichen

Atelier von László Moholy-Nagy und seiner Frau Lucia. Lebhaft wurde über die neue Sachlichkeit, Gegenständlichkeit und Zweckmäßigkeit diskutiert – über die Grundsätze des Weimarer Bauhauses, dessen Gründer und Leiter Walter Gropius eine Schar begabter junger Künstler um sich versammelt hatte. Lissitzky erzählte seinen deutschen Freunden von den großen Aufgaben, die für Künstler und Architekten in Russland durch die Revolution entstanden waren. Die technische Rückständigkeit war seiner Meinung nach das größte Hemmnis für die Entwicklung einer neuen sozialen Gemeinschaft.

Bei ihrer ersten Begegnung in Hannover hatte Sophie El Lissitzky als bescheiden und zurückhaltend erlebt. Hier erkannte sie ihn kaum wieder: »Scharf und schonungslos konnte er gegen die abstrakte Seele losfahren, die die verängstigten Expressionisten jeder auf seine Weise zu verteidigen suchten.« Wenn die Unterhaltung mit seinen Landsleuten besonders heftig wurde, fiel er ins Russische zurück. Sie liebte sein Temperament.

Es wimmelte nur so von Russen in diesem Berlin! Über 100 000 lebten hier um 1920. Und es wurden immer mehr. 1923 sollen es nach Schätzungen von Hilfsorganisationen über 360 000 gewesen sei. Zu der starken Kolonie zählten sowohl Emigranten, die nach der Oktoberrevolution geflohen waren, als auch zahlreiche Intellektuelle, wie El Lissitzky oder Ilja Ehrenburg, die Berlin zu ihrem strategischen Zentrum für die Verbreitung sowjetischer Politik und Kultur gemacht hatten.

Die Berliner tauften die Gegend zwischen Charlottenburg und Zoo scherzhaft »Charlottengrad«. Die Russen nannten diesen Teil Berlins »Petersburg« und fuhren mit der »Russenschaukel«, dem Kurfürstendamm-Bus, Richtung Halensee.

Und wer weiß, vielleicht wäre der Kurfürstendamm eines Tages ja in Kurfürsten-Prospekt umbenannt worden.

Im vornehmen Kaufhaus des Westens am Wittenbergplatz sah man vor allem modehungrige Damen und Herren aus Russland und anderen östlichen Ländern. Die deutschen Kunden zogen dem KaDeWe die billigeren Kaufhäuser um den Alexanderplatz vor.

Im Restaurant »Zum Bären« servierten ehemalige Offiziere aus russischen Adelsfamilien. Im »Café Petersburg« am Wittenbergplatz war der Kellner früher mal russischer Diplomat gewesen. Und im Kino riss abends eine einstige Hofdame der Zarenfamilie die Eintrittskarten ab. Es gab sogar einen russischen Berlin-Führer. Der listete 1923 über 30 Berufsverbände, Parteigruppierungen, Hilfswerke auf, sechs russische Banken, 87 russische Verlage und 20 russische Buchläden, dazu Schulen, wissenschaftliche Institute und jede Menge Restaurants, Cafés, Cabarets und Nachtclubs.

Sehr beliebt bei Einheimischen und Zugereisten war das ursprünglich in Moskau gegründete Cabaret »Der blaue Vogel«, in dem russische Künstler sangen, tanzten und Theater spielten. Hier triumphierte die Balalaika über das Jazz-Saxophon.

Auch Alexander Tairow mit seinem Moskauer Kammertheater gab mehrere umjubelte Gastspiele in Berlin. Er wollte das Theater von seinen erstarrten Formen befreien und fand in Lissitzky einen kongenialen Illustrator seiner Ideen. 1923 erschienen Tairows »Aufzeichnungen eines Regisseurs« unter dem Titel »Das entfesselte Theater« mit der Einbandgestaltung von El Lissitzky.

Mit seinen Landsleuten traf sich Lissitzky häufig im Romanischen Café, in der Prager Diele oder im Café Leon am

Nollendorfplatz. Bei Tee und Tabak redete man sich oft nächtelang die Köpfe heiß. »Selbst hier befasste er sich fortwährend mit Erfinden«, schrieb Ilja Ehrenburg über den Freund. Auch er war einer der Stammgäste, wie Aleksej Tolstoi, bekannt als »der rote Graf«, Boris Pasternak, Wladimir Majakowskj und Naum Gabo. Als eines Tages der junge Lyriker Sergej Jessenin, geliebt für seine leidenschaftlichen Verse, aber auch berüchtigt für seine alkoholischen Exzesse, mit seiner ihm gerade angetrauten Ehefrau Isadora Duncan das Café betrat, erhoben sich die Anwesenden und sangen spontan die Internationale – zu Ehren der amerikanischen Ausdruckstänzerin, die als begeisterte Anhängerin der Revolution auf der Theaterbühne zu den Klängen der Internationale zu tanzen pflegte.

Gemeinsam mit Ehrenburg gab Lissitzky Anfang 1922 die erste pro-sowjetische Zeitschrift »Der Gegenstand« heraus, um – dieses Ziel hatte sie beide nach Berlin geführt – den in Russland lebenden Künstlern mit diesem dreisprachigen Journal ein Fenster zum Westen zu öffnen und den westlichen Lesern einen Blick auf die vielfältigen kulturellen Aktivitäten in der Sowjetunion zu ermöglichen. In die Liste prominenter Autoren reihten sich Charlie Chaplin, Le Corbusier, Fernand Léger, Kasimir Malewitsch, Boris Pasternak und viele andere ein. Lissitzky selbst konnte in den wenigen Ausgaben bis zu seiner Abreise aus Berlin seine typografischen, der Architektur und der Fotografie nahen Ideen verwirklichen. Die hoch entwickelte deutsche Technik gab dem russischen Künstler nicht nur die Möglichkeit zu kühnen Träumen, sondern auch zu deren praktischer Umsetzung.

Ilja Ehrenburg schrieb in seinen Memoiren über die zwei Gesichter des Weggefährten:

»Lissitzky glaubte steif und fest an den Konstruktivismus. Im Leben war er weich, ausgesprochen gütig, zuweilen naiv. Seine Gesundheit war anfällig. Er verliebte sich, wie man sich im vorigen Jahrhundert zu verlieben pflegte: blind und selbstlos.

Aber in der Kunst glich er einem unbeugsamen Mathematiker, inspirierte sich an der Präzision, machte die Nüchternheit zur Wahnidee. Er war ungemein einfallsreich. Er konnte einen Ausstellungsgegenstand so gestalten, dass die Dürftigkeit der ausgestellten Dinge den Anschein der Überfülle erweckte. Er verstand es, ein Buch in einer ganz neuartigen Weise aufzugliedern. In seinen Zeichnungen spürt man den Farbensinn genauso stark wie die Meisterschaft der Komposition.«

5. Sophies Wahl

Die Inflation überschlug sich. Bilder gab es nur noch gegen ausländische Valuta zu kaufen. Sophie Küppers' Ausstellungsbetrieb verschlang alle Reserven aus dem Erbe ihres Onkels. Aber sie dachte nicht daran, aufzugeben. Am 6. März 1923 hielt der wieder einmal aus Berlin angereiste Lissitzky in der Kestner-Gesellschaft einen Vortrag über die »Neue Russische Kunst«. Sophie hatte zuvor mit ihm den Text mehrfach geprobt – seine harte Aussprache und seine Probleme mit den deutschen Artikeln machten ihn manchmal schwer verständlich und erregten Heiterkeit im Auditorium. Sie notierte über den Abend:

»Das gutbürgerliche Publikum, dem vieles, was Lissitzky vortrug, vollständiges Neuland war, folgte aber wie gebannt seinen geistvollen Ausführungen. Man wurde aufgerüttelt von dem Neuen, das dieser russische Künstler aus dem Land der Revolution mitbrachte. Als Sohn der Oktoberrevolution zeichnete Lissitzky eine begeisternde neue Welt. Das waren keine gefärbten Zeitungsberichte, sondern Tatsachen, Perspektiven für die Zukunft, über die einer berichtete, der um die Verständigung zwischen dem fast isolierten Russland und dem Westen bemüht war, der dabei war in den ›10 Tagen, die die Welt erschütterten‹.«

Durch die Vermittlung seines Freundes Kurt Schwitters wohnte er zunächst in der pompösen Villa des Galeristen Herbert von Garvens. Obwohl Lissitzky die Annehmlichkeiten eines prächtigen und vor allem funktionierenden Bades zu schätzen wusste, kam er sich in den riesigen Räumen doch

El Lissitzky, »Neuer«, Lithographie, 53 x 45,4 cm, Blatt 10 der »Figurinenmappe. Die plastische Gestaltung der elektromechanischen Schau ›Sieg über die Sonne‹«, in 75 Exemplaren erschienen, R. Leunis u. Chapman, Hannover 1923. *(Foto: Verlag der Kunst, Dresden)*

recht verloren vor. Immer häufiger besuchte er Sophie, freundete sich mit ihren Söhnen Kurt und Hans an.

Seine erste Kestner-Mappe mit Lithographien seiner Proun-Bilder wurde von den Auftraggebern mit Begeisterung aufgenommen. Man riss sich geradezu um diese imaginären Welten aus Linien, Quadraten und Rechtecken, die scheinbar dreidimensional im Raum schwebten. Sie schmückten manches Hannoversche Heim, und natürlich auch das von Sophie Küppers.

Für seine zweite Mappe farbiger Lithografien wählte Lissitzky den Stoff der russischen futuristischen Oper »Sieg über die Sonne«, womit er wieder zu seinen Anfängen zurückkehrte – sein Lehrer und Gefährte Malewitsch hatte die ursprünglichen Bühnenbilder und Kostüme für die Oper entworfen. Die mechanischen Puppen gleichenden Figurinen nannte Lissitzky »Ansager«, »Wachtposten«, »Globetrotter »Sportsmann«, »Zankstifter«. Und natürlich war auch ein »Erneuerer« unter ihnen – als Künstler kannte Lissitzky kein Gestern, für ihn zählte nur das Heute als Wendepunkt zum Morgen. »Der Erneuerer« oder auch »Der Neue« wurde einer seiner berühmtesten Prounen. Lissitzky hatte die Lithografie zunächst als Ölbild gemalt, das Dr. Alexander Dorner, der spätere künstlerische Leiter der Kestner-Gesellschaft, erworben hatte. Es hing mehrere Jahre in seinem privaten Arbeitszimmer. Dorner, als Pionier der modernen Kunst weit über Deutschlands Grenzen hinaus hoch geschätzt, war den Nazis genau aus diesem Grund verhasst. Nachdem er im Januar 1937 entlassen wurde und sogar um sein Leben fürchten musste, flüchtete er mit seiner Frau Lydia über Paris nach Amerika. Die Gestapo, die ihn abholen wollte, kam zu spät. Sie stand vor den verschlossenen Türen eines menschenleeren

Hauses. Den großen Lissitzky-Proun hatte Dorner zuvor in einen Teppich gerollt und diesen über den Großen Teich geschickt. Der Teppich kam zwar an, aber ohne das Bild. So jedenfalls schilderte es später seine Witwe. »Der Neue« ist bis heute verschollen.

Die Freundschaft mit Sophie und ihren kleinen Söhnen veränderte das Leben des einsamen Künstlers Lissitzky grundlegend, das bisher hauptsächlich von künstlerischen Emotionen geprägt war. Da es ihm schwer fiel, in der lebhaften Villa von Garvens' ungestört an seinen Entwürfen zu arbeiten, bat Sophie den Vorstand der Kestner-Gesellschaft, ihm den ehemaligen Gesellschaftsraum im dritten Stock des Hauses in der Königstraße als Atelier zu überlassen.

»Ich bin nicht gewohnt, dass sich jemand um mich kümmert. Ihr Vorschlag über das Wohnen in der Kestner-Stube ist viel, viel mehr als lieb«, schrieb er ihr von einem kurzen Aufenthalt aus Weimar. Manchmal saß Sophie stundenlang schweigend in einer Ecke seines Ateliers und beobachtete ihn bei der Arbeit. Sie sah zu, wie er seine mechanischen Figuren mit sicherem Strich direkt auf den Stein zeichnete. Er liebte ihre stille Gegenwart. Die Probedrucke, in deren Ecken ein winziges aus »El« und »S« verschlungenes Monogramm versteckt war, schenkte er Sophie. Sie verrieten ihr, was er noch nicht auszudrücken wagte.

El Lissitzky und Kurt Schwitters waren trotz der Gegensätzlichkeit ihrer Kunstauffassungen Freunde geworden, verbrachten viel Zeit miteinander. Sophie bestaunte die erste »Merzsäule« des Dadaisten: »Sie war noch aus dem Material der Abfallkisten aus Kriegszeiten konstruiert, hatte geheime, unbeschreibliche Einbauten. Für mich war oftmals die Gren-

Sophie Lissitzky-Küppers, Fotocollage von El Lissitzky, 1928 *(Foto: privat)*

»Die Brüder«, Fotocollage von El Lissitzky, 1929; links Kurt, rechts Hans Küppers *(Foto: privat)*

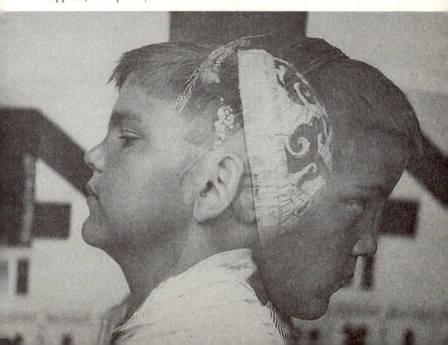

ze zwischen Originalität und Wahnsinn der Schwitters'schen Schöpfungen, seien sie nun plastisch oder literarisch, nicht klar erkennbar«, notierte sie, bewundernd und verwundert.

Sophie organisierte weiter Ausstellungen, obwohl der Wert des Geldes inzwischen ins Bodenlose gesunken war. Zusammen mit El Lissitzky – die beiden galten inzwischen in der Gesellschaft Hannovers als Paar, obwohl sie sich immer noch respektvoll siezten – plante sie eine Reise nach Hamburg, um dort für Hannover eine »Negerkunst-Ausstellung«, wie damals Volkskunst aus Afrika und Ozeanien genannt wurde, vorzubereiten. Durch Paul Küppers hatte sie Verbindungen mit dem dortigen Völkerkunde-Museum und seinem Chefeinkäufer. Doch schließlich musste sie allein fahren, Lissitzky hustete, war erkältet und fühlte sich schlecht, drängte aber darauf, dass sie ohne ihn reise. Sophie ließ den Kranken nur ungern allein in seiner Kestner-Stube. Als sie nach wenigen Tage zurückkehrte, fand sie den Freund mit hohem Fieber. Ihr Hausarzt stellte eine Lungenentzündung fest und verordnete strenge Bettruhe. Doch kaum war das Fieber etwas gesunken, arbeitete er schon wieder wie ein Besessener, obwohl er sich nach wie vor schlecht fühlte. Im jüdischen Krankenhaus, das ihr Freund Dr. Steinitz leitete, wurde bei einer Röntgenaufnahme eine große Kaverne in der Lunge entdeckt. Er wollte seine schwere Krankheit nicht wahrhaben. Ohne Sophie an seiner Seite hätte er sein Leben damals wohl weggeworfen.

»Mein Freund war verzweifelt, hatte Selbstmordgedanken. Ich versuchte, ihn zu überzeugen, dass er nicht das Recht habe, sein Leben auszulöschen, dass er verpflichtet sei, seine außerordentliche Begabung durch neue große Arbeiten zu beweisen. Ich bot ihm an, ihm dabei zu helfen. Er wollte keine Opfer – aber konnte dann verstehen, dass es keine Opfer gibt, wenn man wirklich liebt. Mich hatte zuerst sein Werk zutiefst berührt, dann erwies sich der Mensch Lissitzky als außerordentlicher Freund. In unserer tiefsten Not kamen wir einander ganz nah. Ich konnte den geliebten Menschen nicht im Stich lassen.«

Wieder erinnerte sie sich an die Worte ihres Vaters.

Sophie bat die Freunde um Hilfe, Lissitzky brauchte dringend ein anderes Klima. Dr. Steinitz empfahl ein Sanatorium in der Südschweiz, Richard Oppenheimer und Kurt Schwitters halfen mit Geld aus. Und Fritz Beindorff, im Vorstand der Kestner-Gesellschaft und Geschäftsführer der Pelikan-Werke, sorgte dafür, dass Lissitzky von der Firma Günther Wagner Reklameaufträge für Pelikan bekam, die ihm, nachdem im Oktober 1923 zur Überwindung der Inflation eine neue Währung eingeführt worden war, ein monatliches Einkommen von 300 Rentenmark garantierte. Diese Sicherheit verlangte die Schweizer Passkontrolle, denn zahlreiche Abenteurer und Spekulanten flohen damals mit leeren Taschen aus dem inflationären Deutschland, um ihr Glück in der soliden Schweiz zu suchen.

Das Weihnachtsfest 1923 feierte Lissitzky noch mit Sophie und ihren Söhnen in Hannover. Er mochte diese warme deutsche Gemütlichkeit, die so ganz anders war als das karge »revolutionäre« Leben, das er führte. Kurt und Hans bekamen von ihrem Freund »Lissi« ein selbst gezeichnetes und aquarelliertes Bilderbuch geschenkt, »Das neugierige Elefantlein«. Zu den Bildern erfand er die komischsten Geschichten. Die Jungen waren begeistert. Lissitzky hatte ein großes Herz für Kinder, und das nahm Sophie besonders für ihn ein.

Anfang Januar mussten die Liebenden Abschied nehmen. Über Berlin, wo Lissitzky noch eine eigene Ausstellung im Graphischen Kabinett I.B. Neumann organisieren konnte, reiste er schließlich mit der Eisenbahn in die Schweiz. Der Erfolg der Ausstellung gab ihm zwar neue Kraft, aber sein Zustand war Besorgnis erregend.

Über ein Jahr lebte Lissitzky im Tessin. Es wurde ein aufreibendes und zugleich kreatives Jahr, schwankend zwischen Hoffnung und Verzweiflung. Phasen fiebriger Schaffenskraft wechselten mit lähmendem Nichtstun, zu dem ihn die Krankheit zwang. Ohne Sophie wäre El Lissitzky verloren gewesen. In dieser Zeit entwickelte sich zwischen den Liebenden ein lebhafter Briefwechsel, unterbrochen von zwei Besuchen Sophies. Nur Lissitzkys Briefe sind erhalten geblieben. Doch wer zwischen den Zeilen zu lesen vermag, wird dort auch etwas von den Gedanken, Wünschen, Sehnsüchten und Ängsten Sophies finden. Die »mère des bolcheviks« entpuppte sich nun als wahre »Mutter Courage«. Er redete sie in seinen Briefen mit »Mutti, Muttilein, Mamascha, Towarischtsch-Geliebte, Du meine Alte« und auch schon mal mit »Genossin« an, und unterschrieb als »Dein blöder, Dein dummer, Dein Trottel Lis«. Sie war seine Geliebte, Mutter, Muse, Trösterin, Ratgeberin, die Organisatorin und Vermittlerin seiner vielfältigen Aktivitäten. In ihren starken Armen, an ihren weichen Brüsten ließ es sich gut leben – und zur Not auch sterben.

In diesem Jahr, das trotz seiner Krankheit zu seiner schöpferischsten Phase wurde, tüftelte Lissitzky mit Kurt Schwitters, den er freundschaftlich Kurtchen nannte, an der Herausgabe seines Merz-Heftes »Nasci«, er entwarf Reklame für Pelikan-

El Lissitzky, »Pelikan-Tinte«, Fotogramm, Russisches Staatsarchiv für Literatur und Kunst, Moskau

Tinte, -Kohlepapier und -Siegellack. Immer mehr experimentierte er mit der Fotografie, nachdem ihm Sophie die alte Kamera ihres Vaters geschenkt hatte, ein wahres Ungetüm mit Holzkassetten. Hier entstand sein berühmtes Selbstporträt »Der Konstrukteur«, das in die Geschichte der modernen Fotografie einging – in den Kopf montierte er seine Hand mit einem Zirkel. Er übersetzte Malewitschs Traktat über Lenin, den er verehrte, und ein Buch von Malewitsch über den Suprematismus ins Deutsche. Mit Mies van der Rohe bereitete er die Zeitschrift »G« vor. Er entwarf sein kühnes Projekt »Wolkenbügel«, ein Hochhaus auf drei »Beinen«, geplant als Bürobau in Moskau – und er schickte lustige Briefzeichnungen an Kurt und Hans. So skizzierte er sich selbst, flach im Bett liegend, mit einem Riesen-Samowar samt Gesicht, das den Betrachter anlacht, auf dem Bauch. Dazu schrieb er: »So, lieber Hani, sieht der Lissi mit dem Samowari aus.«

Sein holländischer Architekten-Kollege Mart Stam, der den Kranken im Tessin besuchte, schrieb über ihn: »Lissitzky war ein Mensch voller Begeisterung, übersprudelnd von Ideen. Es ging ihm in allem darum, mit zu helfen, zum Wohle einer kommenden Generation eine inhaltsreichere Umwelt zu schaffen.«

Lissitzkys Briefe an Sophie wechselten zwischen Larmoyanz, Begeisterung für ein neues Projekt, Verzweiflung, Sehnsucht und Ungeduld. Dann wieder entschuldigte er sich dafür, dass er sie so quäle mit seinen Wünschen, Bitten und Aufträgen. Ein selbstlos Liebender war er gewiss nicht, das Ich des Künstlers stand immer im Vordergrund. Doch in Sophie hatte er seine Ergänzung gefunden: voller Bewunderung für das Genie, voller Enthusiasmus für seine Pläne, voller Mitleid mit dem Kranken, voller Liebe für den Gefährten war sie dennoch stark genug, ihre eigenen Interessen zu verfolgen, weiter im Gespräch mit Künstlern zu bleiben und mit ihnen Ausstellungen zu organisieren.

In Orselina, einem kleinen Tessiner Bergdorf hoch über Locarno und dem Lago Maggiore, hatte Lissitzky in der Villa della Planta ein billiges Pensionszimmer und freundliche Wirtsleute gefunden, die sich um ihn kümmerten. »Das ist eine einfache Pension«, schrieb er an Sophie, »jetzt sind hier nur Schweizer. Sehr gemütlich und liebe Wirtsleute. Ich habe ein schönes Zimmer mit Balkon nach Süden. Und dann ist noch ein Häuschen im Garten, das man mir als Atelier zur Verfügung stellt.«

Zum Nichtstun verurteilt, verbrachte er oft Stunden auf dem Balkon in der frischen Luft. Die Strahlen der Märzsonne wärmten bereits. Und während die blühenden Magnolien ihren Duft zu ihm herüberwehten, blickte er auf das sonnenglitzernde weiße Alpenpanorama über dem See. Doch die Schönheiten der Natur nahm dieser unruhige Geist kaum wahr. Er registrierte lediglich, dass der Lago Maggiore nicht so blau war wie auf den Postkarten. Und beklagte sich darüber, dass die Post so lange dauerte. Auf die Briefbogen malte er lustige Zeichnungen für Kurt und Hans und zwei ineinander verschlungene Hände, die eines Mannes und einer Frau, für Sophie.

Wenn Sophie dem Kranken vorsichtig ihre finanzielle Notlage und den allgemeinen Niedergang des Kunsthandels schilderte, versuchte er sie zu trösten: »Der Frühling und Sommer sind in Sicht, und alle brauchen ihr Geld für Italien. Was mich anbelangt, sei ruhig, ich mache mir keine Geldsorgen. Ich habe immer nur dann über Geld nachgedacht, wenn in der Tasche nur Wind geblieben ist«, schrieb er ihr.

Mit solchem »Trost« konnte die bodenständige Sophie nur wenig anfangen. Doch trotz ihrer Sorgen musste sie über die kindliche Naivität ihres Gefährten lächeln.

Die Nachrichten über den Verlauf seiner Krankheit beunruhigten Sophie. Eine neue Fieberattacke quälte Lissitzky. Er schrieb an die Geliebte: »Alle Gelenke zerbrochen, Kopf brennt, Lunge sticht, Fieber um 39°. Der Arzt kam. Es hatte sich Wasser gebildet, aber er meinte, dass das häufig so sei bei einem Pneumothorax. Er will mich unbedingt in ein Sanatorium einweisen.«

Sophie bemühte sich um ein Visum für die Schweiz, was ohne die Hinterlegung einer größeren Bürgschaft völlig ausgeschlossen war. Wieder halfen die Freunde mit Geld – und Sanitätsrat Catzenstein stellte ihr eine Bescheinigung aus, dass sie der einzige nahe stehende Mensch sei, der ihn jetzt, da Lebensgefahr bestand, unterstützen könne.

Sie fand ihren Lissi, in Wolldecken gehüllt, auf dem Balkon seiner Pension liegend. Er war sehr geschwächt und hatte noch immer Fieber. Ein rosa Azaleenbäumchen hob sich frühlingshaft vom grünlich schimmernden See und den weißen Bergen dahinter ab. Es duftete nach Mimosen. Die Blätter der hohen Palmen, die hier in diesem südlichen Klima gedeihen, raschelten wie Papier im Wind. Die Glocken der kleinen Dorfkirche schickten melodische Töne herüber. Es hätte ein Paradies sein können – wenn dieser arme Mensch nicht so krank gewesen wäre. Doch Sophies Liebe und Fürsorge wirkten Wunder. Nach einer Woche konnte Lissitzky wieder aufstehen. Seine alte Energie kehrte zurück, er freute sich, dass sie mit den Kindern den ganzen Sommer über kommen wollte. Nachbarn boten ihnen ein Häuschen in dem Nordtessiner Bergdorf Ambri-Sotto an, das sie in den Sommermonaten gegen eine geringe Miete bewohnen konnten. Beglückt registrierte Sophie die Fortschritte, die der Kranke machte: »Sein Schritt bekam wieder die alte Elastizität, er trat mit den Hacken zuerst auf, entschieden, bestimmt, schnell und leicht. Nur das Wasser, das sich in seiner Brust angesammelt hatte, gluckerte bei jedem Schritt.« Einigermaßen beruhigt ließ sie ihren kranken Freund in zuversichtlicher Stimmung und mit neuen Kräften zurück.

Harmonische Sommerwochen in Ambri-Sotto, die in einen leuchtenden Herbst übergingen. Sophie kam mit ihren Jungen, ihrer treuen Hausgehilfin Emma und einem Berg von Koffern angereist. Sie machten es sich in dem einfachen, aus Granitsteinen erbauten Bauernhaus gemütlich, das so recht nach dem Geschmack Lissitzkys war, und das er »unser Schloss« nannte. Mit einer großen Feuerstelle in der Küche erinnerte es ihn ein wenig an die Datschen seiner russischen Heimat. Im Keller hatte er ein Fässchen mit Tessiner Rotwein gelagert. Es sollte ihnen gut gehen.

Das Künstler-Ehepaar Hans Arp und Sophie Taeuber-Arp kam zu Besuch. Arp und Lissitzky arbeiteten an einer gemeinsamen Publikation: Das Buch, »Die Kunstismen« genannt, sollte eine Art Führer durch die Strömungen, die »Ismen« der Moderne, von der Malerei bis zum Film, werden. Die beiden Männer diskutierten heftig und kontrovers. Trotz dieser Spannungen wurde das Buch später sehr erfolgreich.

Um die Gemüter zu beruhigen und für Ablenkung zu sorgen, wanderte Sophie mit den Arps über die Berge ins romantische Valle Maggia. Mühsam ging es hoch über gewundene Wege, über Stufen aus unbehauenen Granitsteinen, vorbei an

Gebirgsbächen, die sich eilig ins Tal hinunterstürzten. Nach einer Rast in einem der weinumrankten Tessiner Grotti, wo sie zum ersten Mal die in einem riesigen Kupferkessel über dem offenen Feuer gerührte Polenta aßen, mussten die müden Wanderer wohl oder übel den steilen Abstieg zwischen uralten Kastanienbäumen in Kauf nehmen. Eidechsen huschten durch das braune Laub des Vorjahrs, so dass es überall geheimnisvoll raschelte. Die winzigen Quarzkristalle in den Steinen funkelten wie Gold in der Sonne. Manchmal traten sie auf die stacheligen Hüllen der Kastanien. Sie platzten und gaben ihre glänzenden Früchte frei, die dann später in ihrem Ferienhäuschen, über dem Feuer geröstet, allen köstlich schmeckten. Natürlich stand auch ein Besuch in der Künstlerkolonie auf dem Monte Verità über Ascona auf ihrem Programm, wo sie, wie Sophie notierte, die »absonderlichen Heiligen« beobachteten. Danach kehrten sie wieder in die kühlere Luft des Gotthards und zu dem kranken Lissitzky zurück.

Auch Mart Stam kam mit seiner Frau Leni in die Sommerfrische. »Eines Tages, als die Arps gerade abgereist waren, erschien ein baumlanger junger Mann, auf dessen Schultern ein winziges Frauchen saß. Das war Mart Stam mit seiner Gattin«, amüsierte sich Sophie über das ungleiche, aber glückliche Paar. Lissitzky hatte den jungen progressiven Architekten in Holland kennen gelernt. Die beiden freundeten sich an. Ein komischer Kontrast – Stam war fast doppelt so groß wie Lissitzky. 1926 waren Sophie und El Lissitzky bei dem Ehepaar in Rotterdam zu Gast, 1930 fuhr Mart Stam in die Sowjetunion, um zusammen mit einer Gruppe deutscher Architekten am Aufbau des neuen sozialistischen Staates mitzuarbeiten.

Auch Kurt Schwitters kam eines Tages zu einem kurzen Besuch in die Südschweizer Berge geschneit und widmete später dem kranken Freund eine seiner schnurrigen Geschichten:

»Zu jener Zeit arbeitete im Ambri-Sotto, am Südabhang des heiligen St. Gotthard, ein Mann namens Lissitzky aus Witebsk bei Moskau. Schon als Kind hatte er in seinem Wesen viel Transzendentales gehabt, indem er nur die andere Seite der Welt liebte, die metaphysische oder merfüsische. Dieser Lissitzky arbeitete an der Erfindung des Proun, das heißt, er wollte ein Fahrzeug bauen zur Überwindung des unendlichen Raumes, um neue, vorher nicht geahnte Natur zu entdecken.

Und bei Lissitzky arbeitete ein Elsässer aus jener Gegend, wo sich Deutsche und Franzosen seit Jahrhunderten Gute Nacht sagen, genannt Hans Arp, ein Wissbegehrer und leidenschaftlicher Verehrer von allem Transzendentalen, und daher auch von Lissitzkys Prounen. Dieser Hans Arp konnte nicht nur im Kaffeesatz der Sterne lesen, er las sogar im Sande und las überall und las in den Prounen von Lissitzky, dass ein Bergrutsch von außergewöhnlicher Größe sich am 26. Juli 1926 bei Ambri-Sotto ereignen würde. 24 Stunden vorher hatte Arp an alle Journalisten der Welt telegraphiert und sie von dem Bergrutsch unterrichtet, der in 24 Stunden stattzufinden die hohe Ehre haben würde. Und tatsächlich hatte er die hohe Ehre. Und zwar genau nach 24 Stunden und zwar genau an der von Arp vorher bezeichneten Stelle und war von außergewöhnlicher Größe. Der Eindruck in der Welt war ganz ungeheuer. Man wusste nicht, ob man mehr über die Proune staunen sollte, in denen so etwas zu lesen stand, oder über den begabten Wissbegehrer, der es lesen konnte ...«

Die ganze absurde Geschichte, die Sophie und Lissitzky sehr amüsierte, ist in Schwitters' Buch »Anna Blume« nachzulesen.

Im Herbst 1924 kehrte Sophie mit ihren Jungen nach Hannover zurück, Lissitzky fuhr wieder nach Locarno, um unter der Aufsicht seines Arztes die Kur fortzusetzen.

6. Ein Schweizer Dokument

Für die Kestner-Gesellschaft hatte sich die Situation derweil, wie überhaupt die wirtschaftliche Lage in Deutschland, weiter verschlechtert. Sophie war gezwungen, ihre Ausstellungsräume an eine Bank zu vermieten. Ihr blieben nur zwei kleine Räume neben dem großen Saal für die Künstler, die sie nach wie vor betreute.

In Hannover zeigte sie die Farbkompositionen des holländischen Malers Piet Mondrian, die ihr und Lissitzky so gefielen, dem engagierten jungen Kunsthistoriker Dr. Alexander Dorner, der in dieser Zeit nicht nur das Provinzialmuseum, sondern auch die Kestner-Gesellschaft leitete und zu den großen Förderern der Avantgarde im Deutschland der zwanziger Jahre wurde. Sophie, die mit dem scheuen Mondrian wegen des Buches über »Kunstismen« in Kontakt gekommen war, überzeugte Dorner von dessen großer Begabung. Er kaufte 1924 ein Bild für 1200 französische Francs. Es war der erste Mondrian, der in Deutschland für ein Museum erworben wurde. Eine Bekannte von Lissitzky aus Den Haag war bei Mondrian in Paris zum Frühstück, als ihn die Nachricht erreichte. Sie erzählte, dass Mondrian auf einem Bein durch sein Atelier gehüpft sei, sie habe den zurückhaltenden Künstler nie zuvor so ausgelassen und fröhlich gesehen ...

Auch Sophie wollte einen Mondrian für ihre private Kunstsammlung erwerben. Als sie noch bei Lissitzky in der Schweiz war, hatte sie sich von dem Holländer verschiedene Bildleinwände zuschicken lassen. »Der Zollbeamte«, erinnerte sich

Sophie, »erlaubte mir auf meine Erklärung hin, dass es sich nicht um Bilder, sondern um Handarbeitsmuster handelte, die zollfreie Ausfuhr nach Deutschland.«

Dann kamen wieder alarmierende Nachrichten aus der Schweiz. Es war später Oktober, und Lissitzky, der einen Rückfall erlitten hatte, hoffte, noch bis zum Frühjahr in der Obhut seines Dottore Franzoni bleiben zu können. Die Schweizer Behörden jedoch wollten den mittellosen Ausländer endlich abschieben. Außerdem beklagte er sich über Arp, von dem er sich finanziell übers Ohr gehauen fühlte, und über seine Brotarbeit für die Firma Pelikan: »Ich kann doch nicht auf der Apothekerwaage abwiegen, wie viel ich zu schaffen habe. Nein, mir wird die Sache ekelhaft. Das ist das Gesicht des Kapitalismus ... wenn sie alles aus mir herausgesaugt haben, was sie brauchen, werden sie mich auf die Straße ausspucken.« Sophie, seine »liebe, gequälte Mutti«, musste wieder herhalten und mit dem Brotgeber, der Firma Günther Wagner, neue Verträge aushandeln. Dass sie selbst über ihre Situation klagte, mochte er nicht wirklich wahrhaben: »Alle schreien Tag und Nacht nach Dir, denn Du bist die liebe Madame Gottes, darum darfst Du Dich doch nicht als schwacher Mensch ertappen lassen! Also sei wieder stark und vergiss nicht, was wir armen Leute ohne Deine Fürsorge wären«, schrieb er ihr und entschuldigte sich gleichzeitig für seine »blöden Witze«. Eine neue Fieberwelle fesselte den Tuberkulosekranken ans Bett. Er hatte sich in Brione, einem Nachbardorf von Orselina, in einem, wie Sophie fand, unmöglichen kleinen Häuschen einquartiert. Es war direkt an die Felsen gebaut. »Wenn es regnete, floss das Wasser an den Wänden dieser romantischen Behausung herab. Da lag nun mein unpraktischer, viel zu gescheiter Freund, auf gut Glück von der Wirtin betreut«, notierte Sophie, die im Februar 1925 erneut zu ihm gereist war, um ihn aus dem feuchten Loch herauszuholen.

Dann aber überstürzten sich die Ereignisse. Eine Verlängerung seiner Aufenthaltsbewilligung wurde endgültig abgewiesen, nachdem die Schweizer Polizei sein Zimmer in der Pension Belvedere in Locarno durchsucht hatte. »Sie verdächtigten meinen ehrlichen Freund, einen Fotoapparat gestohlen zu haben, der selbstverständlich nicht bei ihm gefunden wurde, dafür aber seine merkwürdigen Zeichnungen ...« Dazu kam aus Moskau die Nachricht, dass seine schöne, kluge Schwester Jenia, die er sehr mochte, sich wegen einer unglücklichen Liebesgeschichte in die Moskwa gestürzt hatte. Nicht nur seine verzweifelten Eltern, auch Moskau rief nach Lissitzky. Seine Kenntnisse, Erfahrungen, seine Kunst wurden dort dringend gebraucht für den Aufbau der neuen Sowjetgesellschaft. Das beruhigte Lissitzky wieder einigermaßen, der nach dem schweren seelischen Schock erneut hohes Fieber bekommen hatte.

Die Art und Weise, wie man ihm seine Ausweisung aus der Schweiz mitteilte, mag nicht gerade zu seiner Kräftigung beigetragen haben. Die Stellungnahme zum »Gesuch des Lazare Lissitzky« vom 25. November 1924, ausgestellt von der Berner Justiz, ist ein Dokument der Unbarmherzigkeit. Es heißt darin: »Lazare Lissitzky hat die Schweiz den 9. Februar 1924 betreten mit einem Visum für eine Kur von dem Schweizer Konsulat in Bremen. An Lungentuberkulose leidend, wurde er erst in Orselina, dann in Abrik während des Sommers ärztlich behandelt. Seit einiger Zeit befindet er sich in Locarno. Den 26. September 1924 hat die Polizei-Abteilung für Ausländer des Kanton Tessin beschlossen, in Betracht ziehend, dass er schon einige Monate zur Kur verbracht hat, dass seine weitere Gegenwart absolut nicht nötig ist, da es sich um einen russischen Bürger handelt, dessen Legitimationspapiere keinerlei Wert in der Schweiz haben. Deshalb hat man ihm den weiteren Aufenthalt verboten und ihm die Frist gesetzt, am 25. Oktober 1924 das Kantonale Territorium zu verlassen. Gleichzeitig hat der Tessiner Kanton der Zentralen Polizei-Abteilung befohlen, die Ausweisung auf allen Territorien der Konföderation durchzuführen ...«

7. Nach Moskau, zur Sonne, zur Freiheit ...

Allein kehrte Sophie nach Hannover zurück. Wann und unter welchen Umständen würde sie den geliebten Freund wiedersehen? Fast beneidete sie ihn, trotz seiner Krankheit. »Er fährt nach Moskau, wo sich alle schöpferischen Kräfte begeistert zum Aufbau anspannen«, schrieb sie in ihr Tagebuch. »Und ich? Ich bleibe mit meinen Buben in dem sich zersetzenden Deutschland zurück, in das der Faschismus seine gefährlichen Funken sprüht ...«

Den Funkenflug sollte sie bald spüren. Im Frühjahr 1924 stellte sie auf Einladung des Künstlerverbands ehemaliger Offiziere einen Teil ihrer Kunstgewerbe-Ausstellung aus der Kestner-Gesellschaft in Bad Pyrmont aus, wo dieser Verein tagte. Nur 24 Stunden nach der Eröffnung wurde sie aufgefordert, ihre Ausstellung wieder zu schließen – man habe erfahren, dass sie Jüdin sei. Den Irrtum klärte Sophie gar nicht erst auf. Empört packte sie ihre Sachen und kehrte auf schnellstem Weg nach Hannover zurück, nachdem sie auch noch erfahren hatte, dass die ehemaligen Offiziere den jüdischen Gästen des Kurhauses verboten hatten, sonntags im Restaurant zu speisen.

Noch nachdenklicher machte sie das Schicksal des Schriftstellers und Philosophen Theodor Lessing, der damals an der Technischen Hochschule Hannover Philosophie und Pädagogik lehrte und ein gern gesehener Gast der Kestner-Gesellschaft war. Der streitbare Professor hatte sich mit seinem Buch »Haarmann, die Geschichte eines Werwolfs«, weit über die Grenzen der Stadt hinaus unbeliebt gemacht, weil er der Gesellschaft eine Mitschuld an den Morden zuwies. Mit einem Aufsatz gegen die Kandidatur Hindenburgs zum Reichspräsidenten der Weimarer Republik im »Hannoverschen Kurier« hatte er sich vollends den Hass der Monarchisten und aufkommenden Nationalsozialisten zugezogen. Mit seinem üppigen Bart, dem Paletot und dem Spazierstock, der einst Schopenhauer gehört hatte, war Lessing eine auffällige Erscheinung im Stadtbild und ein willkommenes Ziel antisemitischer Hetze. Seine Vorlesungen über Darwin wurden boykottiert. Ein Grund mehr für Sophie und ihre Freundin Käte Steinitz, sich für eben diese Vorlesungen einzutragen.

Das Auditorium war fast leer. Plötzlich kam eine Horde von Korpsstudenten hereingestürmt und jagte den Professor mit Knüppeln und den Rufen »Ab nach Jerusalem!« aus dem Saal. Die beiden Frauen nahmen ihn demonstrativ in ihre Mitte und brachten ihn, unter wüsten Beschimpfungen der Randalierer, in die Sicherheit des Steinitz'schen Hauses. In derselben Nacht wurden die Fenster seiner Wohnung eingeschlagen. Nach dem Machtantritt Hitlers floh er im Februar 1933 mit seiner Frau Ada in die Tschechoslowakei, in ein Land, in dem man seine Arbeiten verstand und auch lesen konnte. Faschistische Schergen erschossen Lessing im August 1933 in Marienbad.

In diesem für Sophie so trostlosen Jahr 1925 erreichte sie im Herbst ein Lichtstrahl aus Dresden. Die bekannte Sammlerin Ida Bienert hatte eine große Arbeit Lissitzkys erworben. Sie schlug Sophie vor, in der Dresdener Kunsthandlung Kühl und Kühn eine Ausstellung mit Werken von Lissitzky, Mondrian, Man Ray, Fernand Léger und den französischen Nachkubisten zu organisieren. Noch einmal trafen sich die Liebenden in Dresden, bevor sie zur Vorbereitung der Ausstellung nach Paris und er nach Moskau weiterreiste.

»Für mich und meine Kinder war die Trennung unsagbar schwer. Unser Freund verließ uns, der uns näher stand als irgendjemand unserer eigenen Verwandten, den wir bewunderten ob der Hingabe an seine Arbeit, verehrten um seiner unbedingten Ehrlichkeit und menschlichen Reinheit willen. Und den wir liebten, weil er unser Lissi war. Sicher, er war manchmal ungeduldig – aber doch rührend liebevoll besorgt um unsere kleine Gemeinschaft.

Wie schmerzhaft auch der Abschied war, er wurde gelindert durch die Zuversicht, die Begeisterung, mit der Lissitzky in die Zukunft blickte. Die Aussicht, wieder an dem großen Aufbau der Sowjetunion teilzunehmen, stärkte den kranken Menschen für seine beschwerliche Reise.«

Wie so viele Intellektuelle im unruhigen Deutschland des aufkeimenden Faschismus glaubte auch Sophie fest an den Sieg des Sozialismus und seine Segnungen für die Zukunft.

Unermüdlich arbeitete sie weiter am guten Ruf ihres Freundes und am Verkauf seiner Werke. Heute wäre ihr als Agentin, Mäzenin und Kunsthändlerin eine große Karriere sicher. Nach der erfolgreichen Lissitzky-Ausstellung im Winter 1925 in Dresden, brachte sie seine Arbeiten nach München zu dem Kunsthändler Goltz, dem Vorkämpfer für die Künstler des »Blauen Reiter«. Der alte Goltz war ein Original und als Ostpreuße nicht gut auf die Münchener zu sprechen, »sie dämmern wie die Austern«, pflegte er zu sagen, wenn es um deren Kunstverständnis ging. Dennoch war er bereit, mit Sophie Küppers eine Kollektivausstellung »Mondrian – Paris, Lissitzky – Moskau, Man Ray – New York« zu veranstalten. Sie schrieb ihm, dass sie selbst nach München komme, um die Werke zu hängen, worauf er erwiderte, dass dies nicht nötig sei, da in die Ausstellung sowieso »keine Katz'« käme. Sophie reiste trotzdem nach München – und die Ausstellung wurde eine Sensation. Kirchliche Kreise empörten sich zwar wegen angeblicher Gotteslästerung und sagten das Ende jeglicher Kunst voraus – aber das erhöhte nur das öffentliche Interesse, und Goltz verkaufte immerhin drei Arbeiten, was er selbst nicht glauben mochte.

Nicht ohne Humor schrieb Lissitzky, der aus Russland nach München gekommen war, an Sophie über seine Begegnung mit den selbst geschaffenen Werken:

»Für mich war das Zusammentreffen mit meinen eigenen Arbeiten eine wunderliche Sache. Ich habe sie nicht gesehen in solchen Räumen und in solchen Lagen. Bei Bienert, sowie in Hellerau haben die ›Prounen‹ mich selbst frappiert. Ich habe mir gedacht, wie hat er das (der EL) fertiggebracht. Zwischen der ganzen Malerei der Impressionisten, Monet, Renoir, Cézanne bei Bienert, und den deutschen Expressionisten in Hellerau (dank der wirklich hervorragenden Arbeiten musste ich eingestehen, dass ich den Expressionismus unterschätzt habe) sind mir selbst die Spannungen in meinen Arbeiten aufgegangen. Ich weiß, dass ich ein böser Mann bin – aber es scheint doch, dass meine Arbeit eine reine Zucht hat. Dass ich in die heutige Entwicklung einen Betonpfeiler gestellt habe … Ich schreibe Dir diesen Blödismus nicht aus Überhebung, sondern als Resultat der konkreten Wirklichkeit. Und ich habe doch niemand außer Dir, dem ich es zu sagen mir erlauben könnte und der es tatsächlich verstehen kann.«

Mit einem heftig schaukelnden Passagierdampfer war Lissitzky am 10. Juni 1925, aus Dresden kommend, von Stettin aus nach Leningrad, dem früheren St. Petersburg, aufgebrochen und dort drei Tage später, durchgerüttelt und fiebernd angekommen. Er übernachtete in einem Hotel, wo ihn am anderen Morgen Malewitsch besuchte; »zarte Umarmungen und großes Vergnügen«, schrieb Lissitzky über die Wiederbegegnung mit Malewitsch in seinem ersten Brief an Sophie. Die beiden Künstler hatten vereinbart, dass Sophie künftig auch Malewitschs Werke wie die Lissitzkys exklusiv zu Ausstellungen geben und verkaufen könne. Malewitsch brachte den Freund zum Zug nach Moskau, wo dieser von Vater Mark und Bruder Ruwim abgeholt wurde. Lissitzky fand den alten Vater trotz des Kummers um seine verstorbene Tochter in guter Verfassung, und der wunderte sich, dass er anstelle einer »lebendigen Leiche« ein »gut gemästetes Ferkel« an sich drücken konnte. Auf der Datscha des Bruders, 15 Kilometer außerhalb von Moskau, sollte Lissitzky sich erst einmal von den Strapazen der Reise erholen. »Lolja, die Frau meines Bruders«, schrieb er an Sophie, »ist ein allerliebstes Mädel deiner Bauart, nur höher und entsprechend breiter als Du.«

Von derlei kecken Randbemerkungen abgesehen, betonte er immer wieder, wie sehr er sich nach seiner »geliebten Mu« sehne und wie schön es wäre, wenn sie bei ihm in Moskau sein könnte.

Zwar war nach dem Tod Lenins am 21. Januar 1924 die ekstatische Phase der Revolution vorbei, aber man spürte allerorten die Zeichen einer neuen Zeit. So wurde plötzlich der Luftverkehr als wichtigste Errungenschaft der kapitalistischen Welt propagiert und – wie Lissitzky fand – etwas eigenwillig kopiert. »Inzwischen fliegen in alle Teile des Landes zu den Bauern in die abgelegensten Dörfer die Aeroplane – wo man noch niemals im Leben ein Auto, sogar noch keine Lokomotive gesehen hat. Es werden ihnen Vorträge gehalten, und die Jungen und Alten, Bauern, Bäuerinnen und Arbeiter werden in der Luft spazieren gefahren, wie der liebe Herrgott«, spottete er im Bemühen, Sophie von seinen beiden größten Problemen abzulenken, der Suche nach einer Wohnung und nach Arbeit. Zwar hatte man ihn in der Heimat erwartet und mit offenen Armen empfangen. So beteiligte er sich an verschiedenen Wettbewerben, für den Hafen eines Yachtclubs, für eine Arbeitersiedlung, ein Bürohaus mit zwei Kelleretagen, in das die Lastautos direkt hineinfahren konnten, eine absolute Novität, und für die architektonische Gestaltung eines Luftschiffes. Das brachte ihm viel Lob und Anerkennung ein, aber kaum Geld. Denn die Ausführung der Projekte scheiterte meist an der Macht der Bürokratie und an mangelnden Finanzen. Lissitzky musste sich wieder auf seine typographischen Fähigkeiten besinnen, er entwarf Buchumschläge und Plakate, um wenigstens 500 Rubel im Monat zu verdienen.

Endlich – der Winter hatte inzwischen mit Frost und Schnee einen relativ milden Herbst abgelöst, und Russland zeigte sein eisiges Gesicht – klappte es mit Lissitzkys Wiederberufung an die Kunstakademie Wchutemas, wo er in der Abteilung für Holz und Metall, Innenarchitektur und Möbelgestaltung unterrichtete und ein zwar geringes, aber doch regelmäßigen Professorengehalt erhielt.

Die Situation an der Hochschule hatte sich in den vier Jahren seiner Abwesenheit völlig verändert. Die Studenten von damals arbeiteten bereits als junge Architekten. Sie hatten einer neuen Generation Platz gemacht. Es waren Arbeiter, die von den Gewerkschaften auf die Hochschulen geschickt wurden. Sie seien insgesamt »ein kritisches Auditorium«, urteilte Lissitzky vorsichtig.

Endlich hatte er auch ein Zimmer in einer Kommunalwohnung gefunden, einen Raum ganz für sich! Stolz schrieb er an Sophie: »Ich sitze in einem Schaukelstuhl, allein in einem Zimmer, das vorläufig mir gehört, und tippe.« Er wusste diesen Luxus zu schätzen, dennoch sehnte er sich nach einem Häuschen irgendwo auf dem Land, das er mit eigenen Händen nach seinen Plänen erbauen konnte, mit einer Durchreiche von der Küche ins Wohnzimmer, einer großen Feuerstelle, praktischen Einbauten, einfachen selbstgezimmerten Holzmöbeln und hochklappbaren Bettgestellen, ein »Kopfarbeiter«-Haus zum Arbeiten und Wohnen, wie er es nannte.

Der Eröffnungstermin der Internationalen Kunstausstellung 1926 in Dresden, in der Lissitzky als Vertreter seiner russischen Heimat einen eigenen Raum mit abstrakter Kunst gestalten sollte, rückte immer näher. Der ermüdende Wettlauf um Visum und Reisepass nach Deutschland begann, die sowjetischen Behörden waren inzwischen der Meinung, es solle kein Geld im Ausland vergeudet, sondern alles für den Aufbau im eigenen Land verwendet werden. Lissitzky fühlte sich in Stücke zerrissen, »eins ist schon dort bei dir, das andere hetzt sich hier ab«.

Pfingsten 1926 war es schließlich so weit: Nach einem Jahr der Trennung konnten sich die Liebenden in Hannover wieder in die Arme schließen. Dann machten sie sich auf den Weg nach Dresden, bis zum Eröffnungstermin war die Zeit sehr knapp. Aber Lissitzky hatte für seinen sechs mal sechs

Meter großen Raum alle Möglichkeiten, bekam einen jungen Architekten zum Assistenten – und wusste Sophie an seiner Seite. Die Arbeiten von Mondrian, Léger, Picabia, Moholy-Nagy, Gabo sowie ein Proun von Lissitzky bekamen in dem Raum-Experiment mit farbigen Schiebewänden, Strukturen aus Holz und Metall, wechselnden Lichteinfällen ein völlig neues, intensives Leben.

Der Dresdner Raum wurde zum Vorbild für eine permanente Galerie im Provinzialmuseum in Hannover, die der dortige Direktor Alexander Dorner gemeinsam mit El Lissitzky schuf. Das »Abstrakte Kabinett«, das der aktuellsten Kunst Raum gab, war eine Attraktion des Museums weit über Deutschlands Grenzen hinaus. Die Würdigung, die Alfred Barr, Direktor des Museum of Modern Art in New York, Mitte der 1950er Jahre verfasste, ist nur eine von zahlreichen Huldigungen an dieses Gemeinschaftswerk von Alexander Dorner und El Lissitzky:

»Vor 30 Jahren war die Galerie Abstrakter Kunst in Hannover wohl der berühmteste Einzelraum in der Kunst des 20. Jahrhunderts in der Welt. Die Nazi-Revolution war nicht nur politischer, sondern auch kultureller Art. Sie verfolgte den Museumsdirektor, der ›Kunstbolschewismus‹ gezeigt und gesammelt hatte. Einige Direktoren wurden entlassen, andere resignierten. Einige wenige setzten das Rückzugsgefecht fort.

Der letzte war Dr. Dorner ... Als ich 1935 das Hannoversche Museum besuchte, waren überall sonst in Deutschland moderne Gemälde von den Wänden verschwunden. So erwartete ich auch, dass der berühmte Abstrakte Raum verschwunden sein würde. Aber er war immer noch da und für das Publikum geöffnet …, obgleich es selbst für das Publikum damals schon riskant war, so einen Raum zu besuchen. Dorner zeigte ihn mir voller Stolz … Aber, es war der letzte Stützpunkt. Ein Jahr später war er geschlossen, zerstört, seine Kunstwerke zerstreut oder ins Ausland verkauft und sein Direktor ein Kultur-Flüchtling in den Vereinigten Staaten. Deutschlands Verlust war unser Gewinn.«

Heute ist das »Abstrakte Kabinett« im Sprengel-Museum in Hannover als perfekte Kopie wieder aufgebaut.

Für Lissitzky bedeutete diese Arbeit den Abschluss einer Schaffensphase, die in seine Witebsker Zeit zurückreichte. Jetzt war er frei für neue Aufgaben, die ihn in der Architektur und der Gestaltung von Ausstellungsräumen für die junge Sowjetunion erwarteten.

Sophie konnte den erschöpften Gefährten überreden, im Anschluss an die Dresdener Ausstellung, in den einsamen, kühlen Wäldern Thüringens bei einer Liegekur wieder zu Kräften zu kommen. Sie begleitete ihn. Hier, wo sie endlich Zeit füreinander hatten, bat er sie, mit ihm nach Moskau zu ziehen und seine Frau zu werden. »Es war uns klar geworden, wie sehr wir einander brauchten, Lissitzkys Anschauungen, für die er lebte und arbeitete, waren auch die meinen geworden. Für meine Kinder sah ich in der Sowjetunion eine hoffnungsvollere zukünftige Heimat als in dem immer faschistischer werdenden Deutschland. Und Lissi liebte meine Söhne wie ein wirklicher Vater.«

Zweiter Teil

8. Eine Deutsche in Moskau, ein Russe in Köln

Eine deutsche Bürgerstochter aus bestem Hause wollte einen armen, unbekannten, kranken und noch dazu jüdischen Künstler heiraten und mit ihm in ein Land ziehen, von dem man in ihren Kreisen nichts Gutes erwartete – die ganze Münchener Familie Schneider war gegen diese unpassende Liaison. Ihre Mutter drohte Sophie mit Enterbung, wenn sie dem Habenichts folgen würde.

Dachte sie denn gar nicht an ihre beiden Kinder? Nicht an den Wohlstand, den sie zurückließ? Nicht an die ungewisse Zukunft, die sie erwartete? Wollte sie mit offenen Augen in ihr Unglück rennen? Ihr Bruder Julius, mit dem Sophie sich als junges Mädchen so herzlich verstanden hatte, drückte seine Gesinnung noch deutlicher aus: »Willst du etwa mit diesem Juden ein Judenkind in die Welt setzen?« Man hatte seine Schwester schon öfter für eine Jüdin gehalten – in Zeiten, als dies noch keine Schande war. Unter den Vorfahren seiner Familie sollte es auch solche jüdischen Glaubens gegeben haben, Julius hütete sich aber, darüber zu sprechen.

Sophie bedachte alle Einwände und Vorhaltungen. Sie erinnerte sich aber auch an die Worte ihres Vaters: »Du wirst doch einen kranken Menschen nicht im Stich lassen.« Nein, sie würde El Lissitzky nicht im Stich lassen! Sie wusste, dass er ohne sie verloren wäre. Sie würde genauso zu ihm halten, wie sie gegen den Widerstand der bigotten Mutter zu ihrem ersten Mann Paul Erich Küppers gehalten hatte. Die Protestantin hatte einen Katholiken geheiratet. Und nun würde die

Protestantin eben einen Juden heiraten, die Religion spielte in ihrer beider Leben sowieso keine große Rolle. Und außerdem war Sophie mit ihren nun 36 Jahren alt genug, selbst Entscheidungen zu treffen, und jung genug, um einen Neuanfang zu wagen. Sie liebte das Abenteuer. Und sie liebte ihren Lissi.

El Lissitzky malte ihr das gemeinsame Leben in Moskau zu einem Gemälde in den harmonischsten Farben. »Du wirst Hannover nicht vermissen. Ich werde dafür sorgen, dass wir in einem genauso schönen Haus mit einem komfortablen Bad wohnen werden«, versprach er seinem »Muttilein«. »Ach ja, ein Bad«, antwortete sie spöttisch, »und ganz für uns allein? Aber das ist doch wohl selbstverständlich ...« Er antwortete nicht darauf, erzählte ihr stattdessen, dass ihn herausfordernde und lohnende Aufgaben erwarteten. Und dass das tägliche Leben einfacher und billiger werde. »Auch ich kenne viele interessante Künstler in Moskau, die du mit deinen Kochkünsten verwöhnen kannst«, lockte er. »Und wir werden oft ins Ausland reisen. Du kannst also weiter deine Ausstellungen organisieren und deine Künstler besuchen.« Er drückte sie an seine kranke Brust, »und du wirst meine Sophia Lissitzkaja«.

Sophies Gedanken eilten voraus, nach Moskau. Doch wie eine Schar Vögel flatterten sie in alle Richtungen. Sie hatte trotz Lissitzkys Zukunftsgemälde keine klaren Vorstellungen, was sie dort, in der Fremde, erwarten würde. Aber sie wehrte sich heftig gegen so dumme Argumente, dass sie ihre hochzivilisierte Heimat gegen ein unzivilisiertes Land tauschen werde, in dem während vieler Monate im Jahr Eis und Kälte regierten und sich nachts die Wölfe auf den Straßen herumtrieben. Doch nun konnte sie nichts und niemand mehr davon abhalten, dem geliebten Mann zu folgen. Alle Bedenken schob sie zur Seite.

Ihre einzige Sorge galt den beiden Söhnen, die jetzt neun und sechs Jahre alt waren. Sollte sie ihre Jungen mit in diese neue, unbekannte und ungewisse Welt nehmen? Schweren Herzens beschloss sie, Kurt und Hans zunächst in Deutschland zu lassen und sie später, wenn sie sich in Moskau eingelebt hätte, nachzuholen. In Gebesee in Thüringen fand sie ein fortschrittliches Landerziehungsheim und war sich der mütterlichen Zuneigung der Leiterin Lotte Beck sicher. In den Schulferien wollte sie die Jungen zum »Probewohnen« nach Moskau holen. »Vielleicht mögt ihr dann ja für immer bei Lissi und mir bleiben«, sagte sie tapfer beim Abschied. Das wollten Kurt und Hans ganz gewiss.

Ihre private Kunstsammlung bereitete Sophie Kopfzerbrechen. Notgedrungen hatte sie sich von einigen ihrer Werke trennen müssen. Für Kandinskys »Improvisation Nr. 10«, die sie für 4000 Reichsmark verkaufen wollte, fand sie allerdings keinen Abnehmer.

Sechzehn Werke, die sie zum Teil noch zusammen mit ihrem verstorbenen Mann erworben hatte, ließ Sophie in der Obhut von Alexander Dorner als vorläufige Leihgabe für sein Museum.

Es handelte sich um Arbeiten von Albert Gleizes, Wassily Kandinsky, Paul Klee, George Grosz, Fernand Léger, Piet Mondrian, Louis Marcoussis, Karl Schmidt-Rottluff und El Lissitzky.

Die »Improvisation Nr. 10«, die über dem Sofa in ihrem Salon gehangen hatte, gehörte genauso zu der »Sammlung Dr. P. E. Küppers, als Leihgabe übergeben zu Händen von Alexander Dorner an das Provinzial-Museum der Stadt Hannover, 1926«, wie ihre geliebte »Sumpflegende«. Sophie hatte dies handschriftlich vermerkt. Alte Inventarbücher belegen das Leihverhältnis noch heute.

Lange betrachtete Sophie das rätselhafte, verwunschene Bild, das sie und ihr Paul so geliebt hatten, dann gab sie es Dr. Dorner und bat ihn: »Bitte, passen Sie besonders gut darauf auf.«

Sie nahm sich vor, die »Sumpflegende« so schnell wie möglich in das neue Zuhause nach Moskau zu holen, auch wenn Lissitzky mit den verwirrenden Emotionen dieses Romantikers nicht allzu viel anfangen konnte.

In der kältesten Jahreszeit, Mitte Januar 1927, reiste Sophie Küppers von Berlin aus ihrer neuen Heimat und El Lissitzky entgegen. Die Eisenbahnfahrt, die zwei Tage und Nächte dauerte, führte über Warschau bis zur weißrussischen Grenzstation Negoreloje. Es war eine eisige Nacht mit funkelnden Sternen am Himmel. Sophie war eine der wenigen Deutschen, die nach Moskau fuhren. Ihr modischer Wintermantel mit dem üppigen Pelzkragen und ihre eng anliegende Pelzkappe im Stil der zwanziger Jahre erregten die neidlose Bewunderung der Russinnen, die lachend auf ihre zierlichen Stadt-Stiefeletten zeigten. Sophie notierte: »Freundliche junge Frauen in roten Kopftüchern und hohen Filzstiefeln kümmerten sich um meine Habseligkeiten, ließen mich alles ohne Zoll mitnehmen und halfen mir beim Geldwechsel.« Sie nahm sich vor, sobald sie in Moskau war, auch solche warmen Filzstiefel, die traditionellen russischen Walenki, zu kaufen, auch wenn sie nicht gerade elegant wirkten. Bald würde sie sich von einer Russin nicht mehr unterscheiden. Bald würde sie auch eine sein. In diesem Moment fand sie Gefallen an der Vorstellung, künftig Sophia Lissitzkaja zu heißen. Voller Zärtlichkeit dachte sie an ihren Geliebten.

Dann kam der Augenblick, den sie so sehr herbeisehnte und vor dem sie sich am meisten fürchtete. Auf dem vereisten Bahnsteig der Station Smolensk wurde Sophie von El Lissitzky und seiner Mutter Sophia erwartet. Er war eigens nach Witebsk gereist, um seine Eltern auf die Ankunft seiner »merkwürdigen Auserwählten«, wie Sophie sich scherzhaft selbst bezeichnete, vorzubereiten. Vor allem seine strenggläubige jüdische Mutter war nicht gerade glücklich darüber, dass er ausgerechnet eine Deutsche heiraten wollte. Er nahm seine künftige Frau fest in die Arme, während seine Mutter sie verstohlen musterte. Später gestand sie der Schwiegertochter, dass sie froh und erleichtert über die Wahl ihres Sorgensohnes war. Sie hatte die Kraft gespürt, die von Sophie ausging, und die ihrem Sohn gut tun würde.

»Die Mutter, ebenso klein wie mein Freund, mit ebenso unruhigen schwarzen Augen, brachte mir selbstgekochte Warenje – Eingemachtes aus Himbeeren – in einem schönen siamesischen Teekessel als Geschenk, und ich übergab ihr in den kurzen Aufenthaltsminuten meine Mitbringsel. Dann sprang Lissitzky im letzten Moment zu mir in den bereits abfahrenden Zug. In dem geräumigen und komfortablen Abteil fuhren wir zusammen nach Moskau, in meine neue Heimat. Im fast leeren Speisewagen wurde mir schwarzer gepresster Kaviar und starker Tee aufgetischt, dazu Äpfel von unwahrscheinlicher Größe und Zartheit. Wie waren wir glücklich, dass wir nun endgültig zusammenbleiben sollten.«

Das Erste, was Sophie in Moskau auffiel, waren die schimmernden goldenen Kuppeln der Kirchen mit den behäbigen weißen Schneehauben darüber und die in dicke Pelze gehüllten berittenen Milizionäre, die den Verkehr regelten, der in dieser Jahreszeit hauptsächlich aus Schlitten bestand. Die seltenen Autos, damals noch ein nur wenigen Auserwählten vorbehaltener Luxus, wären sowieso nicht vorangekommen. El Lissitzkys jüngerer Bruder Ruwim und seine Frau Lolja nahmen die beiden am Weißrussischen Bahnhof in Empfang. Küsse, Umarmungen, spontane Sympathie, die sich zu einer dauerhaften Freundschaft entwickelte.

Sophies Begeisterung über die Schönheit der wie in dicke Watte verpackten Stadt wurde allerdings gedämpft, als sie die »Wohnung« ihres künftigen Mannes betraten. Sie befand sich in einem der ehemals herrschaftlichen Häuser aus der Zarenzeit mit großem Vestibül und einem elektrischen Lift, der sie ruckelnd in die fünfte Etage brachte. Ihr neues Zuhause bestand jedoch aus einem kleinen Zimmer in einer ansonsten geräumigen Wohnung, in der nun aber noch vier andere Familien einquartiert waren: Sophie Küppers lernte die erste »Kommunalka« ihres Lebens kennen. Selbstverständlich bewohnten die größeren Familien auch die größeren Zimmer dieser Kommunalwohnung. In der Gemeinschaftsküche wurden auf mehreren Petroleumkochern die Mahlzeiten zubereitet. Auch Bad und Toilette mussten alle miteinander teilen. Lissitzky beruhigte die überraschte Sophie, »das ist nur eine Übergangslösung, bald werde ich uns ein eigenes Haus bauen«. Sophie wollte daran glauben. »Zwei freundliche alte Frauen, die in einem Zimmerchen nebenan hausten, halfen mir bei meinem schwierigen Anfang. Lissitzky hatte unser Zimmer durch einen Wandschirm abgeteilt und fügte sich willig meiner Versorgung, da ich mit einer Pfanne und Geschirr aus Jenaer Glas auf meiner elektrischen

Platte schnell und bequem kochen konnte, was den Nachbarn ganz unbegreiflich erschien.«

Als Lissitzky sie dabei ertappte, wie sie verbissen die Toilette reinigte, lachte er sie aus: »Was tust du da, in einer Stunde sieht sie genauso aus wie vorher. Und dein Toilettenpapier solltest du besser in unserem Zimmer aufbewahren.« Der Kristallflakon, gefüllt mit einem französischen Parfüm, den sie zur Verschönerung des Bades dort aufgestellt hatte, war am nächsten Morgen verschwunden. Auch darüber konnte Lissitzky nur lächeln: »Du wirst dich schon an mein Land gewöhnen ...«

Nüchtern und lapidar klang Sophies Notiz über den »schönsten Tag im Leben einer Frau«, ihre Hochzeit mit El Lissitzky, die so ganz anders ausfiel als ihre erste mit Paul Küppers. Aber schließlich klebte sie ja nicht an bourgeoisen Ritualen.

»Am 27. Januar 1927 ließen wir unsere Eheschließung gesetzlich bescheinigen.« Standesamt, zwei Trauzeugen von der Straße, keine kirchliche Zeremonie, kein weißes Hochzeitskleid, kein Fest mit Freunden, kein Champagner, keine Blumen. Einfach nur sie und er und der Händedruck des Standesbeamten.

Begeistert schilderte sie hingegen den anschließenden Spaziergang durch das winterliche Moskau:

»Lissitzky führte mich an das Moskwa-Ufer und zeigte mir den Kreml. An diesem sonnigen Wintertag glaubte ich, ein Märchen zu erleben, so bezaubert war ich von dem in Gold schimmernden Gebäude. Das war eine Schönheit, eine neue Welt, die in Europa nicht ihresgleichen hat. Besonders die Basiliuskathedrale auf dem Roten Platz war für mich ein Rätsel in ihrer großartigen Harmonie der Kontraste. Unbegreiflich, dass menschlicher Verstand und kunstbegabte Hände diese Einheit aus tausend Verschiedenheiten zusammengebracht haben.«

Dass Sophie durch ihre Heirat ihre deutsche Staatsangehörigkeit verlor, erwähnte sie damals mit keinem Wort. Und auch nicht, dass sie ihre so genannten Flitterwochen in einer Kommunalwohnung mit vier Familien auf engstem Raum, in Hör- und Sichtweite, verbringen musste.

Den sowjetischen Ausweis zu bekommen, war gar nicht so einfach. Hier konnte Lissitzky seine noch guten Beziehungen zu einigen Politikern nutzen. Er bat Michail Kalinin, den Vorsitzenden des Obersten Sowjet, um Hilfe. Der soll laut gelacht und geantwortet haben: »Es ist leichter für ein Kamel, durch ein Nadelöhr zu gelangen, als für einen Ausländer, die sowjetische Staatsangehörigkeit zu bekommen« – und nach einer kleinen Pause: »aber wir machen das ...« Einige Wochen später hielt Sophie das begehrte Dokument in ihren Händen, das sie als sowjetische Staatsangehörige auswies. Darin stand: »Lissitzkaja Sophia Christianowna, Geburtsdatum: 1. November 1891. Geburtsort: Stadt Kiel, Deutschland«. Und dann, unter Punkt 5, Nationalität: »Deutsche«. Dieser berüchtigte Punkt 5, der in jedem sowjetischen Personalausweis stand und der Millionen von Menschen ins Unglück stürzen sollte!

Das sozialistische Moskau zeigte sich von einer Seite, die Sophie überraschte. Sie schwärmte geradezu von ihrer neuen Heimat: »Lissitzky schlenderte mit mir über den Ochotni rjad, den Bauch Moskaus, mitten im Zentrum der Stadt. Was es dort alles an Ess- und Genießbarem gab, ging über meine in und nach dem Krieg so begrenzten Vorstellungen. Es war alles viel billiger und reichlicher als in Deutschland. Fische so groß wie Krokodile wurden auf Schlitten transportiert. In den Läden gab es Äpfel in allen Farben und Formen, standen Fässer voll eingesalzener Pilze und Sauerkraut mit roten Beeren; Bärenschinken, deutsche Würste, Rebhühner, wie ein Kranz am Gürtel eines bärtigen Jägers aufgehängt. Dieses Bild des Überflusses ist mir für immer in Erinnerung geblieben. So phantastisch die Architektur, die Volkskunst, die Tänze, so ungewöhnlich waren auch die russischen Speisen und Getränke für einen Europäer. Es war alles gesünder, kräftiger und natürlicher. Die Kinder sahen rotwangig und nicht rachitisch aus wie so viele arme deutsche Kinder ...«

Sophie hatte sich täuschen lassen von einer sowjetischen »Tradition«, nämlich der, alles Gute nur der Hauptstadt angedeihen zu lassen und das auch nicht in Frage zu stellen. Ein paar Kilometer weiter waren die Verhältnisse schon ganz anders. Sie hatte noch zu wenig von den unendlichen Weiten Russlands gesehen. Zu wenig vom Schicksal der Menschen gehört, die dort in größter Armut lebten.

Sie kannte wohl nicht den Appell, den der norwegische Polarforscher und Diplomat Fridtjof Nansen bereits im Jahr 1921 als Hochkommissar des Völkerbundes in Genf an die Welt gerichtet hatte, um mehrere Millionen Menschen in Russland, Bauern vor allem, nicht verhungern zu lassen, bevor der Winter einbrechen würde. Ein Appell, dem sich auch der deutsche Dichter Gerhart Hauptmann und sein russischer Kollege Maxim Gorki angeschlossen hatten.

Wenn Länder, in denen Überfluss herrschte, wie Amerika, Kanada, Argentinien, und die Völker Europas nur bereit wären, so Nansen, »für fünf Millionen Pfund Nahrungsmittel herüberzubringen, für eine Summe, die unter der liegt, die ein

Schlachtschiff zu bauen kostet«, könnte ein ganzes Volk überwintern. Nicht ablassen wolle er, an die Regierungen der Welt zu appellieren ...

»Versuchen Sie sich vorzustellen, was sein wird, wenn der russische Winter im Ernst einsetzt, wenn keine Nahrung da ist und die Bevölkerung durch ein leeres Land auf der Suche nach Nahrung wandert, Männer, Frauen und Kinder zu Tausenden im gefrorenen Schnee Russlands umsinken. Versuchen Sie sich vorzustellen, was das bedeutet ... Ich baue darauf, dass Sie nicht still sitzen und mit kaltem Herzen antworten werden, es täte Ihnen Leid, aber Sie könnten nicht helfen.«

Der Völkerbund lauschte ergriffen der flammenden Rede Nansens, applaudierte heftig – und blieb vollkommen untätig.

Spürte Sophie nichts von den eisigen Strömungen, die ihre neue Heimat durchzogen und ein ganzes Volk zum Frieren bringen sollten? Allen voran die Intellektuellen und die Künstler, die sich noch von den Wogen der bolschewistischen Revolution mit hoch erhobenen Häuptern in eine bessere Zukunft tragen ließen?

Sophie ließ sich nur zu gern vom Enthusiasmus Lissitzkys anstecken, der noch nicht wahrhaben wollte, dass die neue Regierung die abstrakte Kunst längst für tot erklärt hatte und anstelle von expressionistischen Emotionen und konstruktivistischen Entwürfen nun den sozialistischen Realismus ländlicher Szenen mit glücklichen Bauern, strahlenden Maiden und heroischen Kriegern zur einzig wahren Kunst der Sowjetunion erklärt hatte.

Lissitzky hatte inzwischen zu seiner größten Leidenschaft, der Architektur zurückgefunden. Hier gab es wichtige Aufgaben im nachrevolutionären Russland zu erfüllen. Doch musste er schnell feststellen, dass die Baukunst als Einnahmequelle wenig taugte, zu tief war die Kluft zwischen den kühnen und fortschrittlichen Projekten sowjetischer Architekten und den staatlichen Mitteln, die dafür ausgegeben werden konnten. Schließlich fand er als Fotokünstler und Typograph und als Planer und Gestalter ehrgeiziger sowjetischer Ausstellungsprojekte Anerkennung bei der Regierung und eine angemessene Bezahlung, so dass er mit Sophie endlich eine größere Wohnung beziehen konnte. Er stattete die zwei Zimmer mit selbst entworfenen Möbeln aus, einfach und zweckmäßig, wie es seine Art war. Ein eigenes Bad gab es allerdings auch hier nicht.

Der Sowjetpavillon auf der internationalen Presseausstellung »Pressa« in Köln, die im Frühjahr 1928 eröffnet wurde, war das erste einer Reihe von anspruchsvollen Projekten, die die Regierung Lissitzky als künstlerischem Leiter in Zusammenarbeit mit anderen Künstlern anvertraute. Es wurde ein kollektiver Triumph aller Beteiligten, zu denen auch Sophie gehörte, die immer mehr zur wenn auch unbezahlten so doch anerkannten und unentbehrlichen Mitarbeiterin ihres Mannes wurde. Das gab ihr die Kraft, die Sorgen um ihren kranken Mann, die Sehnsucht nach ihren Jungen in Deutschland, die Unzulänglichkeiten des Moskauer Alltags zu bewältigen.

Sie gestaltete das russische Restaurant, dekorierte es mit großblumigen Teppichen, die bis zur Decke gespannt waren. Hier konnte sie ihrer Liebe zur russischen Volkskunst Ausdruck verleihen. Der Raum war, nicht zuletzt auch wegen seiner kulinarischen Spezialitäten und seiner fröhlichen Balalaika-Klänge, bei den Besuchern so beliebt, dass sie ihn am

Ende des Tages nur widerwillig dem Putzpersonal überließen. Die Weltpresse rühmte nahezu einstimmig die besondere Anziehungskraft des sowjetischen Pavillons auf dieser bedeutendsten Messe der zwanziger Jahre in Deutschland.

Mit Bewegung und Licht, mit Fahnen und Fotomontagen, Transparenten, Plakaten und raumgreifenden Stahlkonstruktionen fand Lissitzky eine höchst suggestive Form, den eigenen Staat und dessen revolutionäres Klima zu präsentieren. Am Vorabend der Eröffnung am 22. Mai 1928 herrschte in den Kölner Messehallen das reine Chaos. Und ganz besonders im sowjetischen Pavillon. An einem improvisierten Büfett bewirtete Sophie die deutschen Arbeiter mit Bier und Butterbroten, damit sie nicht davonliefen. Lissitzky rannte verzweifelt hin und her. Zwar funktionierten die Licht-Installationen, und die Kugeln drehten sich. Nur die großen schwarzen Transmissionen am Eingang, die alles in Bewegung halten sollten, bewegten sich nicht. Ganz früh am Eröffnungstag, als es noch dämmerte, war Lissitzky schon wieder auf den Beinen. Als dann zur festgesetzten Zeit die ersten Besucher in den Pavillon strömten, stand er klein und bescheiden neben seinen riesigen Transmissionen, die mit bunten Plakaten und Zeitungen besetzt waren und sich ruhig in die Kuppel des Raumes und zurück drehten. Lissitzky, der seine Stimme verloren hatte, krächzte kaum vernehmbar, aber sichtlich glücklich: »Und sie bewegen sich doch!«

Auch der Prager Journalist Egon Erwin Kisch, der »rasende Reporter« und begeisterte Anhänger der neuen Sowjetunion, kam zu Besuch und ließ sich von Sophie den sowjetischen Pavillon zeigen. Später schrieb er über seine Eindrücke in der »Welt am Abend« einen euphorischen Bericht. Ihn beeindruckte vor allem, wie Lissitzky und seine Mitarbeiter das Riesenreich Sowjetunion mit den modernsten Mitteln der Technik darstellten: »Den Hauptsaal beherrscht dekorativ ein Stern, räumlich, rot, fünfzackig, über dem sechs verschieden große Kugeln kreisen, Russland, Ukraine, Weißrussland, Transkaukasien, Usbekistan und Turkmenistan.« Wie damals Nachrichtenagenturen arbeiteten, sah er am Beispiel der russischen Telegrafenagentur »TASS« geradezu genial gelöst: »An der Wand flammt eine mit zweiunddreißig Schaltungen versehene metallene Lichtkarte der Welt auf, man sieht in Boston Sacco und Vanzetti auf dem elektrischen Stuhl, man sieht in Shanghai den Aufstand der Chinesen, man sieht in Griechenland das Erdbeben ...« Kischs Reportage endet mit seinem Dialog mit einem Journalisten-Kollegen, der ihn auf seinem Rundgang begleitete: »›Ja, ja‹, sagt mein bürgerlicher Journalist, ›die Bolschewiken sind eben Meister in der Propaganda, und‹ – er weist auf den fotografischen Riesenfries mit Bildern von Lenin – ›ihre Führer verehren sie, wie die katholische Kirche ihre Heiligen verehrt.‹ Wohl wahr. Aber es kommt darauf an, für was man Propaganda macht und wen man verehrt!«

Als prominente Persönlichkeit wurde der große Dichter Maxim Gorki eigens aus seinem Exil auf Capri nach Köln zitiert. Das System wollte ihn als »Sturmvogel der Revolution« und als linientreuen »Vater des sozialistischen Realismus« vorführen, was er selbst nie sein wollte und woran er schließlich zerbrach. Gorki erzählte der Presse, er habe sich im sowjetischen Pavillon am wohlsten gefühlt, und er zeigte sich sehr beeindruckt vom Kölner Dom.

Nach den stürmischen Eröffnungstagen der »Pressa«, zu denen ein Festessen auf Einladung des damaligen Kölner Oberbürgermeisters Konrad Adenauer, Rheinfahrten, ein Besuch des Revuetheaters im »Kaiserhof« und ein Gastspiel der »Mailänder Scala« gehörten, holte Sophie ihre Kinder aus dem Internat in Gebesee ab und fuhr mit ihnen nach St. Johann in Österreich. Lissitzky kam einige Tage später nach, ausgelaugt, aber bester Dinge.

Die »Pressa« ließ ihn so schnell nicht los. Die Buchstaben, die ihn in Köln Tag und Nacht beschäftigt hatten, tanzten weiter durch seinen Kopf. Er saß in dem lauschigen Wirtshausgärtchen und zeichnete. Nur wenn ihm Sophie eine Tasse Kaffee hinstellte, blickte er kurz auf und lächelte verschmitzt. Die Buchstaben wurden unter seinen Händen zu kleinen Menschen. Jedes dieser Geschöpfe sah anders aus. Daraus entstand ein Kinderbuch, das spielerisch zum Lesen und Rechnen einlud. »Kurt und Hans waren begeistert und Lissitzky sehr zufrieden. In jedem Mann steckt halt ein Kind. Und das will spielen«, amüsierte sich Sophie über ihren Lis, dessen Kreativität und Ideenreichtum durch nichts zu stoppen waren.

Nach ihrem Familienurlaub in Österreich reisten die Lissitzkys nach Paris, um ihre Flitterwochen nachzuholen. Der alte Zauber wirkte noch nach, obwohl sich Sophie von der »himmelschreienden Armut einerseits und der ekelhaften Überraffiniertheit andererseits« abgestoßen fühlte. »Es ist alles so amerikanisiert«, kritisierte sie. Auch Lissitzky vermisste im Künstlerviertel rund um Montparnasse und Montmartre die frühere Intimität, die Kunstschaffende aus aller Welt so eng zusammengebracht hatte. Gemeinsam mit Sophie besuchte er Piet Mondrian und Fernand Léger. Trotz der Sprachbarrieren verstand man sich ausgezeichnet. Die Ehrenburgs waren inzwischen von Berlin nach Paris weitergezogen und lebten in einer bescheidenen Atelierwohnung. Mit Ehrenburgs Kamera fotografierte Lissitzky den Eiffelturm, dessen kühne Konstruktion ihn besonders faszinierte, aus allen möglichen Blickwinkeln. Diese ungewöhnlichen Aufnahmen sind in sein Gesamtwerk eingegangen.

Im Oktober 1928 kehrten sie nach Moskau zurück. Lissitzky schrieb an den holländischen Architekten J.J. Oud, mit dem ihn ein reger Briefwechsel verband: »Hier sind jetzt unsere beiden Buben zu Besuch, und das ist eine Ablenkung. Meine Frau russifiziert sich, spricht oft russisch und akklimatisiert sich überhaupt. Wir waren noch zwei Wochen in Paris, ich habe mich gefreut, mit Mondrian zusammenzukommen, der wirklich ein ganzer Kerl ist.«

Sophie war glücklich in diesen Tagen. Ihr Mann überschüttete sie mit seiner Liebe. Dank Lissitzkys Verbindungen wurde sie in Moskau schnell wieder zum Mittelpunkt eines künstlerischen Kreises, nun eine wahre »mère des bolcheviks«. Sie genoss diese Rolle, so wie sie sie zuvor in Hannover genossen hatte. Der berühmte russische Theaterregisseur Wsewolod Meyerhold, in Begleitung seiner schönen Frau, der Schauspielerin Sinaida Reich, hockte stundenlang im einzigen bequemen Sitzmöbel, einem Schaukelstuhl, und diskutierte mit Lissitzky über gemeinsame Theater- und Kinopläne. Der Architekt Moissej Ginsburg, der während der Stalin-Ära etliche staatliche Gebäude errichtete und eine grüne Trabantenstadt bei Moskau plante, holte sich von Sophie Ratschläge für eine bevorstehende Deutschland-Reise. Auch der riesenhafte Wladimir Tatlin, der mit seinem kühnen Entwurf für einen »Turm der III. Internationale« aus Eisen und Glas ein bedeutendes Monument der ersten Revolutionsjahre geschaffen hatte, kam oft zu Besuch. Mit dem bekannten

Besuch im Haus von Le Corbusier bei Paris 1928: unten Piet Mondrian, oben rechts Sophie und El Lissitzky, Mitarbeiter von Le Corbusier *(Foto: privat)*

Grafiker und Bühnenbildner Wladimir Faworski, Professor an der Wchutemas, verbrachten die Lissitzkys das Osterfest auf seiner Datscha in Troize-Sergijewo, die dicht neben einem Kloster lag. Sophie schrieb darüber: »Bei Faworski, der ein großes Holzhaus bewohnte, war ein riesiger Tisch gedeckt. Es war Ostern. Mönche kamen aus dem Kloster, umarmten ihn und küssten ihn dreimal. Er selbst war im russischen Hemd, mit langem Bart und hohen Schaftstiefeln. Er hatte in München studiert, sprach Deutsch und zeigte seine großartigen graphischen Blätter. Das war eine Holzschneidekunst von unbegreiflicher Technik, großem Ausdruck, neuem Inhalt und überraschender Komposition. Die Frau Faworskis, auch Künstlerin, zeigte Kinderbücher von hohem Niveau. In dem patriarchalischen Haus fühlte man warme Herzensbildung, großes Wissen und Arbeitsbegeisterung – es war uns sehr wohl zumute in dieser Umgebung.« Mitte der dreißiger Jahre warf man Faworski schädigenden Einfluss auf die Sowjetkunst vor und stellte ihn an den Pranger.

Nun begann für die Lissitzkys eine Phase, die sie eng mit den führenden Filmregisseuren und Fotografen der Sowjetunion zusammenbrachte. Auslöser war der Auftrag, die Gestaltung der Sowjet-Abteilung auf der Internationalen Werkbund-Ausstellung »Film und Foto« in Stuttgart zu übernehmen, die 1929 stattfinden sollte. Lissitzky machte sich an den Entwurf des Pavillons, während sich Sophie um die Auswahl der Filme und Fotos kümmerte. So lernten sie die beiden großen Pioniere des russischen Films, Sergej Eisenstein und Dsiga Wertow, kennen. Eisenstein, der zunächst Theaterregie bei Meyerhold studiert hatte, wurde durch Filme wie »Streik« oder »Oktober« weltberühmt, sein bekanntester Film »Pan-

Sophie Lissitzky-Küppers, Moskau in den dreißiger Jahren *(Foto: privat)*

zerkreuzer Potemkin« wurde zum Schlüsselwerk der neuen sowjetischen Revolutionskunst.

Eisenstein lud die Lissitzkys ein, sich seinen neuen Film »Das Alte und das Neue« anzuschauen, um daraus Ausschnitte für Stuttgart auszuwählen. Sophie schwärmte von seinen herrlichen Landschaften und urwüchsigen russischen

Bauern, die in ihrer Ausdruckskraft jedem Berufsschauspieler überlegen seien. Eisenstein wiederum bewunderte die schlichten und klaren Einbaumöbel, mit denen Lissitzky seine bescheidene Wohnung ausgestattet hatte. »Hier ist wohl Exterritorialgebiet?«, fragte er lachend.

Dsiga Wertow, der Begründer des russischen Dokumentarfilms, führte den Lissitzkys sein neuestes Werk »Der Mann mit der Kamera« vor. Auch daraus sollten Ausschnitte in Stuttgart gezeigt werden. Sophie vermittelte Wertow zur Kestner-Gesellschaft nach Hannover, wo er seine filmischen Impressionen des neuen sowjetischen Lebens präsentieren und erklären sollte. Er schrieb ihr in einem Brief: »Ich danke Ihnen sehr für Ihre Hilfe. Sie haben bereits eine Menge für mich getan, und ich möchte Sie tausendmal umarmen … In Hannover habe ich meine ersten beiden Vorträge gehalten und begleitete sie mit Fragmenten meiner Filme … sobald ich Ihren Namen erwähnte, glänzten die Augen Ihrer Freunde in Hannover.« An Lissitzky schrieb Wertow: »Ich habe mir Ihren Raum *(Das Abstrakte Kabinett)* im Museum in Hannover angesehen. Ich saß sehr lange dort, habe mich umgeschaut, getastet …« Lissitzky und Wertow tauschten ihre Erfahrungen mit der Fotografie und dem Film aus, zwischen ihnen entstand eine aufrichtige und tiefe Freundschaft.

Das größte Glück in El Lissitzkys Leben kündigte sich sanft, aber drängend an: Sophies Bauch rundete sich, sie erwartete ihr gemeinsames Kind. Aus übergroßer Sorge und aus Angst, dass es die Krankheit seines Vaters erben könnte, unterwarf sie sich einer strengen Diät und verzichtete sogar auf ihren geliebten Kaffee.

Ein letztes Mal bekamen sie Besuch aus Deutschland: Sophies Bruder Hermann wollte sich mit eigenen Augen überzeugen, wie die abtrünnige Schwester lebte. Es ist nicht bekannt, was er später zu Hause berichtete, vielleicht hat er die »Kommunalka« sogar verschwiegen, denn er kam in Begleitung der schönen Russin Tatjana aus Moskau zurück. Sie wurde später seine Frau und die Mutter seiner Kinder.

Noch einmal fuhren Sophie und Lissitzky mit dem Zug nach Deutschland, bevor Stalins beginnender Terror weitere Reisepläne zunichte machte. Die Sowjetunion einfallsreich und linientreu darzustellen, lautete der Auftrag für die Internationale Hygiene-Ausstellung in Dresden und die Internationale Pelzausstellung in Leipzig.

Kurz vor ihrer Abreise erfuhr Lissitzky durch die Zeitung vom »tragischen Tod«, so lautete stets die offizielle Version, des Dichters Wladimir Majakowski, mit dem er durch die Zusammenarbeit an dem Gedichtband »Für die Stimme« eng verbunden war. Die Wechselwirkung zwischen den Gedichten Majakowskis und der graphischen Gestaltung Lissitzkys verglich dieser mit dem Zusammenspiel einer Geige und einem Klavier. Und Sophie notierte voller Stolz: »Das Buch des großen revolutionären Poeten wurde von einem echten Poeten der neuen Typographie ausgestattet.«

Der Dichter, der so sehr an die Reinheit der Revolution geglaubt hatte, konnte den Schmutz, den die Stalinsche Paranoia nun aufwirbelte, nicht mehr ertragen. Mit nur 37 Jahren schied Majakowski freiwillig aus dem Leben. Lissitzky weinte wie ein Kind um den Freund und Weggenossen. Sophie konnte ihn lange nicht trösten.

Der Aufenthalt in Leipzig wurde für beide zum Albtraum.

Sophie schrieb darüber: »Ein junger Bursche aus der kommunistischen Jugendgruppe hatte uns bei der Montage geholfen. Als ich am nächsten Morgen in unsere Halle kam und nach unserem Gehilfen fragte, sagte man mir, dass er in der Nacht von Faschisten mit einem an einer Schnur befestigten Gewicht erschlagen worden war. Man hatte ihm, während er unsere Plakate klebte, den Schädel zertrümmert. Es war uns grausig zumute. Wir arbeiteten so hart und so schnell wie wir konnten, um unsere Termine einzuhalten und gleich nach der Eröffnung der Ausstellung abzureisen. Als für unsere Jungen die Sommerferien begannen, reisten wir schleunigst mit ihnen nach Moskau, froh, aus der unangenehmen Atmosphäre in Deutschland wieder nach Hause zu kommen.«

Zuvor, nämlich am 28. Juli 1930, hatten Sophie und El Lissitzky ein letztes Mal Hannover besucht. In das Gästebuch von Alexander Dorner hatte Lissitzky, unter eine Fotomontage von Sophie und sich bei der Arbeit, geschrieben: »Dorners, den Erhaltern des wirklichen lebendigen Hannovers, in Freundschaft El Lissitzky und S. Lissitzky-Küppers«. Sie wussten zu diesem Zeitpunkt ihre Bildersammlung in zuverlässigen Händen. El Lissitzky ließ sich bei dieser Gelegenheit von Dorner vier Küppers-Leihgaben aushändigen, ein Werk von Léger und zwei von Paul Klee sowie eine afrikanische Plastik. In den Akten des Museums fand sich später eine Quittung mit der Unterschrift von Lissitzky, die dies belegt. Bei den Klee-Bildern handelte es sich um das Aquarell »Der Komet von Paris« von 1918 und das kleine Ölbild »Kubischer Aufbau« von 1920. Sie hingen dann in der Moskauer Wohnung des Paares.

Bei ihrer Rückkehr empfing sie Moskau mit hochsommerlicher Hitze. Lissitzky brachte seine Familie in ein kleines Dorf außerhalb der Stadt, wo kühlere Temperaturen die Schwangerschaft für Sophie erträglicher machten.

9. Ein kleiner Lissitzky

Am 12. Oktober 1930 kam ihr gemeinsamer Sohn zur Welt, ein gesunder, kräftiger Knabe. Es war für Lissitzky einer der glücklichsten Momente seines Lebens, obwohl er ahnte, dass ihm nicht mehr viel Zeit mit seinem Kind bleiben würde. Er nannte seinen Sohn Jen, im Gedenken an seine geliebte Schwester Jenia. Am liebsten hätte er, wie er einmal bekannte, den Säugling in seine Aktentasche gesteckt und ihn überall mit hingenommen. In vielen seiner fotografischen Arbeiten tauchte das Baby auf, und Sophie beobachtete amüsiert, wie ihr Mann eine große Plakat-Collage – ein Fabrikschornstein mit Sirene, vor der eine Arbeiterin posiert – auf den Fußboden legte und darauf den neun Tage alten Wicht fotografierte. Auch in den fotografischen Entwurf zu Sergej Tretjakows Stück »Ich will ein Kind« für das Meyerhold-Theater durfte der kleine Jen Modell »liegen«.

Dsiga Wertow schickte ein Telegramm: »Genosse Nachkomme Dschingis Khan, ich gratuliere Dir durch den Film ›Enthusiasmus‹.« Dieses revolutionäre Werk, der erste abendfüllende dokumentarische Tonfilm, der in der Sowjetunion produziert wurde, machte auf Sophie und Lissitzky großen Eindruck. »Ein absolut harmonisches Zusammenspiel von Geräuschen, Autolärm, Hochöfen und Zechen. Wir staunten über die Komposition und Musikalität der neuen Arbeit unseres Freundes«, schrieb Sophie in einem Artikel für eine Kunstzeitschrift.

Lissitzkys rastlose Tätigkeit wirkte wie Gift auf seine angeschlagene Gesundheit. Immer wieder kam es zu Rückschlägen. Doch sein Einsatz für den sowjetischen Propaganda-Apparat, zunächst noch getragen von Gefühlen der Begeisterung und Überzeugung, die aber immer häufiger Zweifeln Platz machten, verschaffte ihm Regierungsaufträge und gewisse Privilegien, die ihm und seiner Familie zugute kamen und letztendlich auch sein Leben verlängerten.

Als Belohnung für seine »ausgezeichnete Arbeit«, die Gestaltung des großen Bildbands zum »15-jährigen Jubiläum der Roten Armee«, die von Staatskommissar Chalatow öffentlich gelobt wurde, bekam er eine »putjowka«, einen staatlich finanzierten Aufenthalt im Militärsanatorium in Gursuf auf der Krim. Hier erholte er sich rasch und brachte neue Kraft und Energie mit nach Hause.

Um diese Zeit kamen auf Einladung der sowjetischen Regierung der Bühnenbildner Hans Leistikow, der an der Frankfurter Kunstgewerbeschule unterrichtet hatte, nach Moskau und mit Ernst May eine große Gruppe von Architekten, unter ihnen Lissitzkys alte Freunde Mart Stam und der Baseler Hans Schmidt, den er noch von seinem Schweizer Aufenthalt kannte. Sie alle stürzten sich begeistert in die große Aufgabe, den Sozialismus mit Gebäuden, Anlagen, ganzen Siedlungen und Städten aufbauen zu helfen.

Die politische Situation in Deutschland verschärfte sich immer mehr, und Sophie entschloss sich, ihre beiden älteren Söhne ganz zu sich zu nehmen. Das bedeutete aber, dass die Familie eine größere Wohnung brauchte. Ein typisch russisches Holzhäuschen in dem Ort Schodnja, 45 Kilometer von Moskau entfernt, wurde ihr neues Zuhause. Es stand auf einem vier Hektar großen Grundstück und war von Fichten und Birken umgeben. Außerdem gab es ein separates Bade-

El Lissitzky, Fotocollage mit Jen. El Lissitzky arbeitet an dem Modell für die Bühnengestaltung der Aufführung des Stücks »Ich will ein Kind« von Sergej Tretjakow im Meyerhold-Theater, Moskau 1930 *(Foto: privat)*

El Lissitzky und Kurt Küppers, Moskau 1929 *(Foto: Gustav Kluzis)*

häuschen, einen Gemüsegarten, einen Wassertümpel, einen Eiskeller und einen Ziehbrunnen. Die Fenster- und Türrahmen waren aus Holz geschnitzt und nach alter Tradition hellblau, grün und weiß gestrichen: Hellblau symbolisiert den Himmel, grün die Erde, es sind die Farben der russisch-orthodoxen Kirche. Die Bauern glauben, dass Gott diese Farben besonders schätze und deshalb des Öfteren durch die Fenster nach dem Rechten schaue. Die weiße Farbe hat einen profaneren Zweck: Sie soll Insekten abwehren.

In diesen alten russischen Holzhäusern hängt noch das Aroma der Bäume, aus denen sie gezimmert wurden. Wenn die Sonne auf ihr Dach scheint, dehnen sich die dicken Balken. Es klingt dann, als ob ein Mensch leise stöhnt.

Lissitzky baute ein großes Studio und einen Schlafraum an die vorhandenen zwei Zimmer. Das ländliche Idyll war sehr verführerisch, es hatte nur einen Nachteil – die lange Eisenbahnfahrt nach Moskau. Das bekam besonders Sophie zu spüren, die alle Lebensmittel aus der Metropole heranschleppen musste, denn da draußen gab es keine Geschäfte.

Die kurze, glückliche Zeit in Schodnja teilten die Lissitzkys mit ihren zahlreichen Freunden, die oft und gern aufs Land fuhren, um sich von Sophie mit bayerischen Knödeln, Salzburger Nockerln oder russischem Borschtsch verwöhnen zu lassen. Sie züchtete Gemüse, erntete im Sommer Beeren und Tomaten, im Herbst Äpfel und Birnen, und ihr Haus war vom Duft frischer Blumen erfüllt, die draußen im Garten gediehen. Es kam Dsiga Wertow, der sich anschickte, eine Weltkarriere zu machen, und begeistert von seiner Begegnung mit Charlie Chaplin in London erzählte. Es kam Lissitzkys Freund und Kollege Wladimir Tatlin. Es kam der Baseler

Architekt Hans Schmidt mit seiner Frau. Es kam der Schriftsteller Johannes R. Becher, der später Kultusminister der DDR wurde, mit seiner Frau Lily. Es kam Lissitzkys Bruder Ruwim, der die regierungseigene Apotheke im Moskauer Kreml leitete. Und es kamen Mitarbeiter von Lissitzky, die oft auch ihre Kinder mitbrachten.

Wertow hatte den Freunden als Gastgeschenk eine Petroleumlampe mitgebracht, denn in Schodnja gab es keinen elektrischen Strom. Doch der einfallsreiche Lissitzky machte eine Möbelfabrik in der Nähe ausfindig, die selbst Strom für ihren Betrieb erzeugte. Von dort wurde eine Leitung abgezweigt zu ihrem Häuschen, und wenn in der Fabrik gearbeitet wurde, konnten sie ihre Zimmer hell erleuchten. Doch am Wochenende, wenn in der Fabrik die Arbeit ruhte, blieb es dunkel. Dann brachte Wertows Petroleumlampe gemütliches Licht in ihre Abende.

Lissitzky schrieb 1931 an seinen Freund Tschichold: »Wir wohnen schon ein Jahr auf dem Lande bei Moskau. Sind alle beisammen hier, alle drei Buben mit uns. Die Großen sind groß geworden und der Kleine wird auch express im sozialistischen Tempo groß. So wissen wir, für wen wir die Revolution gemacht haben und für wen wir weiter unsere Mühe haben. Unser Kurti ist schon zum Fahnenträger seiner Pionierabteilung gewählt worden und wird sie am 7. November im Triumph zusammen mit ganz Moskau über den Roten Platz tragen. Hansi hat den Sommer im Lager mit den Pionieren verbracht und ist wieder kräftig und gesund. Unsere Mutti hat auch sehr Interessantes zu schaffen: Fotofresken. Dabei will sie auch glänzende Hausfrau und musterhafte Mama bleiben und für das alles zusammen muss man übermenschliche Kräfte haben. Sie ist schon sehr stark, aber der

Dynamo muss geölt werden, und ich hoffe sie im Winter nach München abzuschieben zur Kur ...«

Im Frühjahr 1935 erhielt Lissitzky durch den Volkskommissar Anastas Mikojan den Auftrag für ein großes Album der »Nahrungsmittel-Industrie«. Doch es ging ihm inzwischen wieder so schlecht, dass ihm das Atmen zur Qual wurde und er erneut ein Sanatorium aufsuchen musste. Es lag inmitten unberührter Natur in dem Ort Abastuman in Georgien.

Von diesem dreimonatigen Aufenthalt existieren zahlreiche Briefe Lissitzkys an seine geliebte »Muttischka«. Sie zeugen von seiner Liebe, seiner Sehnsucht nach der Familie, seiner Verzweiflung über die immer wieder auftretenden Fieberschübe. Und von seiner zunehmenden Kritik am Regime. Aus ihnen geht aber auch hervor, dass Sophie an der Produktion der Broschüre wesentlich beteiligt war. Die Instruktionen Lissitzkys betrafen nicht nur die fotografischen Aspekte, sie reichten bis zur Farbe des Papiers und zum Material des Einbands. Zwischendurch entschuldigte sich Lissitzky in einem Brief: »Mein größtes Verbrechen in diesem Jahr war, Dir die Arbeit des Albums zu überlassen ...« Und noch zerknirschter: »Es ist zu viel, was Du auf Dich genommen hast, und ich bin der knochenlose Schuft, der diesen infernalischen Albumvertrag unterzeichnet hat. Und ich kann dir nur so wenig helfen ...«

Sophie verhandelte mit den Fotografen, die an der Broschüre mitarbeiteten. Sie kümmerte sich um die Lithographien und Fotomontagen. Fast täglich fuhr sie in die Stadt, um in der Redaktion der »Lebensmittel-Industrie« an der Montage zu arbeiten. Sie führte für ihren abwesenden Mann die Gespräche mit den Regierungsstellen. Erst drei Tage vor

Drucklegung reichte Mikojan sein Vorwort ein, in dem er die sowjetischen Arbeiter aufforderte, ihr Soll zu erfüllen und die Arbeitsproduktivität immer weiter zu steigern. Mindestens eine der Fotomontagen des Albums stammte von Sophie und wurde von ihr signiert. Sie zeigt eine Sonnenblume, die im Bildvordergrund ein ganzes Sonnenblumenfeld überragt – zum Zeichen, dass die Ernte reif sei und zu einem in der Sowjetunion bekannten Öl gepresst werden könne. Sophie hatte längst begriffen, dass auch Blumen in der Sowjetunion dem Nützlichkeitsprinzip unterlagen. Und sie unterwarf sich ihm, jedenfalls offiziell. In ihrem Garten in Schodnja züchtete sie Rosen.

Drei Monate wurde Lissitzky im Sanatorium in Abastuman versorgt. Er war ein schwieriger und kritischer Patient. Von der Umgebung nahm er kaum etwas wahr, er registrierte lediglich, dass das Sanatorium in einem engen Tal lag mit vielen Tannen ringsum, dass es angenehm kühl war und die Luft manchmal nach Harz duftete. Hellwach beobachtete er dagegen die Schübe seiner Krankheit. Manchmal berichtete er Sophie über sein eintöniges Leben: »Meine liebe Mutti, ich sehe hier, so ein Sanatorium wie bei Dir zu Hause gibt es nicht in der Welt. Eben darum bin ich froh, dass ich von zu Hause weg bin – es ist doch eine unmögliche Last für Dich, auf die Dauer eine Pflegerin zu sein. Sanatorium ist eine Anstalt, ein Inkubator, da gibt es keine persönlichen Beziehungen, liege, schlucke, was man Dir gibt, friss, atme und sage ›danke schön‹. Zu Hause ist man aber der böse Tyrann ... Na, Du weißt es ja ...«

Häufig machte er sich Gedanken darüber, was so ein Sanatorium, und sei es das beste im Land, überhaupt nutze:

»Mein Unterhaltungsstoff ist äußerst dürftig. Du hast

außer dem Album auch noch anderes um Dich. Aber nichts Blöderes gibt es als das Sanatoriumleben. Man wird unter Glas gesetzt – für die Nacht wird man zugedeckt. Am Tag wird man ans Licht gestellt und dann und wann mit Wasser begossen. Und so weiter, da man aber keine Blume ist, fängt man mit der Zeit an zu stinken. Das System der Heilung ist uralt und konservativ. Besonders bei uns finde ich es unverantwortlich. Der Staat zahlt für uns eine Menge Geld, nur für die Verpflegung sind 750 Rubel im Budget für den einzelnen Kranken eingesetzt. Wie damit gewirtschaftet wird, ist eine Sache für sich. Aber was ist Heilung? Im Bett liegen und Arznei schlucken? Unsere Krankheit ist ein Komplex – Lunge, Darm, Nerven. Ich unterstreiche Nerven – denn ich merke jetzt erst in einer richtigen Krankenumgebung den Zustand der Nerven. Es ist klar, dass Heilung und Erholung, wenn sie erfolgreich sein sollen, eine andere Art Beschäftigung brauchen. Warum kann man in einem Sanatorium nicht die Kranken beschäftigen?« Dann wieder ergriff ihn Reue: »Siehst Du, ich schreibe nur von mir und von der Krankheit, und das ist sehr abgeschmackt. Richtiger wäre, nichts davon zu schreiben, sich möglichst zu reparieren und dann gesund nach Hause zu Dir zu kommen und gesunde Sachen zu treiben.«

Sophie versank immer tiefer in einem Sumpf aus Mutlosigkeit und Sorge. Die Zeiten verschlimmerten sich, in der alten wie in der neuen Heimat, unter dem Terror der Diktatoren Hitler und Stalin. Sie hatte längst begriffen, dass es gefährlich war, darüber offen zu sprechen oder zu schreiben. Ihre Sehnsucht nach den verlorenen westlichen Freiräumen und den unerreichbar gewordenen sowjetischen Freiheiten ließ sie in Krankheiten flüchten. Lissitzky versuchte sie zu trösten: »Ich muss sagen, ich habe früher nie gedacht, dass auch Du gestützt und unter den Arm genommen werden musst. Das hast Du selbst durch Deine bronzene Marmor-Denkmalgestalt einsuggeriert. Aber immer mehr fühle ich Deine Knochen-, Fleisch- und Nerven-Menschengestalt und ich denke und denke, wie Dich richtig in die Hände zu nehmen. Lache bitte nicht und sage nicht, ›Lis, Du bist ein oller Trottel‹ – ich möchte alles für Dich tun, aber Du allerblödester Mensch verlangst nichts und tust alles allein. Darüber habe ich Dir sehr viel zu sagen. Ich möchte, dass Du lachst, da bist Du am schönsten …«

Er machte ihr rührende Liebeserklärungen: »Liebste Mutti, eben ist Dein Brief angekommen. Ach, wie froh ich bin, wie dankbar ich Dir bin. Gleich die ersten Zeilen, nicht der Inhalt – der Klang, der Geruch, alles bringt mir Dich in die Nähe. Hier, als ob Du am Rande meines Bettes sitzt, Du meine Alte, immer dieselbe, Mädchen, Mutti, Frau, Kamerad, Geliebte …« Oder diese: »Liebes Muttilein, Du hast mir so einen schönen, guten Brief geschrieben, und er blüht so herzig wie unser Bube. Es tat sehr gut, besser als das beste Klima. Ich denke, Dein Name könnte gar nicht anders als Sophie sein, denn Du bist wirklich die Weisheit, die Mutter der Liebe, Hoffnung und Glaube …«

Lissitzky bemühte sich darum, dass auch Sophie, die an Rheuma und Erschöpfung litt, eine staatlich bezahlte Kur in seiner Nähe machen und den kleinen »Bubka« Jen mitbringen konnte. Er schrieb ihr: »Selbstverständlich musst Du ihn hierher bringen. Er ist doch schon ein großer Kerl. Hier gibt es eine Menge Kinder, mit denen er den ganzen Tag spielen kann. Wenn Du für zwei Wochen Deine Kur machst, wird er bei mir bleiben. Ich habe doch gar nichts zu tun und werde ihn gut versorgen. Ich glaube, wenn wir allein, frei und ohne Sorge mit dem Kleinen zusammen sind, ist das für alle drei sehr gut. Wenn ich zurück nach Moskau zu meiner Arbeit komme, habe ich wieder so wenig von dem Kind. Und aus dem Kind wird bald ein Bursche.«

Doch die Fertigstellung der Broschüre und damit Sophies Abreise verzögerte sich von Tag zu Tag. Der Termin ihrer Ankunft, der 1. September 1935, verstrich. Statt länger vergeblich auf Sophie zu warten, fuhr Lissitzky schließlich nach Hause.

Kurt, der ältere Küppers-Sohn, war inzwischen 18 Jahre alt. Er hatte, wie sein um drei Jahre jüngerer Bruder Hans, in Moskau die deutsche »Karl-Liebknecht-Schule« besucht, eine Eliteschule für Emigranten- und Komintern-Kinder. Hier führten sie ein eigenes Leben, abgeschottet von der Außenwelt und ohne viel Kontakt zum Elternhaus, dem sie sich auf diese Weise entfremdeten. Kurt war hochintelligent, sprach Russisch inzwischen genauso gut wie Deutsch. Doch mit sich selbst und seiner Umwelt kam er immer weniger zurecht. Über seine Zukunft wollte er sich keine Gedanken machen, er fand alles sinnlos. Das führte unweigerlich zu Konflikten mit seinem Stiefvater, den er früher so bewundert hatte. Doch jetzt mochte er nicht mehr mit ihm unter einem Dach leben. Vielleicht bedrückte den Jungen die ständige Gegenwart von Krankheit und drohendem Tod. Vielleicht suchte er auch nur das Abenteuer. Immer häufiger blieb er nachts weg. Oft kam er erst am anderen Morgen nach Hause, von einer Dunstwolke aus Tabak und Alkohol umgeben. Auch von Drogen war die Rede.

Eines Nachts verließ er nach einem Streit mit El Lissitzky

heimlich das Haus. Er nahm den einzigen Mantel seines Stiefvaters, das kleine Grammophon seiner Mutter und alles Geld mit, das er im Haus finden konnte. Als er am nächsten Morgen nicht zurückkam, ahnte Sophie, wohin es ihren Sohn zog: Er wollte wieder nach Deutschland, in die vermeintliche Freiheit. Sein Ziel war München, wo die reichen Brüder seiner Mutter lebten. Sophie machte sich sofort zur deutschen Botschaft nach Moskau auf. Ja, ein Kurt Küppers war vor wenigen Stunden da gewesen, sie hatten ihm ein Visum in seinen deutschen Pass gestempelt. Als Sophie den Bahnhof erreichte, war der Zug Moskau-Berlin gerade abgefahren. Und mit ihm ihr begabter und abenteuerlustiger Sohn Kurt. Sie sollte ihn nie wiedersehen.

Kurt Küppers hatte damals fest daran geglaubt, dass ihn die Brüder der Mutter mit offenen Armen aufnehmen würden. Doch die dachten nicht daran, ihm zu helfen. Sollte er doch zurück zu seiner Russen-Mutter gehen!

Der lange geplante Umzug von Schodnja nach Tscherkisowo in einem damals noch ländlichen Außenbezirk von Moskau war überschattet von der Sorge um Kurt, von dem Sophie nichts mehr hörte. Und wieder einmal von Lissitzkys Krankheit. Im Frühjahr 1936 wurde sein Zustand lebensbedrohlich. Ein Moskauer Lungenspezialist stellte eine eitrige Rippenfellentzündung fest, veranlasste die sofortige Einlieferung in ein Tuberkulose-Krankenhaus. Vier Monate verbrachte Lissitzky in dem vorzüglich geführten Militär-Hospital bei Moskau. Jeden zweiten Tag fuhr Sophie zu ihm. Allmählich erholte er sich wieder, zeichnete, entwarf und ersann neue Projekte. Man hatte ihn zum künstlerischen Leiter der »All-Sowjetischen Landwirtschafts-Ausstellung« ernannt. Die

Mitarbeiter besuchten ihn regelmäßig im Hospital, um seine Instruktionen abzuholen. Da lag er in seinem schmalen eisernen Bett und diktierte ihnen, immer wieder unterbrochen von Hustenanfällen, seine Ideen.

Währenddessen richtete Sophie ihr neues, größeres Heim ein, in das sie mit den beiden verbliebenen Söhnen einzog. Lissitzky hatte auch hier wieder die Innengestaltung entworfen. Es sollte eine richtige Isba werden, ein Holzhaus aus Rundbalken, das innen nicht verkleidet war. Sophie beauftragte die Tischler, Wandschränke einzubauen, aus zwei Zimmern einen großen Raum zu schaffen. Zum ersten Mal, seit ihrer Zeit in Hannover, hatte sie wieder ein Hausmädchen.

Ihre Söhne Hans und Jen, die sie zärtlich Gani und Bubka nannte, bekamen ein gemeinsames eigenes Zimmer. Trotz des Altersunterschieds von zehn Jahren verstanden sie sich prächtig. »Hans hat mir manchmal aus ›Max und Moritz‹ vorgelesen, das war Mutters Lieblingslektüre«, erinnert sich Jen, der damals fünf Jahre alt war, an den großen Bruder. Der 15-Jährige schleppte täglich das Wasser aus einem Ziehbrunnen in der Nähe des Hauses in zwei Eimern in die Küche. Eine große Blechschüssel diente als Waschgelegenheit. Also wieder kein eigenes Bad für Sophie. Dafür hatte sie endlich eine Toilette, wenn auch ohne Wasserspülung, die nur von ihrer Familie und den Gästen benutzt wurde und die sie peinlich sauber hielt. Das »Plumpsklo« lag draußen im Garten, wie das bei den alten russischen Häusern üblich war. Es gab zwei Öfen, die mit Birkenholz beheizt wurden, und in der Küche eine offene Feuerstelle. An den Wänden hingen keine Arbeiten von Lissitzky, mit Ausnahme eines großen Plakates mit den ineinander fließenden Köpfen eines Mannes und einer Frau. Er hatte das auffallende Plakat in Schwarz und

Rot für die Russische Ausstellung in Zürich 1929 entworfen. Dann waren da noch die kleinen Aquarelle von Paul Klee, die Lissitzky 1930 in Hannover abgeholt und mit nach Moskau genommen hatte. Jen kann sich noch genau an sie erinnern, wie sie nebeneinander im Wohnraum über dem Esstisch hingen, und auch an die Reproduktion eines großen Selbstbildnisses von Leonardo da Vinci. »Vater und Mutter haben dieses Renaissance-Genie sehr verehrt.«

Eine mit wildem Wein bewachsene große Terrasse, ganz mit Glas überdacht, wurde zum idealen Arbeits- und Liegeraum für den Kranken. Im Garten pflanzte Sophie Rosenstöcke und Erdbeerstauden, die man ihr aus Schodnja mitgebracht hatte. Die Apfel- und Birnbäume dufteten in voller Blüte – Sophies tiefes kräftiges Lachen, das Lissitzky so an ihr liebte, klang wieder durch Haus und Garten. Doch es war eine trügerische Idylle.

10. »Entartete Kunst«

Als Paul Klee 1919 in seinem Münchener Atelier im Schlösschen Suresnes die düstere »Sumpflegende« gemalt hatte, steckte er in einer Phase tiefer Schwermut. Er hatte zwar den Krieg überlebt, aber sein ihm eng verbundener Künstlerfreund Franz Marc war an der Front von Verdun gefallen.

Walter Gropius holte Paul Klee 1921 an das Bauhaus nach Weimar, als »Formmeister« für Glasmalerei und später für Weberei. Mit der Umsiedlung des Bauhauses zog auch Klee nach Dessau, wo er mit seiner Frau Lily, einer Pianistin, gemeinsam mit Wassily und Nina Kandinsky in einem der drei von Gropius erbauten Zweifamilienhäuser für Bauhaus-Meister wohnte. Dort hatten ihn die Lissitzkys und auch der russisch-sowjetische Schriftsteller Ilja Ehrenburg besucht.

Dieser wunderte sich in seinen Memoiren über das seltsame Haus: »Ich war in Dessau, wo sich jetzt das Bauhaus befindet – die Schule der modernen Kunst. Ein Haus aus Glas. Der Stil der Epoche ist gefunden: der Kult der trockenen Vernunft. Im Haus des Architekten Gropius befindet sich eine Vielzahl von Knöpfen und Hebeln, die Wäsche wird wie Rohrpost durch Rohre gejagt, die Teller kriechen aus der Küche ins Esszimmer. Alles ist wohl durchdacht, sogar die Eimer. Alles ist makellos und unvorstellbar langweilig. Konnten wir ahnen, als wir den Kubismus und später den Konstruktivismus verteidigten, dass nur ein Jahrzehnt die philosophischen Würfel von einem erzutilitaristischen Eimer trennen werde? Im Haus des Malers Kandinsky gibt es einige

Zugeständnisse an die Kunst: Ikonen der Nowgoroder Schule, Landschaften des Zöllners Rousseau, ein Band Lermontow...«

Sophie und El Lissitzky waren im Gegensatz zu Ilja Ehrenburg von der Schlichtheit und Zweckmäßigkeit der Gropius-Häuser genauso fasziniert wie von Le Corbusiers Haus, der Villa Stein-de-Monzie, die sie zuvor in der Nähe von Paris besichtigt hatten. Auch das schönste neue Gebäude Moskaus, ein vielstöckiges Bürohaus, fast ganz aus Glas und auf schmucklosen Säulen ruhend, war ein viel bewundertes Werk des großen Baumeisters.

Sophie freute sich darüber, dass Paul Klee, einer ihrer künstlerischen »Ziehsöhne«, zum international gefeierten Malerstar mit Ausstellungen in Paris und New York aufstieg. 1931, als sie bereits in Moskau lebte, nahm er den Ruf als Professor an die Düsseldorfer Kunstakademie an und war nun deutscher Staatsbeamter. Doch das kommende Nazi-Deutschland warf schon seine Schatten voraus.

Als Adolf Hitler am 30. Januar 1933 von Hindenburg zum Reichskanzler berufen wurde und die Nationalsozialisten die Macht ergriffen, wollte Paul Klee nicht glauben, dass sie ihre Drohungen wahr machen würden, die sie zur Zeit der Weimarer Republik immer wieder ausgestoßen hatten. Doch schon am 1. Februar erschien in der nationalsozialistischen Zeitung »Die Rote Erde« ein ganzseitiger Angriff auf die Düsseldorfer Akademie, unter der Schlagzeile »Kunst-Sumpf in Westdeutschland«. Der Autor beschimpfte die Schule als Hochburg jüdischer Künstler, mit einem Lehrkörper, der von dem jüdischen Händler Alfred Flechtheim, Klees damaligem Kunsthändler, beeinflusst sei und die jüdische Zersetzung der deutschen Kunst betreibe. Der Artikel gipfelte in einem zynischen Frontalangriff auf Paul Klee: »Dann hält der große Klee seinen Einzug, berühmt schon als Lehrer des Bauhauses Dessau. Er erzählt jedem, er habe arabisches Vollblut in sich, ist aber typischer galizischer Jude. Er malt immer toller, er blufft und verblüfft, seine Schüler reißen Augen und Maul auf, eine neue, noch unerhörte Kunst zieht in das Rheinland ein.«

In einem Artikel mit der Überschrift »Kunstgötzen stürzen« in der »Deutschen Kultur-Wacht« schrieb der nationalsozialistische Kunstkritiker Robert Scholz: »Dass man Paul Klee einmal als großen Künstler ansehen konnte, wird für künftige Generationen eines der deutlichsten Exempel des völligen geistigen Verfalls der individualistischen Kulturepoche sein. Dinge, die nur die Lachmuskeln reizen konnten, wie das irrsinnige kindische Geschmiere eines Klee, wurden als der Gipfelpunkt schöpferischer Sensibilität angepriesen ... Es ist ein Auftakt von kulturpolitisch historischer Bedeutung, dass man den deutschen Künstlernachwuchs von diesen artfremden Verführern befreit hat.«

Klee versuchte gar nicht erst, sich zu rechtfertigen. Am 6. April 1933 schrieb er an seine Frau Lily: »Von mir aus etwas gegen so plumpe Anwürfe zu unternehmen, scheint mir unwürdig. Denn: wenn es auch wahr wäre, dass ich Jude bin und aus Galizien stammte, so würde dadurch an dem Wert meiner Person nicht ein Jota geändert. Diesen meinen persönlichen Standpunkt, der meint, dass ein Jude und ein Ausländer an sich nicht minderwertiger ist als ein Deutscher und Inländer, darf ich von mir aus nicht verlassen, weil ich mir sonst ein komisches Denkmal für immer setze. Lieber nehme ich Ungemach auf mich, als dass ich die tragikomische Figur eines sich um die Gunst der Machthaber Bemühenden darstelle.«

Klee glaubte immer noch, wie so viele Deutsche, der nationalsozialistische Spuk werde so schnell wieder verschwinden wie er aufgekommen sei. Doch am 21. April 1933 wurde er vom Dienst an der Akademie suspendiert und im darauf folgenden Herbst entlassen. Die Sorge seiner Frau, dass er auch als Privatmensch zunehmend gefährdet sei, überzeugte ihn schließlich, mit ihr zusammen am 23. Dezember Deutschland zu verlassen. Von seinen Schülern verabschiedete er sich mit den Worten: »Meine Herren, es riecht in Europa bedenklich nach Leichen.«

Ironie des Schicksals: Paul Klee war zwar im Kanton Bern als Sohn einer Schweizerin und eines Deutschen zur Welt gekommen und dort aufgewachsen, doch sein Vater Hans Klee, Musiklehrer am Bernischen Staatsseminar, hatte zeitlebens die deutsche Staatsangehörigkeit behalten, so dass sein Sohn 1933 als ausländischer Einwanderer in die Schweiz zurückkehrte und sein Einbürgerungsgesuch zunächst abgelehnt wurde, weil er nicht während der letzten fünf Jahre »ununterbrochen und mit offizieller Erlaubnis« in der Schweiz gelebt hatte.

Als er schließlich nach zähen Kämpfen am 19. Dezember 1939, einen Tag nach seinem sechzigsten Geburtstag, die eidgenössische Bewilligung doch noch erhielt, war es für ihn schon zu spät. Die allerletzte Gemeinderats-Sitzung über den Bürger Paul Klee war auf den 5. Juli 1940 angesetzt. Doch eine Woche vor diesem Termin starb der an einer seltenen und unheilbaren Muskelerkrankung leidende Klee im Hospital Sant' Agnese in Locarno-Muralto.

Es gibt keine direkten Aussagen von Paul Klee, ob er jemals erfahren hat, was im Sommer 1937 in München geschehen war. Allerdings fielen diese unheilvollen Ereignisse in eine Phase fiebriger Schaffenskraft. Der Künstler spürte, dass er sich beeilen musste, dass ihn der Tod unerbittlich bedrohte. So hatte er vermutlich nicht mehr die Kraft, sich über die Vorgänge im Nazi-Deutschland aufzuregen.

In diesem Sommer 1937 wurde der Stadt München von höchster Stelle bestätigt, die Kunststadt Deutschlands zu sein. In eben diesem Sommer wurde München zum Schauplatz der größten Kunstbarbarei der deutschen Geschichte. Und in diesem Sommer 1937 verlor Sophie Lissitzky-Küppers ihre geliebte »Sumpflegende« und ihre gesamte Kunstsammlung – ohne etwas davon zu wissen.

Am 18. Juli 1937 eröffnete Adolf Hitler persönlich mit einem großen Festprogramm, mit geladenen Gästen und Journalisten aus dem In- und Ausland die erste »Große Deutsche Kunstausstellung«. Damit weihte er auch den neuen neoklassizistischen Tempel, das »Haus der Deutschen Kunst« ein. Einen Tag später wurde das Volk aufgefordert, sich die Schau »Entartete Kunst« im Alten Galeriegebäude der Hofgarten-Arkaden anzuschauen und selbst zu urteilen. Ein Kontrastprogramm, wie es schockierender nicht sein konnte. Hier eine großzügige Hängung der Gemälde im hellen Licht, dort eine bewusst chaotische Anordnung der Werke in drangvoller Enge und düsterer Beleuchtung. Hier Kunstwerke für die Ewigkeit, so Hitler in seiner Rede, glatt, schön, sauber, heroisch. Dort die abscheulichen Machwerke grausamer Dilettanten, wie Propagandaminister Goebbels geiferte.

Ob es von den Nazis wirklich so gewünscht und erwartet oder ob der Schuss nicht doch nach hinten losgegangen war – die Schau der »Entarteten« jedenfalls wurde ein geradezu sensationeller Erfolg: Mehr als zwei Millionen Besucher sahen nach der damaligen amtlichen Angabe die mit rund

600 Werken von etwa 110 Künstlern bestückte Ausstellung, die bis Ende November dauerte. In der »Großen Deutschen Kunstausstellung« wurden in der gleichen Zeit dagegen weniger als ein Drittel dieser Besucherzahlen registriert.

Unter den zwei Millionen Besuchern war auch Carola Roth, eine Freundin des ebenfalls verfemten und hier vertretenen Malers Max Beckmann. Sie schrieb über ihre Eindrücke: »Der Besuch ist enorm stark; die Ausstellung ist von 9 Uhr morgens bis 7 Uhr abends durchgehend geöffnet. Der Andrang ist so groß, dass die Ausstellung oft eine Stunde lang geschlossen wird. Die Leute stehen dann in Reihen an. Das Publikum setzt sich zu 90 Prozent zusammen aus Münchener Kleinbürgern, die niemals sonst in eine Bilderausstellung gegangen sind, und die nun ehrlich entrüstet über das Dargebotene sich äußern. Unter diesen sind einige wenige, die mit politischem Fanatismus die dargebotene Tendenz aufgreifen. Die restlichen 10 Prozent setzen sich zusammen aus so genannten Gebildeten und vielen Engländern. Darunter wohl die meisten, denen die Richtung immer schrecklich war und die es nun genießen, dass man, ohne Gefahr zu laufen, für rückschrittlich und spießig zu gelten, laut darüber schimpfen kann. Man hört: ›Ja mei, gibt's denn des a mit dem Kopf, ja wenn sie der selbst scho so malt, da kannst di net wundern über den Krampf.‹ Dazwischen eine hohe englische Stimme: ›Have you ever heard anything about Dada? What means Dada?‹«

Joseph Goebbels notierte in seinem Tagebuch unter dem Datum 17. Juli 1937: »Verfallsausstellung angeschaut. Dann kommt auch der Führer dahin. Das ist das Tollste, was ich je gesehen habe. Glatter Wahnsinn. Wir nehmen nun keine Rücksicht mehr …«

Auf zwei Etagen, in sieben verhältnismäßig schmalen Räumen, fand sich die Elite der Kunst des frühen 20. Jahrhunderts versammelt. Wer nicht aufgenommen war in diesen Kreis der Verdammten, musste sich später, als die Geschichte wieder umgeschrieben wurde, eigentlich fast schämen. So trafen sich Chagall, Beckmann, Nolde, Schmidt-Rottluff, Segall, Kirchner, Mueller, Dix, Pechstein, Lissitzky, Schwitters, Kokoschka, Kandinsky, Schlemmer, Feininger, Nay, Marcks, Corinth, Klee – um nur die wichtigsten zu nennen.

Paul Klee war mit 17 Werken vertreten, fünf Ölbildern, neun Aquarellen und drei Grafiken. Die fünf Bilder trugen die Titel: »Der Goldfisch« (1925), »Um den Fisch« (1926), »Sumpflegende« (1919), »Rhythmus der Fenster« (1920) und »Mond über der Stadt« (1922).

Klees Arbeiten waren den Themengruppen »Verworrenheit und Geisteskrankheit« zugeordnet, dazu »passend« ein Zitat von ihm zwischen zwei Aquarellen an die Wand gepinnt: »Diesseitig bin ich gar nicht fassbar, denn ich wohne gradsogut bei den Toten wie bei den Ungeborenen.« Der zweite Teil des Klee-Zitats fehlte: »Etwas näher dem Herzen der Schöpfung als üblich. Und noch lange nicht nahe genug.« Dieses Credo ist in den Grabstein des Künstlers in Bern gemeißelt.

Die »Sumpflegende« hing an einer für den Dadaismus reservierten Wand. Diese Kunstrichtung lehnte Adolf Hitler besonders heftig ab. Schon 1925 hatte er in »Mein Kampf« vom Dadaismus als den »krankhaften Auswüchsen irrsinniger und verkommener Menschen« geschrieben. Und beim Parteitag 1934 in Nürnberg schimpfte er in die Menge: »Das Kunst- und Kulturgestotter von Kubisten, Futuristen und Dadaisten ist weder rassisch begründet noch völkisch erträglich.« Dieses Zitat war direkt gegenüber der Dada-Installation als Kampfparole angebracht. Stark vergrößert und vergröbert hatte man Details aus Kompositionen von Wassily Kandinsky auf die Wand gemalt, davor gruppierten sich zwei Merzbilder von Kurt Schwitters, die »Sumpflegende« von Paul Klee sowie zwei Ausgaben der Zeitschrift »Dada«. Über allem ein Ausspruch von George Grosz als »ironischer« Kommentar: »Nehmen Sie Dada ernst – es lohnt sich!«

Nun kann man Klee nicht unbedingt als Dadaisten bezeichnen, aber seit der Gründung des Cabaret Voltaire 1916 in Zürich, der Urzelle der Dada-Bewegung, hegte er Sympathien für die aufmüpfigen Dadaisten gegen eine zerstörerische und zerstörte Welt. Sie wiederum schätzten besonders die Arbeiten von Kandinsky und Klee.

Dass er gemeinsam mit Kurt Schwitters verhöhnt wurde, hätte Klee vielleicht sogar als Ehre betrachtet, denn die beiden so unterschiedlichen Künstler verband Sympathie und Achtung. Schwitters' Vorliebe für abgerissene Eintrittskarten, Quittungen und gebrauchte Briefmarken fand ihre Ergänzung in Klees Jagd auf seltene Steine, Muscheln und Tannenzapfen.

Paul Klees Verhöhnung war mit der »Dada-Wand« aber noch nicht zu Ende. Im offiziellen Ausstellungsführer »Entartete Kunst«, einer billig aufgemachten Broschüre, die für 30 Pfennig zu haben war, wurde ihm sogar eine ganze Seite gewidmet. Unter der Überschrift »Zwei Heilige!!« war Klees Lithographie »Die Heilige vom inneren Licht« (1921) über dem Bild eines Geisteskranken zu sehen. Die Erklärung: »Das obere heißt ›Die Heilige vom inneren Licht‹ und stammt von Paul Klee. Das untere stammt von einem Schizophrenen aus einer Irrenanstalt. Dass diese ›Heilige Magdalena mit Kind‹

immer noch menschenähnlicher aussieht als das Machwerk von Paul Klee, das durchaus ernst genommen werden wollte, ist sehr aufschlussreich.«

»Verrückt um jeden Preis«, lautete der Kommentar zu einem Ensemble mit Werken von Walter Drexel, Piet Mondrian, Wassily Kandinsky und Lyonel Feininger. Zu Kandinsky gab es noch die zusätzliche diskriminierende Information, dass er »vor 1933 Lehrer am kommunistischen Bauhaus in Dessau« gewesen sei. Zu den zahlreichen Kandinsky-Arbeiten, die in der Ausstellung dem Hohn und Spott der Massen preisgegeben wurden, gehörte auch seine »Improvisation Nr. 10« von 1910, die Sophie Küppers zusammen mit den anderen Werken ihrer Sammlung dem Landesmuseum Hannover als Leihgabe überlassen hatte. Sie gilt heute als Ikone der Malerei des 20. Jahrhunderts und hängt als auf einen Wert von 25 bis 30 Millionen US-Dollar geschätztes Prunkstück in den Ausstellungsräumen der Fondation Beyeler in Basel-Riehen. Im Jahr 2001 ist um die »Improvisation Nr. 10« der spektakulärste Kunstraub-Prozess Europas entbrannt.

Zu den verhassten »Kulturbolschewisten« gehörte selbstverständlich auch der Russe El Lissitzky. Im Raum 5 des Obergeschosses hing eine große »Abstrakte Komposition« von 1923, die ebenfalls aus dem Museum in Hannover entfernt worden war. Sie ist bis heute verschollen.

Organisiert worden war die Schau der Schande, die alle Spielarten der Moderne, darunter auch die Werke des »Blauen Reiter«, öffentlich lächerlich gemacht hatte, vom eilends zum Professor ernannten Präsidenten der »Reichskammer der Bildenden Künste«, Adolf Ziegler. Wegen seiner pedantischen Aktmalerei wurde er vom Volk als »Reichsschamhaar-Pinsler« verspottet. Joseph Goebbels, der Reichsminister für Volksaufklärung und Propaganda, dessen Machtbereich die gesamte Kultur mit einbezog, hatte ihn im Auftrag Hitlers dazu ermächtigt, sämtliche deutschen Museen und ihre Magazine zu durchsuchen und alles das zu beschlagnahmen, was nach offizieller Meinung als »entartet« und »krankhaft« galt.

In seiner Antrittsrede zur Ausstellung hatte Ziegler erklärt: »In Durchführung meines Auftrages, alle Dokumente des Kunstniedergangs und der Kunstentartung zusammenzutragen, habe ich fast sämtliche deutschen Museen besucht ... Die hier gezeigten Produkte sind allerdings nur ein Teil – es hätten Eisenbahnzüge nicht gereicht, um die deutschen Museen von diesem Schund auszuräumen. Das wird noch zu geschehen haben, und zwar in aller Kürze.«

Was aber geschah mit den »Eisenbahnzügen voller Schund«? Bereits 1938 hatte Goebbels die »Kommission zur Verwertung der Produkte entarteter Kunst« gegründet, gerissen auf ausländische Devisen spekulierend, die man zur Kriegsführung dringend benötigte. Auf der anderen Seite wollte man aber der Welt beweisen, dass es sich hierbei nicht um Kunst von Weltrang handle, sondern um Schund. Und den konnte man nicht teuer verkaufen. Als Vermittler wurden vier Kunsthändler beauftragt, die Werke ins Ausland zu verhökern. Sie erhielten eine Provision von 10 bis 25 Prozent, konnten aber auch selbst zu Vorzugspreisen kaufen, was sie ausgiebig nutzten. Nach dem Krieg wurde das Wirken der Händler unterschiedlich beurteilt. Die einen lobten sie als »Retter der Kunst«, die anderen warfen ihnen vor, die Bilder zu Schleuderpreisen an sich gerissen zu haben. Zwei von ihnen – Ferdinand Möller aus Berlin und Hildebrand Gurlitt aus Hamburg – galten nach dem Krieg weiterhin als ehrenwerte Kunsthändler, der Berliner Karl Buchholz setzte sich nach Südamerika ab, und Bernhard A. Boehmer aus Güstrow beging Selbstmord.

Die Spuren vieler Bilder, die aus sämtlichen deutschen Museen eingezogen wurden und auf den Kommissionslisten der Händler standen, verloren sich in den Wirren der Kriegs- und Nachkriegszeit, sie sind bis heute verschollen. Andere Bilder – auch unter ihnen zahlreiche Werke bekannter Künstler –, die von den Händlern nicht verkauft werden konnten, wurden zunächst im Berliner Depot gelagert.

Fanatischer Befürworter ihrer Vernichtung war der Vorsitzende der Verwertungskommission, Dr. Franz Hofmann. Er schrieb am 28. November 1938 an Goebbels: »Das große Depot in der Köpenicker Straße ist jetzt nach allen Werten, die nur irgendwie in Devisen verwertbar sind, durchgekämmt. Ich schlage deshalb vor, diesen Rest in einer symbolischen propagandistischen Handlung auf dem Scheiterhaufen zu verbrennen, und erbiete mich, eine entsprechend gepfefferte Leichenrede zu halten.« Weil er zunächst keine Antwort erhielt, fasste er am 22. Februar 1939 nach und bat nochmals um die Zustimmung zur Verbrennung, »um das Depot für den dringenden Bedarf als Getreidespeicher frei zu machen«. Goebbels erteilte die Genehmigung, und im März wurden im Hof der Berliner Hauptfeuerwache 1004 Gemälde und an die 4000 Graphiken und Zeichnungen verbrannt.

Paul Klees »Sumpflegende«, die Leihgabe von Sophie Lissitzky-Küppers, war am 5. Juli 1937 im Auftrag des Reichsministeriums für Volksaufklärung und Propaganda im Provinzialmuseum Hannover konfisziert worden – zusammen mit 64 anderen wichtigen Werken moderner Kunst, darunter, wie bereits erwähnt, auch Kandinskys »Improvisation Nr. 10«. Am 25. August folgte eine zweite Beschlagnahme-Aktion, der allein im Provinzialmuseum 240 weitere Kunstwerke und im gesamten deutschen Reich 30 000 zum Opfer fielen.

Klees »Sumpflegende« ging nach dem Münchener Spektakel mit der Wanderausstellung »Entartete Kunst« in andere deutsche Städte. Der Kunsthändler Hildebrand Gurlitt erwarb das Aquarell 1941 für 500 Schweizer Franken vom Deutschen Reich. Heute hängt die Leihgabe von Sophie Lissitzky-Küppers nach verschiedenen Stationen in der Städtischen Galerie im Lenbachhaus in München. Ihr Sohn Jen Lissitzky kämpft seit 1989 um die Restitution seines Eigentums. Der geschätzte Wert der »Sumpflegende« beträgt drei Millionen US-Dollar.

11. Die Tür schlägt zu

Sophie und El Lissitzkys Aufenthalt 1930 in Leipzig als Mitarbeiter des sowjetischen Pavillons bei der Internationalen Pelzausstellung sollte ihre letzte gemeinsame Reise ins Ausland gewesen sein. In Moskau zu leben, aber den Rest der Welt nicht aus den Augen zu verlieren – diesen kosmopolitischen Traum mussten sie aufgeben.

Für sie gab es wie für so viele andere Künstler und Intellektuelle unter der Knute Stalins, des »Stählernen«, keine offizielle Reiseerlaubnis mehr, obwohl Lissitzky durchaus als verdienter Künstler des sozialistischen Volkes galt. Um seine Familie zu ernähren und sich vor den Repressionen Stalins zu schützen, der weder geistige Unabhängigkeit noch Talent neben sich duldete und die staatliche Lenkung von Literatur und Kunst gesetzlich verankerte, arbeitete er in den letzten Jahren seines Lebens für das und im Sinne des Systems. Er litt unter dem Konflikt zwischen dem totalitären Staat und der Freiheit des einzelnen Bürgers, zwischen öffentlichem Zwang und privatem Glücksstreben, zwischen Ideologie und Gewissen. Es muss ihm nicht leicht gefallen sein. So schrieb er an Sophie, bei einer Zwischenstation in Tiflis, auf dem Weg von Abastuman zurück nach Moskau, dass er gern die Ausstellungsarbeit für Volkskommissar Mikojan annehmen, sich zu allem verpflichten werde, wenn sie nur eine komfortable Wohnung in Moskau bekämen. Und scherzhaft schrieb er über eine weitere Brotarbeit, den Entwurf von Broschüren für die Lebensmittel-Industrie: »Ich bin bereit, mich zu Wurst verarbeiten zu lassen, wenn nur meine Frau ein Boudoir bekommt und meine Kinder satt werden.«

Und als ihm, dem langjährigen und verdienten Mitarbeiter der Zeitschrift »UdSSR im Bau«, ein Orden verliehen werden sollte, wehrte er ab: »Was brauche ich einen Orden? Aber meine Frau braucht ein Bad ...«

Lissitzkys Kontakte reichten bis zu Stalins gefürchtetem späteren Geheimdienstchef Berija, der zu dieser Zeit Erster Parteisekretär Transkaukasiens und Georgiens war und bereits über Macht und Einfluss verfügte. Über ein Treffen mit ihm schrieb Lissitzky an Sophie: »Gestern war ich mit Alpert *(sowjetischer Fotojournalist)* bei Berija, der uns sehr gut empfangen und vorgeschlagen hat, ich solle ein Album zum Jubiläum Georgiens machen. Er hat sich erinnert, dass ich der Künstler bin, der in Abastuman war, und sagte wörtlich: ›Wenn Sie uns eine gute Sache schaffen, werden wir Sie für ein Jahr in Abastuman unterbringen.‹ Das ist wichtig, nicht wegen Abastuman, sondern überhaupt im Zusammenhang mit einem längeren Aufenthalt im Süden. Ich schreibe es Dir, um Dir zu zeigen, dass wir uns so unabhängig von einer Dir unsympathischen Protektion selbst versorgen könnten ...«

Doch der vermeintliche Freiraum wurde trotz aller Zugeständnisse auch für die Lissitzkys kleiner und kleiner. In ihren Freundeskreis riss Stalins Terror immer größere Lücken. Es herrschte eine Atmosphäre von Misstrauen und Angst vor Verhaftung und Gewalt. Man wagte es immer weniger, sich offen zu treffen und ohne »Mundschutz« zu diskutieren. Die Befürchtung, nachts abgeholt zu werden, brachte auch Sophie und El Lissitzky um den Schlaf.

Schon in den ersten Jahren nach der Revolution hatte es einige weitsichtige Künstler aus der Heimat vertrieben. Welt-

Sophie und El Lissitzky, Moskau 1938 *(Foto: privat)*

Valentina Millman und Pera Eisenstein *(Foto: Jen Lissitzky)*

berühmte Meister ihres Fachs wie der Sänger Fjodor Schaljapin, der Komponist Sergej Rachmaninow oder der Maler Wassily Kandinsky verließen Russland für immer.

Der Dichter Sergej Jessenin erhängte sich, nur 35 Jahre alt, in einem Hotelzimmer. Maxim Gorki, der den »nach Schwarzerde riechenden Bauerndichter« für den größten russischen Lyriker seiner Zeit hielt, klagte öffentlich an: »Das Leben der russischen Schriftsteller ist voller Tragödien, und Jessenins Schicksal ist besonders erschütternd.«

Später wurde vielen der besten Köpfe wie den Filmregisseuren Sergej Eisenstein und Dsiga Wertow, den Komponisten Dmitri Schostakowitsch und Sergej Prokofjew oder dem Schriftsteller Michail Bulgakow das Leben zur Hölle gemacht. Sie durften zeitweise nicht mehr arbeiten oder publizieren und sie lebten in ständiger Angst, abgeholt zu werden. Das größte Verbrechen des Systems und die größte Demütigung für die Künstler war jedoch, dass man versuchte, ihre Namen auszuradieren.

Sergej Eisenstein, der als Vertreter des russischen Films 1931 in die USA und nach Mexiko reisen durfte, erhielt dort ein Telegramm des unberechenbaren Stalin: »Eisenstein hat das Vertrauen seiner Genossen in der Sowjetunion verloren. Stop. Er wird für Deserteur gehalten, der mit seinem Land gebrochen hat. Stop. Fürchte unser Volk könnte bald kein Interesse mehr an ihm haben.«

Russland, dessen lange weiße Winter und kurze heitere Sommer Sophie lieben gelernt hatte, wurde düster und grau wie schmutziger Schnee auf den Straßen und Bürgersteigen Moskaus, wenn der Winter nicht weichen und der Frühling nicht kommen mag.

1932 emigrierte der Bildhauer-Architekt Naum Gabo nach Paris. Er kam nie wieder nach Moskau zurück, und wurde 1951 amerikanischer Staatsbürger.

1936 starb Maxim Gorki, der in Ungnade gefallene »Sturmvogel der Revolution« in seiner Moskauer Wohnung nach jahrelangem Hausarrest unter ungeklärten Umständen. Immer mehr Indizien sprechen dafür, dass er auf Stalins Befehl vergiftet worden war.

1937 wurden die Mitglieder der internationalen Architekten- und Ingenieurgruppe um den Frankfurter Ernst May, die als Spezialisten für Wohnungs- und Städtebau das neue Sowjetrussland aufbauen helfen sollten, als deutsche Spione aus dem Land gejagt. Sie mussten es innerhalb von 24 Stunden verlassen. Sie hatten noch das Lissitzky'sche Holzhaus im Moskauer Vorort Tscherkisowo, in dem sich bunte Folklore und moderne Kunst so unverwechselbar vermischten, als Hort der Gemütlichkeit und Sophie Lissitzky als großherzige Gastgeberin kennen gelernt.

Besonders schlimm erging es dem Hamburger Architekten Werner Hebebrand. Er verbrachte mehrere Monate in der Lubjanka, dem berüchtigten zentralen Gefängnis der Geheimpolizei. Dann setzte man ihn in einen Zug nach Berlin, wo er schon von der Gestapo erwartet und als russischer Spion in ein KZ gesteckt wurde. Immerhin überlebte er den Terror zweier Diktaturen. Nach dem Krieg schrieb er an Sophie: »Die schönen venezianischen Weingläser, die mir Ihr Mann geschenkt hatte, sind jetzt bei meinem Sohn in Amerika. Bei Familienfesten stehen sie auf dem Tisch. Und wir trinken auf Lissitzky.«

1937 wurde der bekannte Schriftsteller Sergej Tretjakow, den Bertolt Brecht seinen Lehrmeister nannte, verhaftet und kurze Zeit später als Volksfeind erschossen. Seine Frau, die mit Sophie eng befreundet war, wurde gewaltsam von ihren Kindern getrennt und in die berüchtigten Straflager Kolyma im äußersten Nordosten Sibiriens verbannt. Die zarte kleine Frau überlebte eine 17 Jahre andauernde Hölle. Danach machte sie sich auf die Suche nach ihren Kindern.

1938 wurde Gustav Kluzis festgenommen und kurz darauf erschossen. Man hatte ihn beschuldigt, einer nationalistisch-faschistischen Organisation von Letten in Moskau anzugehören. Mit ihm und anderen berühmten Architekten-Kollegen wie Alexander Rodtschenko oder Naum Gabo hatte Lissitzky zu Beginn der zwanziger Jahre die Gruppe der Konstruktivisten gegründet, deren gemeinsame Begeisterung der Schönheit der neuen Technik galt. 1922 waren sie auf der russischen Ausstellung in Berlin begeistert gefeiert worden.

1938 wurde das berühmte Meyerhold-Theater geschlossen und Wsewolod Meyerhold als »Mitglied einer Trotzkistengruppe« und »Agent des englischen und japanischen Nachrichtendienstes« verhaftet. Unbekannte ermordeten seine Frau, die Schauspielerin Sinaida Reich, in der gemeinsamen Wohnung. Am 2. Februar 1940 wurde Meyerhold nach sadistischen Foltern erschossen.

1939 wurde der Schriftsteller und Dramatiker Isaak Babel, der Lissitzky oft an seinem Krankenlager besucht hatte, verhaftet und 1940 erschossen. Man hatte ihm Verschwörung und Spionage zur Last gelegt.

1939 wurde der Redaktionsvorstand der Zeitschrift »UdSSR im Bau«, für die Lissitzky zehn Jahre lang gearbeitet hatte, entlassen. Darunter auch die stellvertretende Chefredakteurin Jewgenia Jeschowa, die Frau von Stalins blutigem Henker Nikolaj Jeschow, dessen zweijähriges Terror-Regime in die Geschichte als »Jeschowschtschina« einging. Er selbst wurde kurze Zeit später in den von ihm geschaffenen Folterkellern umgebracht. Und auch seine Frau verlor unter nicht geklärten Umständen ihr Leben.

El Lissitzky wehrte sich auf seine Art gegen den Hauch des Todes, der ihn immer öfter streifte. Er arbeitete wie ein Besessener, ob im Krankenhaus oder in den kürzer werdenden Phasen zu Hause. Er entwarf das russische Restaurant des Sowjetpavillons für die New Yorker Weltausstellung. Er zeichnete eine Bildmappe für Georgien, die Sophie für seine schönste und gelungenste hielt, deren Original jedoch verschollen ist. Im Sommer 1939 durfte er nochmals durchatmen. In Staryj Krim, einem hochgelegenen Ort am Schwarzen Meer, ruhte der Schwerkranke in seinem Liegestuhl unter einem großen Kirschbaum. Sophie begleitete ihn, umsorgte den geliebten Mann. Sie hätte so gerne die Zeit festgehalten. Jeden neuen Tag mit ihrem Lis betrachtete sie als Geschenk. Sie zog ihre schönsten Kleider an und benutzte sogar ein paar Tropfen des kostbaren Chanel-Parfüms, das ihr Lis in Paris geschenkt hatte. »Unser Wirt ließ an einer Schnur ein mit köstlichen Kirschen gefülltes Körbchen direkt von oben auf uns herab – mit Vergnügen wurde die gute Gabe verspeist. Die maximale Zufuhr von Vitaminen, Saft und Trauben, die ich ganz früh am Morgen auf dem Markt erstand, alles, was den Kranken kräftigen konnte, half den zähen Organismus von neuem widerstandsfähiger zu machen. Geistige und körperliche Ruhe taten ihr Übriges, so dass wir im Herbst doch wieder hoffnungsvoller nach Moskau zurückkehren konnten.«

Hier erwartete Lissitzky bereits ein neuer Auftrag, in den er seine ganze Erfindungsgabe, schöpferische Potenz und

Erfahrung, aber auch seine letzten körperlichen Kräfte steckte. Zusammen mit seinen jungen Assistenten, die oft Stunden am Ruhelager des mühsam Atmenden ausharrten, vollbrachte er, wie Sophie schrieb, ein letztes Meisterwerk, das aber nie zur Vollendung kam. Es hätte den sowjetischen Machthabern gefallen:

»Im Herbst 1940 hatte man El Lissitzky mit der Projektierung des Sowjetpavillons auf der Belgrader Internationalen Ausstellung beauftragt. Fast erstickend schleppte sich mein armer Kranker in die Handelsvertretung, um selbst an Ort und Stelle die Ausführung seiner Skizzen zu beaufsichtigen.

Die Exponate waren in einem neuen, dekorativen Stil gestaltet, der allgemeinen Beifall fand. Da waren durchbrochene Bronzegitter mit Ährenbündeln, die die einzelnen Stände der landwirtschaftlichen Abteilung miteinander verbanden. Die Abteilung der Baumwollproduktion schmückte eine monumentale Keramikplastik von dem Bildhauer Maniser, eine usbekische Pflückerin in ihrer farbigen Gewandung.

Besonders geglückt war die Pelzabteilung, wo sich inmitten des dekorativ angeordneten Rohmaterials zierliche Mannequins in eleganten Pelzmänteln um die eigene Achse drehten. Reich und vielfältig, in einer ganz neuen Anordnung wurde der sowjetische Handel zur Schau gestellt.

Im Frühjahr 1941 war die Ausstellung fertig gestellt. Alle waren zufrieden mit dem Ergebnis der angespannten Arbeit. Wohlverpackt standen die Exponate in den Waggons auf dem Bahnhof zur Abfahrt bereit. Sie mussten zurückgeholt werden, denn die deutschen Truppen hatten Belgrad besetzt. In den Kriegswirren ist diese Ausstellung verschwunden, nur in einigen Zeichnungen Lissitzkys sind seine Gestaltungsideen erhalten geblieben.«

Vielleicht war es gut so. Hätte doch dieser letzte große Auftrag, so wie Sophie ihn beschrieb, allzu deutlich gemacht, wie sehr er sich dem sowjetischen Propaganda-Apparat unterworfen hatte.

Von dem nach Deutschland geflüchteten Kurt gab es keinerlei Nachricht. Hans, der jüngere Küppers-Sohn, war inzwischen 19 Jahre alt, er hatte sich zu einem hübschen und klugen Burschen entwickelt. Er glich seinem früh verstorbenen Vater. Sein Studium als Lehrer der deutschen Sprache hatte er zwar mit einem ausgezeichneten Diplom beendet, aber nachdem sich das politische Blatt gewendet hatte, verbot man ihm als Deutschem, sowjetische Kinder zu unterrichten. Stattdessen musste er die Straßen Moskaus kehren. Wenn er abends nach Hause kam, wirkte er sehr bedrückt. Vielleicht tröstete ihn das zehn Jahre ältere Dienstmädchen Tatiana. Vielleicht weihte sie ihn in die Liebe ein. Vielleicht versprach er ihr sogar, sie zu heiraten …

Sophie merkte sehr schnell, dass mit Tatiana etwas nicht stimmte. Auf ihr Drängen gestand das Mädchen schließlich weinend: »Ich erwarte ein Kind. Bitte, Sophia Christianowna, schicken Sie mich nicht weg!« Als Sophie sie nach dem Vater des Kindes fragte, antwortete Tatiana ausweichend. Ahnte Sophie vielleicht, dass ihr junger, unerfahrener Sohn dieses Kind gezeugt haben könnte? Was geschah wirklich im Haus in Tscherkisowo?

Die schwangere Tatiana durfte jedenfalls bleiben. In Sophies früheren bürgerlichen Kreisen hätte niemand diese Schande unter seinem Dach geduldet. Doch Sophie, ganz die Tochter ihres aufrechten Vaters Christian Schneider, hätte einen Menschen in Not nie im Stich gelassen.

Als am 31. Januar 1940 ganz plötzlich die Geburtswehen einsetzten, war es zu spät, Tatiana in ein Krankenhaus zu bringen oder nach einer Hebamme zu rufen. Sophie wich nicht von der Seite der Gebärenden, hielt ihre Hand, wischte ihr den Schweiß von der Stirn und schnitt schließlich die Nabelschnur durch, die das neue Menschenkind mit seiner Mutter verband. Mit einer ganz gewöhnlichen Küchenschere.

Wenn Olga, wie Tatiana ihre Tochter nannte, später diese Geschichte erzählte, glänzten ihre Augen. War es nicht ein geradezu perfekter Schachzug des Schicksals, dass ausgerechnet die Großmutter ihrem Enkelkind auf die Welt half? Schuf das nicht ewige Bande?

Manchmal legte Sophie das strampelnde Baby dem kranken Lissitzky auf die Brust. Er strich mit der Hand über den feinen dunklen Flaum auf seinem Köpfchen. Und Hans, der junge Vater, schaukelte behutsam die Wiege, die neben seinem Bett stand, wenn das Baby weinte.

Olga Kolosowa, eine vom Leben unsanft behandelte Frau von heute 64 Jahren, hat diese und andere rührende Geschichten erzählt. Die uneheliche Tochter des Dienstmädchens Tatiana Kolosowa schaffte es mit eiserner Disziplin bis zur Bergwerks-Ingenieurin. Später studierte sie, wie sie erzählte, alte russische Literatur an der turkmenischen Universität von Aschchabad, wo sie mit ihrer Familie viele Jahre lebte, bevor sie nach Moskau zurückkehrte. Außerdem zog sie drei Kinder groß. Bis vor kurzem lebte sie zusammen mit ihrem Ehemann, einem ehemaligen Geologen, in der Nähe von Moskau von der gemeinsamen Rente, die 1300 Rubel im Monat betrug.

Seit wenigen Jahren nennt sie sich Olga Küppers, obwohl, wie sie vor Zeugen in Moskau sagte, in ihrer Geburtsurkunde steht, dass der Vater des Kindes unbekannt sei. Später erklärte sie dann dazu, ein offizielles Papier zu besitzen, das sie als Tochter von Hans Küppers ausweise.

Der Makel ihrer Geburt, die armselige Kindheit, das schwere Los einer berufstätigen Mutter in der Sowjetunion, der lebenslange Wunsch nach Anerkennung und Reichtum – sind das nicht Gründe genug, sich in eine Welt zu flüchten, in der die Erinnerungen von Mal zu Mal schöner und großartiger werden?

Jen Lissitzky staunt über Olgas Erzählungen: »Die Wahrheit ist schwarz oder weiß. Doch manchmal ist sie auch grau.«

Völlig überraschend für das russische Volk brach im Frühsommer 1941 ein neuer Krieg aus. Überraschend auch für Stalin, der einfach nicht hatte glauben wollen, dass Hitler ein Land angreifen würde, von dem er in Friedenszeiten alles haben konnte, was er brauchte.

In den frühen Morgenstunden des 22. Juni 1941 marschierten Hitlers Truppen in die Sowjetunion ein, um einen Feldzug zur Gewinnung neuen »Lebensraums« und neuer Rohstoffe zu beginnen, den der »Führer« von langer Hand vorbereitet hatte.

Ilja Ehrenburg schildert diesen »längsten Tag«, der vier volle Jahre dauern sollte, als einen Tag großer Prüfungen, großer Hingabe und großer Not für das Sowjetvolk:

»Am frühen Morgen des 22. Juni 1941 rief uns Valentina Millman *(damals Sekretärin Ehrenburgs)* an: ›Die Deutschen haben uns den Krieg erklärt und bombardieren sowjetische Städte ...‹ Wir saßen vor dem Rundfunkgerät und warteten darauf, dass Stalin sprechen würde. Stattdessen sprach

Molotow. Er war nervös. Ich staunte über seine Worte von Treuebruch und Überfall. Treuebruch bedeutet eine ehrenrührige Handlung oder zumindest eine Verletzung des Anstands. Schwerlich aber konnte man Hitler den Leuten zurechnen, die auch nur die geringste Vorstellung von Anstand besitzen. Was sonst konnte man von den Faschisten schon erwarten?

Wir saßen lange am Empfänger. Hitler sprach. Dann wurde eine Rede von Churchill übertragen. Moskau aber sendete unterdessen fröhliche oder verwegene Lieder, die zur Stimmung der Menschen passten wie die Faust aufs Auge. Man hatte offensichtlich weder Artikel noch Ansprachen parat. Man spielte Lieder ...«

Die Familie Lissitzky erlebte den Überfall hautnah, laut und bedrohlich. Ihr Holzhaus in Tscherkisowo bebte in seinen Fugen, als die Bombeneinschläge der deutschen Flieger immer näher rückten. So musste sich ein Erdbeben anfühlen. Eine Bombe schlug in einen nahen Teich ein. Sophie verzweifelte an dem Gedanken, dass ihre eigenen Landsleute nun ihr Leben und das ihrer Familie vernichten wollten.

Hans Küppers, dessen Lehrerdiplom durch den Überfall der Deutschen auf die Sowjetunion nun völlig überflüssig geworden war, patrouillierte als Nachtposten auf dem Dach seines Instituts, das ganz in der Nähe des gefährdeten Flughafens lag. Auch Sophie beteiligte sich an der Verteidigung ihres Gastlandes, zu dessen Bürgerin sie durch die Heirat mit El Lissitzky geworden war: Beherzt stülpte sie sich eine Gasmaske über das Gesicht und ging mit ihrem Schäferhund »Jacky« durch die kleine Straße, in der ihr Haus lag, um die Nachbarn zu alarmieren, wenn neue Angriffe nahten. Lissitzky lag in seinem Bett, war kaum noch in der Lage aufzuste-

El Lissitzky, »Schafft mehr Panzer«, Plakat, 1941 *(Foto: Verlag der Kunst, Dresden)*

hen. Das Atmen fiel ihm unendlich schwer. Aber wenn Sophie von ihren nächtlichen Gängen heimkehrte und an seinem Bett die Tränen nicht mehr zurückhalten konnte, machte er ihr Mut.

Der elfjährige Jen saß oft am Bett seines sterbenskranken Vaters. Später sagt er über ihn: »Er war der ehrlichste Mensch, den ich kannte. Er hat nie in seinem Leben jemanden belogen oder betrogen. Doch man hat ihn betrogen.«

Jen erinnert sich vor allem an die heftigen Hustenanfälle des Vaters in der Nacht, die niemanden schlafen ließen. Und an die Krankenschwester, die regelmäßig kam, um den Eiter, der sich in seinem Brustkorb angesammelt hatte, über eine Kanüle zwischen den Rippen nach außen zu leiten. »Trotzdem habe ich meinen Vater immer mit einem Blatt Papier und einem Bleistift in der Hand erlebt, selbst dann noch, als es mit ihm zu Ende ging.« Jeden Tag fuhr der Junge mit der S-Bahn zur Apotheke in die Stadt, um Sauerstoffkissen für den Vater zu holen. Für Injektionen war sein Körper inzwischen zu abgemagert. So wurde ihm über einen Schlauch aus dem Kissen und eine kleine Maske auf Mund und Nase der erleichternde Sauerstoff zugeführt.

Die Krankheit und das Chaos ringsum hatten noch einmal seine Kreativität beflügelt. Er zeichnete gegen den nahenden Tod an. In diesen letzten Wochen seines Lebens entwarf er noch drei Plakate. Eine Skizze zeigte den Schatten Napoleons auf einem Hintergrund von Totenkreuzen und dem russischen Grenzpfahl. Ihm gegenüber die Gestalt Hitlers. Dazu die Worte »Hier ist dein Grab!« Der zweite Plakatentwurf war ein Aufruf gegen den Krieg. Er zeigte die schwebende Weltkugel im bläulichen, kosmischen Raum, auf der ein Kind inmitten der Fahnen aller Völker mit einer Blüte in der Hand den Frieden fordert. Den Sockel bildete ein Totenschädel mit rot durchgestrichenem Hakenkreuz-Helm. Beide Entwürfe sind nicht mehr auffindbar. Es gibt nur noch Abbildungen von ihnen.

Die letzte Arbeit Lissitzkys ist ein Plakat mit dem Aufruf »Schafft mehr Panzer!«. Es zeigt vor dem Hintergrund einer Maschinenhalle mit arbeitenden Menschen ein Flugzeug und einen Panzer mit aufgemaltem roten Stern und ein Paar, Mann und Frau, das kühn und zugleich kühl in die Ferne blickt, in eine Zukunft, die den Sieg der großen Sowjetunion über den Faschismus birgt. Das Plakat wurde im November 1941 gedruckt und verbreitet.

Jen erinnert sich an die letzten Worte seines Vaters, bevor er ins Koma fiel. Beschwörend sah er seine Frau an, die seine schrecklich abgemagerten Hände sanft streichelte, und flüsterte: »Alles wird gut, alles wird gut.« Es war ein hilfloser Versuch, sie zu trösten.

Am frühen Morgen des 30. Dezember 1941 musste Hans Abschied nehmen von seiner Familie. Als Sohn einer feindlichen Deutschen, zu der Sophie nun trotz ihrer sowjetischen Staatsbürgerschaft geworden war, taugte er gerade noch zum Arbeitsdienst irgendwo hinter dem Ural, wo zum Aufbau des sowjetischen Wirtschaftssystems dringend Hilfskräfte gebraucht wurden. El Lissitzky erkannte seinen Gani nicht mehr, als der sich von ihm verabschieden wollte. El Lissitzky starb in den Abendstunden des 30. Dezember 1941. Still und schmerzlos entschwand dieses schöpferische Genie aus dem Leben. Sein Werk in all seinen Facetten blieb unvollendet.

Als Jen mit einem neuen Sauerstoffkissen aus der Apotheke nach Hause kam, brannten in allen Räumen Kerzen. Seine Mutter nahm ihn an der Hand. »Dein Vater ist erlöst«, sagte sie. Als der Junge seinen toten Vater sehen wollte, bat sie ihn: »Behalt' ihn so in Erinnerung, wie er war, als er lebte.«

Von Hans kamen anfangs noch spärliche Nachrichten. Seine letzte Postkarte war am 17. Juli 1942 im Arbeitslager Krasnaya Gorka im Ural von der Zensur abgestempelt. Nur die Adresse »S. Ch. Lissitzky« zeigt die Handschrift von Hans. Den Text auf der Rückseite schrieb eine Beata Zeldes, vermutlich eine Ärztin oder Krankenschwester. Sie informierte Sophie, dass ihr Sohn an den Folgen einer Blutvergiftung gestorben war. Von Hunger gequält, hatte er seine Stiefel gegen ein Stück Brot getauscht und war barfüßig in einen rostigen Nagel getreten. Sein Grab ist unbekannt.

Tatiana verließ kurze Zeit, nachdem Hans in das Straflager verschickt wurde, das Haus in Tscherkisowo, vielleicht weil Sophie die Hausangestellte nicht mehr bezahlen konnte. Im letzten Brief an ihren Sohn Hans allerdings schrieb sie am 13. April 1942: »Von Tanja (Tatiana) habe ich mich mit großen Komplikationen endlich ganz befreit. Wir arbeiten jetzt alleine und machen alles gut.« Von der kleinen Olga war in dem Brief keine Rede. Tatiana zog zu ihrer Mutter nach Moskau, die auch ihr Kind versorgte. Dort arbeitete sie im Straßenbau.

12. »Haben Sie je von Lissitzky gehört?«

Kaum hatte El Lissitzky aufgehört zu atmen, verschwand er auch schon aus dem Gedächtnis derjenigen, denen er jahrelang nützlich gewesen war. Der Konstruktivismus, den er vertreten hatte, war dem Stalin-Regime ein Dorn im Auge. Es galt nur noch der sozialistische Realismus. Die Diffamierung seiner abstrakten konstruktivistischen Phase hatte eigentlich bereits 1934 begonnen, just in der Zeit, als man ihn im Hitler-Deutschland als »jüdischen Kunstbolschewisten« diffamierte. Er hatte nur weiter arbeiten – und mit seiner Familie einigermaßen gut leben – können, weil er dem sowjetischen System mit seinen plakativen Entwürfen für die Rote Armee, für den Sieg des Sozialismus über den Faschismus, und seinen propagandistischen Darstellungen des sowjetischen Paradieses bei Auslands-Ausstellungen zu Diensten war.

Wie gründlich der Name Lissitzky aus dem öffentlichen Gedächtnis verschwunden war, schilderte die englische Zeitungskorrespondentin und Kunstsammlerin Ella Winter eindringlich in einer Reportage, die sie für den Ausstellungskatalog der ersten großen Lissitzky-Retrospektive 1965/66 in der Kunsthalle Basel, in der Kestner-Gesellschaft Hannover und im Stedelijk Van Abbemuseum Eindhoven unter der Überschrift »Auf der Suche nach Lissitzky in Moskau« schrieb:

»Ich war von zwei Galerien gebeten worden zu versuchen, einige Lissitzky-Arbeiten in Russland zu finden, und ich selbst wollte auch welche erwerben. 1944 hatte ich nach langem Suchen seine Witwe in Moskau entdeckt und einige Aquarelle von ihr gekauft. Sie war deutscher Herkunft und ziemlich verängstigt. Sie brachte die Bilder zu VOKS *(Gesellschaft für die Verbindung mit dem Ausland),* wo wir Kunst gegen Rubel unter den wachsamen Augen zweier junger Kulturoffiziere tauschten.

Alles, was sie mich fragten, war: ›Warum, in Gottes Namen, wollen Sie das kaufen?‹ ›Weil ich moderne Kunst liebe‹, sagte ich ihnen, ›ich halte Lissitzky für einen großen Künstler, die Konstruktivisten waren alle große Künstler.‹ Da sie nie von Malewitsch oder Tatlin gehört hatten (die damals für die Bühne arbeiteten), dachten sie, ich sei eben eine dieser verrückten Amerikanerinnen und zuckten die Schultern. Später hatte Gerasimow, der Präsident des Künstlerverbandes, ein ernstes Gespräch mit mir: da Dreijährige malen könnten wie Picasso, warum sollte man dann kostbare Wandfläche für das Gekritzel Dreijähriger verschwenden?

Später bat ich oft Freunde, zu versuchen, Madame Lissitzky in Russland zu finden. Aber es hatte keinen Zweck. Sie kamen zurück und sagten, niemand hätte ihnen helfen können, niemand wollte irgendetwas von abstrakten Malern wissen – es bestand ein politischer Boykott. Und so versuchte ich bei meinem nächsten Moskaubesuch in den sechziger Jahren selbst nach ihr zu suchen.

Ich fragte jeden, der auch nur im Entferntesten etwas wissen konnte; alle waren sehr hilfsbereit, aber niemand hatte auch nur den Namen Lissitzky gehört. Irgendjemand schlug vor, ich sollte es doch einmal beim Künstlerverband versuchen. Die Spur führte mich zu einem Gebäude in der Gorkistraße. Nein, sagte die Dame an der Tür, es gäbe kein Büro des Künstlerverbandes und wenn es eins geben sollte, so jedenfalls nicht in ihrem Gebäude. Ich fand das Büro, indem ich an jeder Glocke an allen Türen sämtlicher sechs Stockwerke klingelte. In einem kleinen Büro saßen drei Wesen ohne besondere Merkmale an schäbigen hölzernen Schreibtischen; sie sahen mich desinteressiert an und kratzten dann weiter mit spritzenden Federn auf endlos langen Papierbögen.

Höflich: ›Könnte irgendjemand hier mir zufällig sagen, wo ich Arbeiten von Lissitzky finde?‹ Sie sahen auf und fingen dann wieder an, mit ihren Schreibfedern zu kratzen.

Eindringlich: ›Er war ein großer revolutionärer Künstler, er starb 1941 und hat eine Witwe, die Sophie heißt.‹ Keine Antwort.

Sanft, aber energisch: ›Ich glaube, Lenin mochte ihn.‹ Nichts geschah.

Man ließ mich einfach stehen. Dann sah eine dünne Frau mit einem etwas grauen Gesicht auf und sagte verärgert: ›Was wollen Sie, Genossin?‹ Ich sagte: ›Dies ist der Künstlerverband, nicht wahr?‹ Es folgte eine tonlose, lethargische Erörterung dieser Frage. Widerwillige Zustimmung. ›Könnten Sie einmal in Ihren Unterlagen nach dem Namen Lissitzky sehen?‹ Ich war sehr vorsichtig. ›Unterlagen??‹ Ich spreche verständliches Russisch, aber die Russen haben die Angewohnheit, ein Wort oder einen Satz, den man gerade gesagt hat, zu wiederholen, als käme man vom Mars ...

So versuchte ich nun, diese Büroangestellten davon zu überzeugen, dass es Unterlagen geben müsse, dass die Namen der Mitglieder verzeichnet sein müssten, denn schließlich war Lissitzky nicht unbekannt! Sie sahen pflichtschuldig in eine Liste des Jahres 1957, die sie aus einem dunklen, abgestoßenen Schrank gruben, schüttelten ihre Köpfe und gingen zu ihren kratzenden Federn zurück.

Nach einer Pause: ›Ehrenburg hat eine schöne Sammlung moderner Kunst. Er muss Lissitzky und einige seiner Freunde gekannt haben, vielleicht seine Witwe …‹

Ein Mann sah von einem anderen Schreibtisch auf: ›Was wollen Sie?‹ Ich sagte es ihm. Die Frau hörte auf zu arbeiten und schüttelte ihren Kopf. Es war ihr vollkommen gleichgültig und sie hatte zu arbeiten. Ein Funken von Interesse erhellte das Gesicht des Mannes. Er versuchte, einige Telefonanrufe zu machen, aber nach 15 Minuten erlosch dieses Interesse wieder, und nichts geschah. Ich saß immer noch dort, völlig ignoriert. Dann ging die Tür auf und ein großer knochiger Mann in einem leicht schmuddeligen russischen Hemd kam herein, der eine voll gestopfte, ausgebeulte Schreibmappe trug. Die erste Frau fragte ihn laut: ›Haben Sie je von Lissitzky gehört?‹ ›Wer?‹ ›Diese Genossin hier sagt, es gibt einen russischen Maler, der Lissitzky heißt.‹ ›Es gab‹, verbesserte ich, ›er starb 1941.‹ ›Was wollen Sie mit ihm?‹ Ich sagte sanft: ›Ich will einige seiner Bilder finden. Es könnte sein, dass ich welche kaufen möchte …‹ ›Warum?‹ ›Ich halte ihn für einen guten Maler, abstrakt, das stimmt …‹ Er unterbrach mich: ›Warum kaufen Sie nicht unsere Russen, Repin, Gerasimow … was wollen Sie mit diesem … wie hieß er noch?‹

Alle beugten sich über ihre Papiere.

›Darf ich einmal telefonieren?‹, schlug ich sozusagen dem Raum vor.

Das Zimmer ignorierte meine Frage. So ging ich zu einem unbenutzt erscheinenden Telefon. Es war August und niemand in der Stadt.

›Warten Sie‹, sagte die erste Dame in die Stille hinein. Sie nahm ihren Hörer ab und es begann eine dieser langen Unterhaltungen, bei denen man absolut nichts versteht. Dann hängte sie auf. Zwei andere Leute hatten mittlerweile den Raum betreten und standen mit Aktentaschen herum und warteten. Sie sah mich ernst an und sagte dann, wie mit stillem Vorwurf: ›On ochen bolshoi Russki Chudoshnik‹ (Er ist ein großer russischer Maler). Sie sah um sich: ›Großer russischer Maler‹, sagte sie angriffslustig.

›Das brauchen Sie mir nicht zu sagen‹, antwortete ich, ›wer hat es denn bestätigt?‹ ›Die Tretjakow-Galerie‹, sagte sie entschieden, ›sie kennen ihn.‹

Noch eine halbe Stunde der Beratungen, Telefongespräche und leisen Verhandlungen. Würde ich bitte eine bestimmte Person einer bestimmten Unterabteilung der Tretjakow-Galerie zwischen 12 und 13 Uhr am kommenden Montag treffen wollen? Oh, es könne sein, dass ich für meine Suche vorteilhafte Nachrichten bekäme.

Am folgenden Montag in der Tretjakow-Galerie. Die bestimmte Person war nicht da. Ich versuchte Dienstag. Endlich, ein bisschen Information. Nein, sie wussten nicht, wo Bilder oder Zeichnungen von Lissitzky waren. Nein, sie konnten sie nicht für mich finden. Aber ... aber ... sie hatten die Adresse von Madame Lissitzky in Nowosibirsk, im Herzen Sibiriens. Ich glaubte nicht eine Sekunde daran, dass es diese Adresse wirklich gab. Sie musste tot oder unerreichbar sein. Ich fuhr erst einmal in ein kleines Dorf am Schwarzen Meer, aber ich schickte, mehr als eine Art Formsache, an einem regnerischen Nachmittag einen Brief in deutscher Sprache an diese höchst unwahrscheinliche Adresse in Nowosibirsk. Innerhalb einer Woche hatte ich eine Antwort von

Madame Lissitzky aus Nowosibirsk, die sich voller Freude an mich und unsere Begegnung 1944 erinnerte und so glücklich darüber war, dass ich mich noch immer für ihres Mannes Arbeiten interessierte. Es tat ihr sehr Leid, sie hatte keine Bilder und sie wusste auch nicht, wo welche waren. Könnte ich es nicht beim Bruder ihres Mannes versuchen, der Dozent für Medizin war und in Moskau lebte, genau zehn Minuten von dem Ort, an dem meine Suche begonnen hatte, entfernt, in dem gleichen Zimmer, in dem er 25 Jahre gelebt hatte?

Auch Ruwim Lissitzky hatte keine Bilder. Es könnte sein, dass ein Freund auf dem Lande noch welche hätte – aber er war leider für drei Monate in Ulan-Bator. Und es gab noch einen Sohn, der Dokumentarfilme drehte. Vielleicht hatte er welche mitgenommen, als er seine neue Arbeit begann. Er war in Chabarowsk, im fernen Osten ...«

13. Sophie und Jelena

Denn ich bin ein Mensch gewesen, und das heißt, ein Kämpfer sein.« Dieses Goethe-Zitat, so schrieb Sophie in ihren Erinnerungen, habe El Lissitzky mit seinem ganzen Leben bestätigt.

Doch der Kämpfer hatte schließlich die Waffen gestreckt, vor seiner Krankheit, vor den Wellen der Gewalt, die irgendwann auch sein Haus und seine Familie überfluten würden. Ihm fehlte, wie Millionen Menschen im riesigen russischen Reich, die Luft zum Atmen.

Nur Lissitzkys Vater Mark, sein Bruder Ruwim und eine Handvoll Freunde waren zu seiner Einäscherung in ein Krematorium in der Nähe des Kreml gekommen. Die nicht gekommen waren, lebten vielleicht nicht mehr, saßen in Gefängnissen, kämpften in Stalins Gulag ums Überleben, hatten die Sowjetunion verlassen oder einfach Angst vor Spitzeln. Keine Offiziellen der Regierung, der er bis zum letzten Atemzug gedient hatte, gaben ihm ein ehrendes Geleit. Er wurde auf dem Donskoy-Friedhof beigesetzt. Heute ruhen in dem Familiengrab auch sein Vater, sein Bruder und seine Schwägerin.

Sophie blieb zu Hause. Niemand sollte ihren tiefen Kummer sehen.

Doch sie musste weiterleben für ihren und Lissitzkys Sohn. »Wenn du damals nicht gewesen wärst, mein Bubka, wäre ich deinem Vater gefolgt«, hat sie ihm später einmal gestanden. Doch jetzt verbarg sie ihre Sorgen vor ihm. Nie hat er sie weinen sehen, kein Wort der Klage aus ihrem Mund gehört. Sie konnte ihre Nöte nur noch mit wenigen Menschen teilen. Welche Aussichten hatte sie mit ihrer deutschen Nationalität in einem Land, das ihre Landsleute gerade mit Gewalt erstürmten? Sämtliche Fäden, die sie mit ihrem früheren Leben verbunden hatten, waren gerissen. Kein Brief erreichte sie mehr in den Jahren des Krieges.

Wie mochte es »Kurtchen« Schwitters gehen, wie den Steinitz', den Dorners, den Gleichmanns und all den anderen Gefährten ihrer so glücklichen Zeit mit Paul Küppers in Hannover? Woran mochte Paul Klee gerade arbeiten? Hütete Dr. Dorner noch immer ihre Bilder wie sein eigenes Leben?

Sophie wusste nicht, dass Paul Klee zu diesem Zeitpunkt bereits gestorben war und dass Kurt Schwitters über Norwegen nach England emigriert war, wo er sich als Maler impressionistischer Landschaften durchschlug. Das Ehepaar Steinitz hatte sich mit seinen Töchtern rechtzeitig vor dem Nazi-Terror in die Vereinigten Staaten gerettet. Auch die Dorners lebten inzwischen in Amerika, und Alexander Dorner konnte sein Versprechen nicht mehr halten, auf Sophies »Sumpflegende« besonders aufzupassen. Otto Gleichmann, dessen Werke ebenfalls in der Ausstellung »Entartete Kunst« dem Spott des Pöbels preisgegeben worden waren, hatte sich verbittert in die innere Emigration zurückgezogen.

Und die Kestner-Gesellschaft existierte nicht mehr. Sie war für die Nazis auch nach Alexander Dorners erzwungenem Abschied weiterhin ein rotes Tuch geblieben. Ihr neuer künstlerischer Leiter, Dr. Justus Bier, war Jude. Aber nicht genug damit. Er fuhr auch unbeirrt fort, Ausstellungen mit Arbeiten geächteter Künstler wie Beckmann, Picasso, Klee, Feininger, Nolde, Modersohn-Becker, Macke, Marc und Rohlfs zu veranstalten. Nach ständigen Angriffen durch die Reichskammer der bildenden Künste und den »Kampfbund für Deutsche Kultur« war die Kestner-Gesellschaft schließlich am 10. November 1936 endgültig geschlossen worden. Das elegante Haus in der Königstraße 8 fiel den Kriegsbomben zum Opfer.

Von all dem wusste Sophie nichts. Wenn sie abends allein in ihrem leeren Haus in Tscherkisowo saß, grübelte sie manchmal über ihr bisheriges Leben nach. Wie schnell waren doch die glücklichen Momente verflogen, wie zäh klebten die tragischen Ereignisse in ihrer Erinnerung. Sie hatte zwei Männer verloren und zwei Söhne.

Paul Küppers, dieser kluge und lebensfrohe Mensch, den alle mochten, der Mittelpunkt jeder Geselligkeit, war ihre erste große Liebe gewesen. Sie hatten nicht die Zeit gehabt, aus ihrer Verliebtheit zu fallen. Nicht die Zeit, sich zu streiten. Er war wie eins der Zauberwesen von Paul Klee in ihr Leben geschwebt und wieder aus ihm entschwunden.

El Lissitzky, ihre zweite große Liebe, hatte schwer an seiner russischen Seele getragen. Doch sein Geist erhob sich leicht wie ein Vogel zu immer neuen Höhen. Sophie hatte den Künstler in ihm rückhaltlos bewundert. Zwischen beiden flogen die Funken hin und her, es herrschte ein ständiger Ideenaustausch. Sie waren Seelenverwandte. Ihre körperliche Liebe konnte sich durch die Krankheit El Lissitzkys nicht voll entfalten. An ihre Stelle trat Sehnsucht, die den Verzicht schon in sich trug, und eine behutsame Zärtlichkeit.

Doch manchmal hatte Jen die Eltern streiten hören. Dann wurde Mutters Stimme laut und hart, und Vater flüchtete sich in den Garten, saß stundenlang am Tisch unter dem alten Birnbaum und verschränkte seinen Kopf in beiden Händen. Mutter rumorte unnötig laut in der Küche. Jen wusste nicht, worüber sie stritten, aber er wusste, wie er die Eltern versöhnen konnte. Ein Blatt Papier und ein Bleistift, die er dem Vater zuschob, genügten ... Kurze Zeit später unterhielten sich die beiden wieder angeregt über eine neue Idee, die soeben entstanden war. Sie steckten die Köpfe zusammen und lachten. Dann war auch Jens Welt wieder in Ordnung.

Nur Dsiga Wertow und seine Frau Jelisaweta kümmerten sich um Sophie, boten ihr Hilfe und Geld an. Ihre einzigen Freundinnen in dieser Zeit waren Pera Eisenstein, die Frau des russischen Meisterregisseurs, und Valentina Millman, eine ehemalige Sekretärin von Ilja Ehrenburg. Ihr sagte man später allerdings Kontakte zu Stalins Geheimdienst nach. Und Sophie hegte gegen sie einen schlimmen Verdacht ...

Das Moskau, das sie kennen und auch lieben gelernt hatte, existierte für Sophie nicht mehr. Es hatte sich in eine graue, abweisende Stadt verwandelt. Jetzt erst, da die tägliche Sorge um ihren geliebten Mann nicht mehr ihre ganze Aufmerksamkeit in Anspruch nahm, spürte sie es. Selbst die glänzenden Kuppeln der Basiliuskathedrale waren stumpf geworden. Die russische Gastfreundschaft und Geselligkeit, wo waren sie geblieben? Früher hatte man sich zu allen Tageszeiten besucht, hatte oft stundenlang beisammengesessen, diskutiert, gestritten, gegessen und getrunken.

Scheinbar normal ging Sophies Leben weiter. Jen, der sich, dem Rat seiner Mutter folgend, nun Boris nannte, besuchte eine russische Schule, er unterschied sich als Kind eines russischen Vaters nicht von den anderen Kindern. Sophie hatte ihm ans Herz gelegt, niemals Deutsch zu sprechen und keinem zu verraten, wer seine Mutter und sein Vater waren. In diesen Zeiten konnten selbst Kinder über Nacht verschwinden – bereits 1935 hatte Stalin die Todesstrafe für Jugendliche ab zwölf Jahren eingeführt.

Sophie strickte nicht nur Socken für die Soldaten im »Großen Vaterländischen Krieg«, sie arbeitete auch als Gestalterin verschiedener Ausstellungen, so über den amerikanischen Film im Haus der Architekten und über den von ihr so bewunderten Charlie Chaplin im Haus der Kinematographie. Und sie schrieb als freie Mitarbeiterin für die Zeitschrift »Internationale Literatur«, deren Cheflektorin Jelena Stassowa war. Seit dieser Zeit verband die beiden Frauen, deren Gemeinsamkeit ihr starker Charakter und ihre Strenge gegen sich selbst waren, eine fast schwesterliche Freundschaft.

Jelena Stassowa war 1873 in Petersburg in einer Aristokratenfamilie zur Welt gekommen. Ihr Vater Dmitri Stassow war ein bekannter Anwalt vor allem politisch Verfolgter, der sich den Mund von niemandem verbieten ließ, ihr Onkel Wladimir Stassow ein nicht minder bekannter Kunstgelehrter und Archäologe. Als er wieder einmal eine so genannte Dienstmedaille mit dem Bild des Zaren überreicht bekam, hängte er sie zum Entsetzen seiner Angehörigen in der Toilette auf. Was scherten ihn schon Hausdurchsuchungen, »sollen sie doch ruhig kommen«, lachte er. Aus diesem Holz war auch Jelena geschnitzt.

»Es müssen Leute ausgebildet werden, die der Revolution nicht nur ihre freien Abende, sondern ihr ganzes Leben widmen.« So schrieb Lenin in der ersten Ausgabe der von ihm im Jahr 1900 gegründeten illegalen marxistischen Zeitung »Iskra« *(Funke)*. Und genau das tat Jelena Stassowa, die zu einer der engsten Mitarbeiterinnen und Vertrauten Lenins wurde. Die kämpferische Revolutionärin und Internationalistin, die unter dem Decknamen »Genossin Absolut« in die Geschichte des russischen Kommunismus einging, sagte über ihre Überzeugungsarbeit für die Revolution, die ihr erst im Alter von 94 Jahren ein sanfter Tod aus den Händen nahm: »Ich war und bleibe bis an mein Lebensende ein Soldat der großen Lenin'schen Partei. Ihr verdanke ich alles, was ich bin, und die Erfüllung meiner Pflicht ihr gegenüber stelle ich über alles.«

Durch ihre jahrelange konspirative Tätigkeit lernte sie zahlreiche Gefängnisse und Straflager im großen russischen Reich von innen kennen, schaffte es aber immer wieder, mit Klugheit und Raffinesse zu überleben und zu entkommen. Dieses Teufelsweib fälschte Stempel und Pässe und schmuggelte geheimes Material, druckte nachts Flugblätter und brachte sie unters Volk, trickste die Spitzel aus, die ihm stets auf den Fährten waren, und wechselte immer wieder Identität, Wohnung und Standort. Und das alles für die Revolution. Mit ihrem streng zurückgekämmten Haar, das als schwerer Knoten in ihrem Nacken lastete, einem Metallzwicker auf der Nase, im dunklen, hochgeschlossenen Kostüm und oft auch mit einem Herrenhut bekleidet, wirkte Jelena Stassowa abweisend und Furcht einflößend, vor allem auf ihre Gegner. Wenn sie auch gern nach außen hin ihre Weiblichkeit verleugnete, kannten ihre Genossen und Freunde sie doch als eine Frau mit tiefen Gefühlen.

Jelena Stassowa, die fließend Deutsch, Französisch und Englisch sprach, setzte sich als Vorsitzende der kommunistischen Internationalen Roten Hilfe für die Sorgen und Nöte vor allem der Bauern und einfachen Bürger ein. Auf ihrem Schreibtisch stapelten sich Briefe aus dem fernen Jakutien, aus den Republiken Mittelasiens und des Kaukasus, aus großen Städten und kleinen Dörfern. Keinen dieser Briefe ließ sie unbeantwortet. Oft konnte sie helfen, einem Familienangehörigen die Haft zu erleichtern oder ihn aus dem Gefängnis herauszuholen, sie gab Ratschläge, prüfte Beschwerden und leitete sie an die entsprechenden Behörden weiter. Sie war, wie es in einem der Briefe heißt, »die Mutter, die unsere Sorgen und Nöte versteht und lindert«.

Sophie und Jelena lernten sich bei der gemeinsamen Arbeit kennen und verstanden sich auf Anhieb. Und das trotz eines Altersunterschieds von fast 20 Jahren, und obwohl die eine überzeugte Kommunistin und die andere eine »Volksfeindin« war. Beide interessierten sich für Literatur und Kunst, beide liebten Beethoven und Dostojewskj, und für Sophie war es tröstlich, in der älteren Freundin eine Gesprächspartnerin gefunden zu haben, mit der sie sich freimütig in ihrer Muttersprache austauschen konnte, ohne Angst vor Verrat.

Im Sommer 1943, mitten in der Nacht, klopfte es an der Tür in Tscherkisowo. Jeder wusste, was das bedeutete. Sie kamen immer nachts. Sie überbrachten Sophia Lissitzkaja den Befehl, sich innerhalb von 24 Stunden zum Abtransport fertigzumachen. Man habe ihre Verbannung nach Karaganda in Kasachstan verfügt. Einen solchen Befehl hatte sie innerlich schon lange erwartet. Am frühen Morgen des nächsten Tages eilte sie zu Jelena Stassowa, die, schon in Mantel und Hut, im Stehen ihren Frühstückstee trank. Vor Aufregung konnte Sophie nur das Wort »Karaganda« herausbringen. Jelena zwang Sophie auf einen Stuhl, drückte ihr eine Tasse Tee in die Hände und beruhigte sie.

Jelena verstand sofort. Schließlich wusste auch sie aus persönlicher Erfahrung, was das Wort »Verbannung« bedeutete.

Mit einer Mappe voller illegaler, teils chiffrierter Unterlagen und ihrem Briefwechsel mit dem im Exil lebenden Genossen Lenin war sie im Juni 1912 in St. Petersburg festgenommen worden. Jemand hatte sie denunziert, um vielleicht eine bessere Wohnung oder einen besseren Arbeitsplatz zu bekommen. Mehrere Wochen saß Jelena Stassowa im Gouvernementsgefängnis von Tiflis, auch da guten Mutes, wie ein Brief an ihren Vater beweist: »Weißt du, wie Turgenjews Prosagedicht ›Die Spatzen‹ endet: ›Wir werden noch kämpfen, hol's der Teufel!‹ Und dort bezieht sich dieser Ausruf auf den Tod, bei mir geht es aber schlimmstenfalls um Zwangsarbeit. Ein ganz gewaltiger Unterschied.«

Im Prozess am 1. Mai 1913 wurde sie unter Entzug aller Bürgerrechte zu Verbannung und Zwangsansiedlung in das Gouvernement Jenissejsk, an einem von Sibiriens großen Strömen, dem Jenissej, verurteilt.

Auch in der erbärmlichsten Lage, geplagt von Kälte, Hunger und Ungeziefer, sorgte sie sich um die anderen Verbannten. Sie gründete eine Hilfsorganisation und führte einen regen, wenn auch verbotenen Briefwechsel. Auch hier waren ihr die erlernten Fähigkeiten nützlich, Briefe zu chiffrieren und dechiffrieren oder mit unsichtbarer Tinte zu schreiben und sie unbeschadet aus dem Verbannungsort zu schmuggeln. Zwei Jahre lang korrespondierte sie so mit Maxim Gorki.

Aber da sie bei ihrer Untergrundarbeit gelernt hatte, jedes Schriftstück sofort zu vernichten, ist nur ein Brief an den »teuren Alexej Maximowitsch« bekannt. Darin heißt es: »Was soll ich Ihnen über unser Leben sagen? Es verläuft bei weitem nicht so, wie man es – selbst unter den hiesigen Bedingungen – möchte, und es gibt sehr viele ›objektive Umstände‹, die einem ständig Knüppel zwischen die Beine werfen. Aber das hindert mich gewiss nicht daran, das Leben nach wie vor zu lieben, und ich sage es mit Ogarjows (*Lyriker und Publizist im 19. Jahrhundert*) Worten, da sie meine Stimmung am besten wiedergeben:

> ›Und ich will alles. Was? Alles in aller Fülle;
> Ich giere nach Wissen, ich strebe nach Taten,
> Ich will noch Liebe mit wahnsinniger Sehnsucht,
> Das ganze Beben des Lebens will ich fühlen.‹«

Rechtzeitig zur »Großen Proletarischen Oktoberrevolution« im Oktober 1917 war Jelena Stassowa aus der Verbannung entlassen worden und an die Seite des aus dem Exil zurückgekehrten Genossen Lenin geeilt.

Jetzt aber, im Kriegsjahr 1943, tröstete sie die verzweifelte Sophie: »Ich werde versuchen, etwas für dich zu tun.«

Sophie musste ihr Bündel nicht packen. Sie durfte weiterarbeiten wie bisher. Doch es war eine befristete Freiheit. Ein Jahr später konnte ihr auch Jelena Stassowa nicht mehr helfen. Stalin verabscheute diese unbequeme Frau ...

Und Ilja Ehrenburg, der große russische Schriftsteller, mit dem El Lissitzky so eng zusammengearbeitet hatte, sagte nur, als Sophie ihn um Hilfe bat: »Ach, Sie brauchen ein Papier, dass ich Ihren Mann gekannt habe?« Sophie verstand diese Reaktion nicht. Doch wer wusste damals schon, welche Umstände Menschen dazu trieben, Freundschaften zu leugnen und Hilfe zu verweigern? Es waren barbarische Zeiten.

14. Ewige Verbannung

Am späten Abend des 7. Oktober 1944 klopfte es wieder laut an der Tür des Lissitzky-Hauses in Tscherkisowo. »Schlaf' nur weiter, mein Junge, ich bin bald zurück«, tröstete Sophie den verschreckten Jen, bevor sie in das Auto der zwei Milizionäre stieg, die sie zu einer Bezirksstelle der NKWD, der geheimen Staatspolizei, brachten. Irgendwann in der Nacht kam sie nach Hause, rüttelte Jen an der Schulter und sagte, um Munterkeit bemüht: »Wir machen eine große Reise. Es geht nach Sibirien.« Doch die Worte fielen wie Steine aus ihrem Mund. Jen blinzelte, gähnte: »Sibirien, wo ist das?« Dann drehte er sich auf die andere Seite und schlief weiter.

Am nächsten Morgen schreckte ihn die hektische Betriebsamkeit seiner Mutter früh aus dem Schlaf. Stundenlang saß sie vor der Feuerstelle in der Küche, sortierte Papiere und warf die meisten in die Flammen.

Nichts Verräterisches sollte zurückbleiben in dem Haus, das sie nun verlassen mussten. Dabei schüttelte sie den Kopf und lachte grimmig über ihr Urteil »wetschnoje posselenije« – »ewige Verbannung«: »Was ist denn schon ewig? Nichts ist ewig, gar nichts.«

In ihrem Pass war jetzt die Moskauer Adresse durchgestrichen. Darunter stand, mit der Hand geschrieben: In Moskau ist die Anmeldung annulliert. Die Aufenthaltsgenehmigung ist nur gültig für das Nowosibirsker Gebiet. Darunter prangten ein dicker viereckiger Stempel und die Buchstaben »SP« für Spezialumsiedler.

Man hatte ihr mitgeteilt, dass ihr Bewegungsradius rund um Nowosibirsk sieben Kilometer betrage, dass sie von den Organen des MGB, des Ministeriums für Staatssicherheit, offiziell überwacht werde und dass sie sich verpflichten müsse, zweimal im Monat zur Meldung auf der Kommandantur zu erscheinen. Für Arbeit und Unterkunft müsse sie selbst sorgen. Das war die einzige, bittere Freiheit, die man ihr gewährte.

Sophie hatte noch Glück im Unglück, dank Jelena Stassowas Bemühungen. Man ließ ihr drei Tage Zeit, um ihre Koffer zu packen. Sie durfte so viel an Hausrat und persönlichen Dingen mitnehmen, wie sie tragen konnte. Sophie konnte auch Geld mitnehmen, um sich damit an ihrem Verbannungsort eine neue Existenz aufzubauen. Aber El Lissitzkys Krankheit hatte fast alles verschlungen. Und die monatlichen Überweisungen von ihrem Sparkonto bei der Commerzbank Hannover waren seit 1936 ausgeblieben. Für das Geld hatte sie in den ersten Jahren Bezugsscheine erhalten, mit denen sie in einem Geschäft für Ausländer einkaufen konnte. Auch dieser Faden, der sie noch mit der Heimat verbunden und ihr das Leben in Moskau erleichtert hatte, war gerissen.

Verbannung (Ssylka) und Zwangsarbeit (Katorga) haben eine lange Tradition im russischen Reich. Bereits um 1660 wurden Diebe und Räuber nicht mehr hingerichtet, man schlug ihnen einen Finger der linken Hand ab und deportierte sie in die menschenleeren, schier grenzenlosen Weiten Sibiriens. Diese Kriminellen bildeten die Vorhut der so dringend benötigten Siedler. Ab 1825 wurde Sibirien auch Ort politisch Verbannter: Zar Nikolai I. bestrafte 116 Offiziere und Aristokraten, die seine Herrschaft stürzen wollten, indem er sie hinter den Ural zur Zwangsarbeit schickte. Diese als »Dekabristen« berühmt gewordenen Helden des Widerstands genießen bis heute hohes Ansehen. Sie und ihre tapferen Frauen, die ihnen in die Verbannung gefolgt waren, boten Stoff für Romane und Legenden, sie wurden zum Symbol für den Geist der Freiheit im Kampf gegen den zaristischen Absolutismus. Viele Russen kennen das Gedicht, das Alexander Puschkin im Jahr 1827 nach Sibirien als Sendschreiben schickte:

> *»Tief in Sibiriens Schächten sollt*
> *Ihr stolz das schwere Schicksal tragen,*
> *Denn nicht vergeht, was Ihr gewollt,*
> *Nicht Eures Geistes hohes Wagen.*
>
> *Des Unglücks milde Schwester trägt*
> *Die Hoffnung in die nächt'gen Räume,*
> *Des Kerkers lichte Zukunftsträume,*
> *Bis die ersehnte Stunde schlägt.*
>
> *Durch alle festen Schlösser dringt*
> *Die Lieb' und Freundschaft treuer Seelen,*
> *So wie in Eure Marterhöhlen*
> *Jetzt meine freie Stimme klingt.*
>
> *Die Fesseln fallen Stück für Stück,*
> *Die Mauern brechen. Freies Leben*
> *Begrüßt Euch freudig, und es geben*
> *Die Brüder Euch das Schwert zurück.«*

Auch die Revolutionäre Wladimir Uljanow und Josif Dschugaschwili, die später als Lenin und Stalin in die Geschichte eingingen, kennen die »Ssylka« aus eigener Erfahrung. Stalin perfektionierte, als er nach dem Tod Lenins 1924 zum gefürchteten Diktator aufstieg, die Ausbeutung Millionen unschuldiger Menschen mit unvorstellbarer Brutalität. Ganze Völker – Tschetschenen, Inguschen, Balkaren, Kalmücken, Kurden oder Krimtataren –, die innerhalb von 24 Stunden ihre Heimat zu verlassen hatten, fielen dem Terror zum Opfer. Sie mussten sich als Zwangsarbeiter in Kohle- und Erzbergwerken, in den Wäldern der Taiga oder beim Bau von Verkehrswegen bis zur völligen Erschöpfung abrackern, gleichgültig, ob sie Bauern oder Intellektuelle waren. Oder sie wurden als Verbannte in öden Landstrichen, oft ohne ein Dach über dem Kopf, der Kälte und dem Hunger ausgesetzt. Es kam immer wieder vor, dass sich diese Elenden, die oft wochenlang unter Brücken oder in Erdlöchern vegetiert hatten, weil sie keine Arbeit und keine Unterkunft fanden, freiwillig beim NKWD meldeten und um ihre Verhaftung bettelten. So bekamen sie wenigstens eine kümmerliche Suppe und einen Platz zum Schlafen, und sei es in der schäbigsten Hütte. Die Zahl jener, die umkamen im Archipel des Grauens, ist um ein Vielfaches größer als die der Überlebenden.

Sophie wusste nicht, was sie erwartete. Sie hatte auch gar keine Zeit, in diesen drei hektischen Tagen darüber nachzudenken. All ihre Liebe und Fürsorge stülpte sie nun wie eine Glocke über ihren Jüngsten. Ihn wollte sie beschützen auf ihrer Reise ins Ungewisse. Sie hätte ihn zurücklassen können in der Obhut von Lissitzkys Familie, aber das wollten weder sie noch der Junge.

Später, im Alter, sagte sie einmal zu ihm: »Warum habe ich dir das nur alles angetan? Warum habe ich dich nicht einfach zurückgelassen? Ohne mich wäre dein Leben anders verlaufen!«

Sie packte alles ein, was an warmen Kleidungsstücken da war. Auch ihren prächtigen, bodenlangen Persianermantel, den ihr Lissitzky nach einem größeren Regierungsauftrag geradezu aufgedrängt und den ein Moskauer Kürschner für sie maßgeschneidert hatte.

Sie trocknete Brot auf dem Ofen. So hielt es sich länger, ohne zu schimmeln. Sie packte ihr Jenaer Kochgeschirr ein, ihr silbernes Besteck aus Hannover, ein paar Tassen, Teller und Kochtöpfe.

Viele Menschen kamen in diesen letzten drei Tagen in das Lissitzky-Haus. Doch nicht alle waren echte Freunde.

Im Trubel des Packens und Abschiednehmens verschwand eins der beiden Aquarelle von Paul Klee. Als Sophie es vermisste, lief sie aufgeregt durch die Räume: »Wo ist mein Komet? Wer hat meinen Klee gesehen?« Aber das kleine Bild war unauffindbar. Später verdächtigte Sophie ihre vermeintliche Freundin Valentina Millman, es gestohlen zu haben. Doch Gewissheit hat sie nie erlangt.

Kurze Zeit nach Sophies Tod jedenfalls tauchte »Der Komet von Paris« in Moskau wieder auf. Ein unbekannter Verkäufer bot das Werk dem Puschkin-Museum an, wo es noch heute hängt.

Ihre afrikanische Skulptur, eine kleine Frauengestalt mit üppigen Brüsten, gab sie zusammen mit einigen kostbaren alten Büchern, darunter eine Erstausgabe von Dostojewskjs Gesammelten Werken, dem Ehepaar Eisenstein zur Aufbewahrung. Lissitzkys Archiv, vielmehr das, was nach ihrem privaten Autodafé übrig geblieben war, ließ sie im Haus zurück. Ihr Schwager Ruwim wollte sich darum kümmern. Er hatte, als Stalin Mitte der dreißiger Jahre seine Mordmaschinerie in Gang setzte, freiwillig seine Stelle im Kreml aufgegeben. Der Boden dort war ihm zu heiß geworden. Jetzt leitete er ein pharmazeutisches Institut und blieb weitgehend unbehelligt.

Sophie verpackte das Ölgemälde, das sie als kleines Mädchen zeigte, das ihr verbliebene Klee-Ölbild »Kubischer Aufbau«, die kleine Intarsien-Truhe von Kurt Schwitters, die sie als Nähkästchen tarnte, und natürlich einige Arbeiten von Lissitzky. Sie hoffte, dass keiner der Bewacher ihr etwas wegnehmen würde, wie hätte er auch seinen Wert beurteilen, was hätte er damit anfangen sollen? Einmal hörte Jen seine Mutter murmeln: »Du hast mir das alles eingebrockt.« Dann sah er sie trotzig den Kopf schütteln: »Recht geschieht mir, ich bin eine Deutsche und ich bezahle jetzt für die Sünden meines Vaterlandes.«

Jen fieberte dem großen Abenteuer entgegen. Er war erst 13 Jahre alt. Eine Reise nach Sibirien! Sophie kannte das riesige Land zwischen Ural und Pazifik auch nicht. Mit ihrem Mann war sie lediglich im Kaukasus und an der Wolga gewesen. Sie hatte Jen auf einer Landkarte gezeigt, wo Sibirien anfängt hinter dem Ural und wo es aufhört im Fernen Osten. Er tippte mit seinem Finger auf die Städte und Flüsse, die Seen und Berge und fragte seine Mutter: »Und wohin fahren wir?« – »In eine große Stadt, nach Nowosibirsk«, lautete ihre kurze Antwort.

Sie erlaubte ihm, seinen kleinen Stubengenossen mitzunehmen, einen Singvogel, den er in einem Käfig hielt.

Am dritten Tag stoppte ein Lastwagen vor ihrer Tür. Es

war der 10. Oktober 1944, ein kühler Herbstmorgen. Es war der Herbst der Massentötungen in den deutschen Konzentrationslagern. 70 000 Juden wurden allein in Auschwitz vergast.

Eine letzte Umarmung von dem treuen Ruwim und seiner Lolja, die ihre Tränen nicht zurückhalten konnten und die mit diesem Abschied ihr eigenes Leben riskierten. Sophie presste die Lippen fest aufeinander, in ihren Augen lag Verzweiflung. Sie spürte, wie sie in dieses schwarze Loch der Geschichte fiel, das andere gegraben hatten. Sie wusste nicht, wie sie sich daraus befreien sollte.

Zusammen mit vielen anderen Menschen, die bereits auf der Ladefläche hockten, wurden sie zum Güterverlade-Bahnhof in einen Außenbezirk Moskaus gebracht. Einige weinten. Niemand sprach ein Wort. Jen umklammerte seinen Vogelkäfig. Die Vorfreude auf die Reise war ihm vergangen.

Dann ging alles sehr schnell. »Dawai! Dawai!«, brüllten die Bewacher und trieben die Menschen in drei bereitstehende Güterwaggons. Es war eng darin und dunkel. Spärliches Licht drang durch schmale Fensterluken. Sie waren nicht vergittert, aber selbst für ein Kind viel zu klein, um hindurchzuschlüpfen. In der Mitte eines jeden Wagens stand ein kleiner Kohleofen. Daran konnte man sich wärmen, sich seine Kartoffeln kochen oder seinen Tee. Es herrschte immer großes Gedränge davor. Die groben Holzbretter entlang der Wände dienten als Sitzgelegenheit und zum Schlafen. Es gab keine Matratzen. Sophie breitete für Jen und sich ihren Pelzmantel aus. »Pass gut auf ihn auf«, flüsterte sie. Eine Toilette gab es nicht im Zug. Aber immer wieder hielt er auf freier Strecke oder an einer kleinen Bahnstation. Manchmal dauerte der Aufenthalt mehrere Stunden. Man wusste nie, warum. Niemand gab eine Auskunft. Dann konnten die unfreiwillig Reisenden nach draußen ins Freie, fanden, wenn sie Glück hatten, eine Toilette im Bahnhofsgebäude oder verschwanden hinter einem Gebüsch. Obwohl sie, wie sich Jen heute erinnert, nicht bewacht wurden, wagte niemand die Flucht. Wohin hätten sie auch gehen sollen in diesem großen sowjetischen Gefängnis? Manchmal, wenn der Zug an einer Bahnstation hielt, konnte Sophie von mitleidigen Bauern etwas Brot, ein paar Kartoffeln oder, Gipfel des Glücks, einen Apfel für Jen kaufen. Viele aber kamen nur, um die Volksfeinde zu begaffen. Eine blond gefärbte Russin spuckte vor Sophie aus: »Du und deinesgleichen, ihr habt unser schönes Russland zerstört. Recht geschieht euch!«

Der Transport der Verbannten bestand überwiegend aus älteren Frauen und Müttern mit ihren Kindern. Einige sprachen ungarisch, andere ein fremdartiges Deutsch. Sophie erfuhr von ihnen, dass man ihre Männer schon früher zur Zwangsarbeit oder an die Kriegsfronten abgeholt hatte.

Die Fahrt dauerte, mit Unterbrechungen, sechzehn Tage und Nächte. Je weiter sie nach Osten fuhren, desto kälter wurde es. Sophie und Jen lernten, sich die Beine mit Fußlappen zu umwickeln, die sie aus einem Handtuch zurechtgeschnitten hatten. Es bedurfte besonderer Geschicklichkeit, damit sie hielten und in die Filzstiefel passten. Auch Zeitungspapier linderte die Kälte und hielt erstaunlich warm. Jens Singvogel war verstummt und schon nach zwei Nächten in seinem Käfig erfroren.

Manchmal schaute Sophie durch eine der Fensterluken. Sie sah immer das Gleiche: Birken, Tannen, Fichten, kleine geduckte Holzhäuser, aus deren Kaminen weißer Rauch stieg. Kurze Lichtblicke: Auch hier lebten Menschen ihren Alltag.

Sie sah aber auch lang gezogene flache Baracken, die von Wachtürmen überragt wurden. Die Menschen darin waren Verdammte wie sie.

Die Landschaft veränderte sich, wurde trostloser und abweisender. Hier wuchsen nur noch kahle Birken, viele geknickt wie Streichhölzer beim letzten Sturm. Dann kam Schneewind auf, verhüllte alles mit einem grau-weißen Schleier. Ächzend holperte der Zug über die Gleise, als ob es auch ihm zu kalt geworden war. An jeder Station musste der Lokführer das Eis zwischen den Waggons mit einer Axt abklopfen.

Bald würde die Taiga beginnen, die riesigen Wälder aus Tannen, Lärchen und Kiefern, die bis zum Polarkreis reichen. Jemand erzählte den Kindern eine alte sibirische Sage über die Entstehung des Landes hinter dem Ural, das auf Tatarisch »schlafendes Land« heißt: »Als Gott noch ein Junge war, schuf er die Taiga. Er hatte nur wenig Farben zur Verfügung. Die Linien, die er zog, waren schlicht und klar, die Gegenstände, die er malte, ganz einfach. Später, als Gott erwachsen war, entstanden kompliziertere Dinge unter seinen Händen. Er malte seltsam geformte Blätter und Blüten und dachte sich regenbogenfarbene Vögel aus. Die Welt aber, die er als kleines Kind geschaffen hatte, gefiel ihm nicht mehr. Und so schüttete er die Taiga mit Schnee zu und ging für immer in den Süden, wo es wärmer und bunter war.«

Als sie endlich Nowosibirsk erreichten, war es Ende Oktober und bereits grimmig kalt. Der Winter hatte es eilig in diesem Jahr 1944.

Sophie machte sich und ihrem Sohn Mut: »Es hätte auch schlimmer kommen können, wenn sie uns auf dem Land abgesetzt hätten. Siehst du, wir haben es doch gut angetroffen.

Hier, in einer so großen Stadt, gibt es bestimmt eine gute Schule für dich und Arbeit für mich.«

Nowosibirsk, über 3000 Kilometer von Moskau entfernt, war eine noch junge Stadt, gerade mal fünfzig Jahre alt. Die Erbauer der Transsibirischen Eisenbahn, die Moskau mit Wladiwostok verbindet, suchten 1893 eine günstige Stelle, um den mächtigen Fluss Ob zu überqueren. Hier erbauten sie eine Brücke und am rechten Flussufer eine Siedlung. Sie nannten sie Nowo-Nikolajewsk zu Ehren des damaligen Zarewitsch Nikolai II., der den Grundstein für das russische Jahrhundertbauwerk gelegt hatte. Das zunächst provisorische Barackenlager für die Konstrukteure und Bauarbeiter entwickelte sich schnell zu einem Verkehrsknotenpunkt und einem wichtigen Handelszentrum. Als 1926 die neue Hauptstadt Sibiriens in Nowosibirsk umgetauft wurde, zählte sie bereits über 60000 Einwohner. Heute ist sie mit 1,44 Millionen Einwohnern die größte Stadt Sibiriens.

Im Sommer und Herbst des Jahres 1932 bereiste Ilja Ehrenburg die neuen Siedlungsgebiete im Osten des Sowjetreiches und kam auch nach Nowosibirsk. Die Stadt, die in rasendem Tempo aus der Erde gestampft worden war, faszinierte ihn: »Die Häuser sahen wie die Pavillons auf einer Ausstellung aus. Im Hotelrestaurant wurde Nächte hindurch Wodka gesoffen. Am Rande der Stadt bauten sich die Neuankömmlinge Hütten aus Brettern und Erdhöhlen, sie bauten in aller Eile, denn der sibirische Winter stand vor der Tür. Die Bewohner witzelten: ›In Amerika gibt es Wolkenkratzer, und wir bauen Erdkratzer.‹«

Ehrenburg sah viele Illusionen zerspringen. Er sah die verschüchterten Menschen mit ihren Bündeln auf den Bahnsteigen. Sie hatten ihre Dörfer verlassen und schlugen sich nach

Osten durch. Man hatte ihnen versprochen, dass es dort Brot, Stockfisch und sogar Zucker gäbe. Er sah die begeisterten Jungkommunisten, die glaubten, es genüge, riesige Fabriken aufzubauen – und aus der Erde würde das Paradies. Er sah die Abenteurer und Glücksritter, die den »langen Rubel« im Sinn hatten. Er sah aber auch die Zwangsumsiedler, enteigneten Bauern, die man geringschätzig Kulaken nannte, und die man nach Sibirien deportiert hatte. »Sie glichen den Opfern einer Feuersbrunst«, notierte Ehrenburg in seinem Reisebericht über diese entwurzelten Menschen.

Aus seinen Beobachtungen ergab sich für ihn ein Bild, das nur in zwei Farben gehalten war – in Rosa und in Schwarz: »Die Hoffnung lebte neben der Verzweiflung, der Enthusiasmus neben der Wut, der Held neben dem Filou, die Aufklärung neben der Finsternis. Den einen gab die Epoche Flügel, die anderen erdrückte sie.«

Sophie wollte sich nicht erdrücken lassen. Nicht von dem tiefen Schnee, durch den sie ihre Habe schleppen mussten. Auch nicht von dem feuchten Keller eines vierstöckigen Gebäudes in einem ärmlichen Wohnviertel am Rande der Stadt, in das die erschöpften und verdreckten »Spezialumsiedler« mitten in der Nacht aus einem Bus ausgekippt wurden. Ein warmes Bad oder ein heißer Kaffee – das waren Wunschträume, die sie nicht mehr zulassen durfte.

»Los, los, Bubka, geh schon vor und such uns ein schönes Zimmer aus«, ermunterte sie ihren Jungen, während sie sich mit dem Gepäck abmühte. Aber fast alle Zimmer rechts und links des langen Korridors waren bereits besetzt. Doch was heißt schon Zimmer? Es waren durch Bretter abgetrennte Verschläge, jeder vielleicht zehn Quadratmeter groß. Schmale Lichtstreifen bahnten sich ihren Weg durch die hochgelegenen Fensterluken, tauchten den trostlosen Raum in diffuses Licht, übersahen gnädig den Abfall, der sich in den Ecken türmte. Mit einer alten Frau, ihrer Tochter und ihrer Enkelin, ebenfalls Deutschstämmige, teilten sie schließlich einen Raum – Schicksalsgefährten in dieser schweren ersten Zeit der Verbannung. Die Holzpritschen reichten nicht für alle. Der kleine Ofen, den sie mit feuchtem Holz fütterten, schaffte es kaum, den Raum zu erwärmen. Er qualmte und ächzte und sprühte Funken. Weil der Brunnen hinter dem Gebäude zugefroren war, tauten sie Schnee in einer Blechschüssel auf, bis sich das Wasser langsam erwärmte. Damit wuschen sie sich notdürftig. Für die ungefähr hundert Menschen in den Kellerlöchern gab es zwei Latrinen, an jedem Ende des Flurs befand sich eine. Mehr Erinnern an die erste Zeit ihrer Verbannung ließ Sophie später nicht mehr zu. Aber Jen wurde zum aufmerksamen Chronisten in den Jahren der Verbannung.

Lotte, die deutsche Babuschka, holte aus ihrem Gepäck einen Samowar. Sie hatte ihn sorgfältig mit Tüchern umwickelt, so wie Sophie ihre wenigen Kunstwerke. Er war in diesem Moment kostbarer als ein Lissitzky, ein Schwitters oder ein Klee. Es dauerte lang, bis das Wasser in dem bauchigen Kupferkessel heiß genug war, um es über den dicken Teesud in ihren Bechern zu gießen. Sie hatte an alles gedacht, sogar an die Warenje, die eingemachten Beeren des Sommers, mit der nun alle ihren Tee süßten. Ein Hauch von Wonne huschte für einen Moment über ihre Gesichter.

Jen freundete sich mit der gleichaltrigen Katie an, einem dünnen Mädchen mit verfilzten blonden Zöpfen. Sie erzählte ihm von ihrem schönen deutschen Dorf in der Ukraine, von den Hühnern, die ihnen täglich frische Eier schenkten, und von der Kuh im Stall, die bald ein Kälbchen zur Welt bringen sollte. Doch dann mussten sie ihr Dorf verlassen. »Wir sind nämlich Verbannte«, fügte sie altklug hinzu. »Und wo kommst du her?«, wollte sie von Jen wissen.

Als er ihr von der großen Stadt Moskau erzählte, von ihren vornehmen Häusern und breiten Alleen, und von seinem Vater, der ein berühmter Künstler war, bekam sie glänzende Augen. Sie war noch nie in der Hauptstadt des Sowjetreichs gewesen. »Was redest du für dummes Zeug!«, fuhr Sophie ihn an, und ihre Stimme wurde hart. »Dein Vater war ein Arbeiter, was denn sonst!« Und leise, wie zu sich selbst, fügte sie hinzu: »Aber ein Kopfarbeiter.«

Zusammen mit Katies Mutter Helga fragte sie sich am nächsten Tag zur Kommandantur durch, um sich dort zu melden und nach Arbeit zu fragen. Die beiden Frauen in ihren unförmigen Steppjacken und Filzstiefeln, ein wollenes Kopftuch unterm Kinn geknotet, waren von sibirischen Bäuerinnen nicht zu unterscheiden. Lediglich ihr etwas schwerfälliges Russisch verriet, dass sie von weither kamen.

»Für Arbeitsvermittlung sind wir eigentlich nicht zuständig, aber was könnt ihr denn?«, fragte sie der Uniformierte in der Kommandantur. Schnell antwortete Helga, noch bevor Sophie etwas sagen konnte: »Alles.« – »Na gut, ich habe etwas für euch«, antwortete er gönnerhaft.

Und so kam es, dass Sophie, die verwöhnte Tochter aus dem Münchener Bildungsbürgertum, die einst mit dem Flugzeugbauer Messerschmidt bayerische Tänze und später mit dem Künstler Mondrian in Paris den Modetanz Jimmy tanzte, die ihre eleganten Kleider aus London kommen ließ und mit ihren Gästen Champagner trank, ihre ersten Rubel in der Verbannung als Putzfrau verdiente.

Ganz in der Nähe ihrer Unterkunft gab es eine Baracke, in der junge Fabrikarbeiterinnen wohnten. Wenn sie bei der Arbeit waren, säuberte Sophie zusammen mit Helga ihre Zimmer. Und sie reinigte die hölzernen Latrinen im Freien. »Mich kann nichts mehr umwerfen«, sagte sie zu der Schicksalsgefährtin, »stell dir vor, als junges Mädchen habe ich beim Schlachten das Schweineblut gerührt. Keine außer mir wollte es machen. Was ist dagegen schon so eine lausige Toilette?« Und sie lachte trotzig.

Dritter Teil

15. Sibirischer Winter

Es war dieser schreckliche Kriegswinter 1944/45: Sophies verlorene Heimat stand kurz vor der Kapitulation. Der große Flüchtlingstreck aus Deutschlands Osten setzte sich in Bewegung. Die Rote Armee befreite das Todeslager Auschwitz und rückte auf Berlin vor. In Nowosibirsk, und noch weiter im Osten, sanken die Temperaturen auf minus 50 Grad, und viele Menschen erfroren.

Sophie erlebte den ersten Winter ihrer Verbannung.

Verbannung, das war für sie zunächst nur ein merkwürdiger Begriff ohne Inhalt gewesen. Doch immer mehr füllte er sich mit Empfindungen, Gedanken, Ereignissen. Sie wirbelten Sophie durcheinander, bis sie nicht mehr wusste, ob die Strudel sie nach oben oder nach unten rissen. Doch wenn sie sich gerade fallen lassen wollte, drängte sich das schmal gewordene Gesicht ihres einst so pausbäckigen Jungen vor ihre Augen – und Sophie kämpfte sich wieder nach oben.

Es gab viel zu tun. Vor allem mussten sie heraus aus diesem feuchten Kellerloch. Sophie machte sich Sorgen um die Gesundheit ihres Bubka. Nachts hustete er viel. Dann streichelte sie sanft seine Brust und flüsterte beschwörend: »Bitte, werde du nicht auch so krank wie dein Vater.«

Das größte Problem in Nowosibirsk war neben Kälte und Armut die Wohnungsnot. Es gab immer noch nicht genügend Wohnraum für die ständig wachsende Zahl von Neuansiedlern, die freiwilligen und die unfreiwilligen. Sophie nahm all ihren Mut zusammen, dann ging sie zum Hausverwalter und legte so viel Honig in ihre Stimme, wie sie nur konnte. Sie erzählte ihm, dass ihr armer Mann an Lungentuberkulose gestorben sei und ihr kleiner Sohn nun auch alle Anzeichen der Krankheit zeige. »Bitte, helfen Sie uns, dass wir wenigstens in einem trockenen Raum leben können.«

Auch hier, im fernen Sibirien, verfehlten ihr Charme und ihre Überzeugungskraft nicht ihre Wirkung. Sie bekamen, gegen eine geringe Miete, einen winzigen Raum in einer zweistöckigen Baracke, in der es weder Wasser noch Kanalisation gab. Dass die Toilette draußen in der Kälte lag und von allen Hausbewohnern benutzt wurde, dass sie das Wasser aus einem Brunnen holen mussten – an solche Unbequemlichkeiten hatten sie sich inzwischen gewöhnt. Aber nun waren Mutter und Sohn endlich allein. Später brannte die Baracke aus, und Sophie musste sich erneut auf Wohnungssuche begeben.

Jen besuchte eine sowjetische Schule. Weil er mit seinen nun 14 Jahren allmählich zu alt war für die Jungpioniere, wurde er in den Komsomol, den Kommunistischen Jugendverband, aufgenommen. Das war gar nicht so selbstverständlich. Der künftige Komsomolze musste ein guter und vorbildlicher Schüler sein und er musste versprechen, der Gesellschaft in jeder Weise zu nützen. Er lernte die Satzung, die Rechte und Pflichten des Komsomol auswendig, aber auch die Namen der wichtigen sowjetischen Führer sowie ihre Heldentaten. Erst als er das alles nahezu im Schlaf aufsagen konnte, erachtete ihn ein Komitee für würdig, in den großen vaterländischen Verband aufgenommen zu werden.

Sophie sah das alles mit gemischten Gefühlen, die sie jedoch vor ihrem Sohn verbarg. Als er mit 16 Jahren seinen ersten Personalausweis bekommen sollte und das Recht zu wählen, fragte er sie: »Wer bin ich eigentlich, mit einem russischen Vater und einer deutschen Mutter? Was soll in meinem Pass unter Punkt 5 stehen?« Sophie antwortete ihm: »Dein Vater war ein Jude. Du hast nichts Jüdisches an dir. Du kennst die jüdischen Bräuche nicht. Fühlst du dich als Jude? – Ich bin eine Deutsche. Was weißt du von Deutschland? Du kennst es nur aus meinen Erzählungen. Fühlst du dich als Deutscher? Nein, du bist ein Russe, denn du bist in Russland geboren und aufgewachsen. Deine Freunde sind Russen. Und du hast eine russische Seele.«

Sie sagte ihm diese Worte, die er nie vergessen würde, natürlich nicht ohne Hintergedanken. Damals war es wichtig, dass er sich nicht als Deutscher fühlte, automatisch wäre er damit zum verhassten »Fritzen« geworden. Und auch nicht als Jude, denn mit der Stalinära war auch der Antisemitismus wieder aufgekommen.

Sophie ließ nichts unversucht, menschenwürdige Arbeit zu finden, um sich und ihren Sohn zu ernähren. Dass sie jemals mit ihrem kunsthistorischen Wissen, mit ihren exzellenten Kontakten zu den bedeutendsten Künstlern der Gegenwart hier in der Verbannung etwas anfangen könnte, lag außerhalb ihres Vorstellungsvermögens.

Aber dann erinnerte sie sich ihrer hauswirtschaftlichen Fähigkeiten und dachte, vielleicht zum ersten Mal, mit Dankbarkeit an die Mutter, die ihr das damals alles aufgezwungen hatte. Sie konnte kochen, nähen, stricken und sticken. Schnell sprachen sich ihre Talente in der Nachbarschaft herum. Erst waren es Socken und Fäustlinge, die sie aus grober Wolle in engen Maschen strickte. Das war der Trick. Denn so verfilzten sie schneller und ließen die Kälte nicht mehr durch. Man riss sie ihr für ein paar Rubel aus den Händen. Ihre bestickten Gardinen verdeckten die Tristesse, die hinter den

Fenstern nistete. In Sophies Revier sah man immer öfter solche Gardinen. Und manchmal Kakteen darunter, wie bei Sophie. Wenn ihre Kakteen, was sehr selten vorkam, kleine blaue Blüten aus ihren grünen Blättern zauberten, war das für sie immer ein ganz besonderer Moment.

Eines Tages meldete sich die Leiterin des Nowosibirsker Kulturklubs bei Sophie, sie möge doch bitte einmal vorbeikommen.

Der Kulturklub war in den zwanziger Jahren gegründet worden und in einem der schöneren Gebäude der Stadt untergebracht. Über dem Eingang prangte ein großes Plakat, auf dem der Genosse Stalin in selbstherrlicher Siegerpose protzte. Sie warf ihm einen kurzen Blick schräg von unten zu. »Auch du fällst irgendwann da runter«, sprach sie sich selbst Mut zu, als sie unter seinen kalten Leguan-Augen das Gebäude betrat. Drinnen glänzten Kronleuchter und Parkettboden miteinander um die Wette. Die Leiterin gefiel Sophie, sie erinnerte sie in ihrer strengen Herzlichkeit an Jelena Stassowa.

So wurde die Verbannte Handarbeitslehrerin im Nowosibirsker Kulturklub, lange bevor hier westliche Talente erwünscht und gefragt waren. Ihre Schülerinnen liebten und verehrten sie. Sie brachte ihnen nicht nur die Kunst des Strickens und Stickens bei, sondern erzählte ihnen auch von einer anderen Welt außerhalb Russlands. Sie hörten von ihr zum ersten Mal die Namen von Leonardo da Vinci, von Mozart, von Goethe, sie ließen sich von ihr entführen nach Paris, München oder Florenz. Viele Mütter schickten ihre Mädchen zu Sophie. Sie spürten, dass diese Frau aus dem fernen Europa ihr Leben bereichern konnte. Die Menschen hier waren so arm, dass oft drei Familien in einem Raum leben mussten. Doch sie ließen sich von Sophie dazu anregen, ihr armseliges Leben ein wenig zu verschönern. Und so hängten sie Stickereien an die Wand und vor die Fenster oder legten sie auf den Tisch. Dafür lernte Sophie von ihnen, wo man im Herbst die größten Pilze finden konnte und wie man sie für den Winter marinierte und konservierte.

Sophie beobachtete verwundert, wie nach diesem langen, langen Winter ein später Frühling geradezu explodierte. Wie lachende Kinder die dünne Eisschicht, die sich in der Nacht auf den Wasserpfützen gebildet hatte, mit ihren Stiefelabsätzen zum Bersten brachten, wie sich die Spitzen des Löwenzahns durch den schmutzig grauen Schneematsch ihren Weg bahnten und die Zugvögel mit lautem Jubel ihre Rückkehr meldeten. Sie wärmte sich an dem viel zu kurzen heißen Sommer und freute sich an den leuchtenden Farben des Herbstes. Und sie spürte ihre Angst vor dem nächsten grimmigen Winter, wenn die kurzen Tage grau wurden und manchmal eisig blau, wenn die Wellen des Flusses Ob im Dahineilen erstarrten und die wenigen Menschen auf den Straßen ihre Gesichter mit dicken Tüchern verhüllten.

So also würden ihre weiteren Jahre aussehen. So fühlte sich »ewige Verbannung« an.

Ihren Lebensrhythmus bestimmten, abgesehen von diesen extremen Jahreszeiten, zwei feste Daten, vor denen sie sich fürchtete. Es waren der Erste und Fünfzehnte eines jeden Monats, die Tage der so genannten Meldepflicht. Dann musste sie sich mit Jen auf der Kommandantur einfinden und sich auf der Meldeliste durch einen Haken bestätigen lassen, dass sie noch da war und noch existierte. Am schlimmsten war das stundenlange Warten, zusammen mit vielen anderen Menschen auf einem stickigen Flur, ohne die Möglichkeit, sich hinzusetzen. Der gemeinsame Schmerz, die Wunden, die

Sophie Lissitzky-Küppers als Handarbeitslehrerin im Kulturklub, Nowosibirsk, vierziger Jahre *(Foto: Jen Lissitzky)*

Das abgebrannte »Karkasny«-Haus in Nowosibirsk; rechts unten das Fenster der Wohnung, in der Sophie und Jen Lissitzky Ende der vierziger Jahre lebten *(Foto: Jen Lissitzky)*

Hoffnungslosigkeit und auch die leise Hoffnung machten die Verbannten für kurze Zeit zu einer Gemeinschaft. Doch, was durfte man aussprechen? Wer lauschte? Wer war ein Spitzel – vielleicht um den Preis eines Wohnraums oder einer Arbeitsstelle?

Deswegen fielen auch die Kommentare über Russlands Sieg und Deutschlands Niedergang sehr sparsam aus, obwohl die Zeitungen voll davon waren. Aber durfte man seine Bedenken offen zeigen? Sophie spürte Erleichterung und Sorge. Immer wieder eilten ihre Gedanken nach Hannover, in jene deutsche Stadt, in der sie so viel Glück und Leid erfahren hatte, in der ihr fröhlicher junger Mann begraben lag.

Es gibt eine Schilderung von Margarete Buber-Neumann, die Sophie tiefen Schmerz zugefügt hätte. Unter der Überschrift »Gomorrha 1945« schreibt die soeben aus dem KZ befreite Schriftstellerin in ihren Erinnerungen »Als Gefangene bei Stalin und Hitler« von ihrer ersten Begegnung mit einer zerstörten Großstadt im Mai 1945. Es war Hannover. Es hätte auch Köln oder Dresden sein können.

»Ich führte das Fahrrad über die zerrissenen, mit Glasscherben bedeckten Straßen. Kilometerweit auf beiden Seiten nichts als die klaffenden Mäuler der Ruinen, Reste von Fabriken mit ihren bizarr verknäulten Eisengerüsten. In dieser zerschmetterten Stadt hat es aufgehört, Frühling zu sein. Selbst die Sonne scheint gelb und böse, ihr Glanz wird verschleiert durch die schmutzig grauen Staubschwaden, die der Wind vor sich hertreibt. Viele Menschen gehen durch diese häuserlosen Straßen, und ich frage mich verwundert, wo sie alle wohnen mögen, woher sie kommen und wo sie wieder

Sophie Lissitzky-Küppers, Nowosibirsk, Ende der vierziger Jahre *(Foto: Jen Lissitzky)*

untertauchen. Langsam dringe ich zum Zentrum der Stadt vor und finde dort die Betreuungsstelle für ehemalige KZler ...

Als Durchreisende erhalte ich Geld, Lebensmittelkarten und eine Schachtel Zigaretten. Eine Unterkunft für die Nacht gibt es in dieser zerstörten Stadt auch für KZler nicht. Man empfiehlt mir den Bahnhofsbunker zum Schlafen ...

Ich stehe vor den Resten des pompösen Hauptbahnhofs von Hannover. Es regnet in Strömen. Auf dem weiten Bahnhofsplatz, den ein Ruinenfeld umgibt und dessen Asphalt von Brandbombeneinschlägen zernarbt ist, ragt als letzter unzerstörbarer Zeuge früheren Glanzes ein einsames Reiterstandbild des Königs Ernst August. Das Regenwasser rinnt in grünspanenen Bächen über Ross und Reiter, und nur mit Mühe kann man noch die Inschrift am Sockel des Monuments entziffern: ›Dem Landesvater sein dankbares Volk‹ ... Ich breche in ein gequältes Gelächter aus.«

16. Die Mauer zeigt Risse

Als Jen 17 Jahre alt war, wagte er es zum ersten Mal, aus dem Bannkreis um Nowosibirsk auszubrechen. Lange hatte er mit seiner Mutter beraten, ob er sich dieser Gefahr aussetzen sollte. Immerhin drohten bis zu 25 Jahren Straflager, wenn es ein Verbannter riskierte, in eine andere Stadt zu reisen.

Zum ersten Mal fuhr Jen mit der Transsibirischen Eisenbahn in einem ganz normalen Zugabteil der dritten Klasse. Die Fahrt nach Moskau, die jetzt drei Tage und drei Nächte dauerte, erschien ihm gar nicht mehr lang. Und draußen war Sommer. Ein kräftiges Grün hatte das Grau des langen Winters vertrieben.

In Moskau am Jaroslawler Bahnhof erwartete ihn bereits sein Onkel Ruwim. Sie fuhren gemeinsam zu dem Haus in Tscherkisowo. Unmittelbar nach Sophies und Jens Abtransport vor drei Jahren hatte sich ein Milizionär mit seiner Familie dort eingenistet. Doch Ruwim Lissitzky, der bei der Armee einen hohen Rang bekleidete, komplimentierte ihn wieder hinaus. Bis Ende 1947 wohnten Verwandte von Ruwims Frau Lolja in dem Haus. Jetzt wollten sie es verkaufen und Jen sollte den Erlös nach Sibirien mitnehmen. Doch ausgerechnet in dieser Zeit wurde das alte Geld aus dem Verkehr gezogen und neues gedruckt. Von den 200 000 Rubel, die sie für das Haus bekamen, blieben nur 20 000 übrig. Immerhin bedeuteten sie ein sorgenfreies Jahr für Sophie und Jen. Bei den Eisensteins holte Jen die kleine Südseeplastik ab, worum ihn seine Mutter gebeten hatte. Er staunte über die außergewöhnlich eingerichtete Wohnung voller Kunst aus Mexiko, mit Regalen, die unter dem Gewicht der Bücher zu ächzen schienen, mit Chaplin-Porträts und Fotos vieler Hollywood-Berühmtheiten, die Eisenstein alle eine persönliche Widmung geschrieben hatten.

Jen packte den gesamten, in Moskau verbliebenen Nachlass seines Vaters – Vorstudien, Aquarelle, Skizzen, Notizen und Bücher – in zwei Kisten und brachte sie zum Güterbahnhof. Sie kamen heil in Nowosibirsk an. Ruwim gab ihm für Sophie Medikamente mit, die ihr helfen sollten, die kalten Winter besser zu überstehen. »Deine Mutter ist eine tapfere Frau. Ohne sie wäre mein Bruder verloren gewesen. Jetzt sieh du zu, dass sie uns nicht verloren geht«, ermahnte er den Jungen. Eine schwere Last, die er dem 17-Jährigen aufbürdete.

Jen trug noch andere Lasten auf seinen jungen Schultern. Als Sohn einer Verbannten hatte er es schwer, etwas Vernünftiges zu lernen. Er musste viel, viel besser sein als die anderen, bevor er akzeptiert wurde und sich ihm eine Tür öffnete. Er hätte gern eine Hochschule besucht, um Filmkunst zu studieren, so wie Sergej Eisenstein. Der Freund der Eltern, der in seiner Heimat und in Hollywood große Erfolge gefeiert hatte, war nun auch in Ungnade gefallen. Er starb 1948 in Moskau an den Folgen eines Herzinfarkts, erst 50 Jahre alt. Die Freundschaft zwischen Sophie und seiner Witwe Pera überstand auch die Jahre der Verbannung.

Mit der Kamera seines Vaters brachte sich Jen das Fotografieren bei. Im Arbeiterklub und später in einem Pionierlager fotografierte er bei Veranstaltungen und führte Filme vor. Bei einer Zeitung in Nowosibirsk bekam er ab und zu Aufträge als Fotoreporter. Später wurde doch noch die Filmkamera sein Metier. Als Kameramann des Sibirischen Fernsehens erfüllte sich für ihn wenigstens ein kleiner Traum.

Keiner der Verbannten konnte sich vorstellen, dass die Mauer, die sie einschloss, jemals zusammenbrechen könnte. Dennoch zeigte sie nach dem Ende des Krieges erste kleine Risse, auch wenn sich 1948 eine neue Terrorwelle erhob. Immerhin gelangten wieder Briefe in den Westen. Und manchmal drangen Neuigkeiten aus der Welt draußen durch die Mauer.

So erfuhr Sophie eines Tages von Pera Eisenstein, dass ihr verschollener Sohn Kurt noch am Leben sein musste. Pera hatte in einer internationalen Buchhandlung in der Gorkistraße in Moskau gestöbert. Dabei fiel ihr eine besonders schön gestaltete Ausgabe der Geschichte der altrussischen Kunst in die Hände. Verfasser war der russische Kunsthistoriker Alpatow. Ins Deutsche übersetzt hatte den Text ein Kurt Küppers. Das konnte doch nur Sophies Sohn sein! Durch einen Anruf bei Alpatow erfuhr sie, dass er tatsächlich der Übersetzer war und in Deutschland in der Stadt Dresden lebte.

Sophies Gefühle waren widersprüchlich, als ihr Pera die Neuigkeit mitteilte. Ihr Sohn lebte, was für eine gute Nachricht! Aber sie konnte sich nicht wirklich freuen, denn dieser intelligente, von Lissitzky so geliebte Sohn hatte sie zu sehr enttäuscht.

Dann erreichte sie aus Dresden ein Brief von Kurt. Sein Inhalt ist nicht bekannt, aber das schwierige Verhältnis von Mutter und Sohn deutet sich in Sophies Antwort an. Sie hatte die Angewohnheit, ihre Briefe erst zu entwerfen, zu korrigieren und sie dann nochmals in ihrer schönen klaren Schrift mit ihrem Füllfederhalter von Pelikan niederzuschreiben, der ihr aus der Zeit mit El Lissitzky geblieben war. Aus dem Entwurf an ihren Sohn Kurt aus dem Sommer 1948 geht hervor, dass sie hoffte, der Brief komme noch rechtzeitig zu seinem Geburtstag am 14. August an. Dann schrieb sie: »Es ist Zeit für Dich, zu innerer Ruhe und Festigkeit zu gelangen. Du stehst im 35. Lebensjahr und bist dazu befähigt, richtige Arbeit zu tun und Nutzen zu bringen. Du hast die große Aufgabe vor Dir, am Aufbau Deines unglücklichen Vaterlandes mitzuhelfen, zu beweisen, dass in Deutschland Gewissenhaftigkeit und Ehrlichkeit nicht ausgestorben sind. Gerade in dem einsetzenden Klassenkampf kannst Du Deine Gesinnung beweisen und zeigen, dass Du ein ehrlicher Deutscher bist.«

Kurt hatte ihr wohl vorgeschlagen, wieder nach Deutschland zu kommen. Sie erwähnte mit keinem Wort, dass sie eine Verbannte war. Vielleicht hoffte sie aber auch, mit seiner Hilfe doch wieder nach Deutschland zurückkehren zu können. Ihre Antwort auf seinen Vorschlag:

»Wenn ich in meiner Heimat Nutzen bringen kann, wenn ich mitkämpfen kann um ein wirkliches demokratisches Deutschland, würde ich den Entschluss fassen, zum dritten Mal mein Leben von neuem anzufangen. Dies ist ein großer Entschluss, denn ich mache mir keine Illusionen, dass das Leben in Deutschland sehr schwer und noch viel ekelhafte Spießbürgerei zu bekämpfen ist. Es liegt nun an Dir, ob Du für mich Vorschläge hast, ob sich Gelegenheit findet, meine Erfahrungen und Beziehungen richtig auszuwerten. Man müsste mich dann anfordern und wir müssen auch wissen, ob Jen die Möglichkeit hat, die Schule dort richtig zu besuchen.

Nach Moskau können wir vorderhand nicht zurückkehren, meine Arbeit als Handarbeitslehrerin an unserem großen Klub ist nutzbringend für unsere arbeitenden Frauen und Kinder. Nur das Klima ist mir sehr schwer erträglich, und ich wünsche mir für Jen auch eine kultiviertere Umgebung.

Überlege ruhig, was zu tun ist und bedenke, dass ich 57 Jahre alt bin. Ich kann unter geordneten Bedingungen noch etliche Jahre Nutzen bringen, muss aber Sicherheit haben, dass Jen eine gründliche Ausbildung erhält. Ich denke, dass er auch mit Enthusiasmus seine Komsomolarbeit weiterführen würde, da die Aufgabenstellung in Deutschland eine kämpferische ist, und viel alter Ballast, den hier schon niemand mehr kennt, beseitigt werden muss.

Für Deine neue Ehe wünsche ich Dir viel Glück und innere Ruhe. Vergiss Dein Kind *(Peter Küppers, aus der ersten kurzen Ehe von Kurt)* nicht, nimm es zu Dir, sonst wirst Du es jung verlieren. Schicke mir ein Bildchen von dem Kleinen.

Es grüßt und küsst Dich herzlichst Deine Mutti.«

Ob Kurt Küppers sich wirklich bemüht hat, seine Mutter aus Sibirien herauszuholen, ist nicht bekannt. Sein ganzes trauriges Schicksal erfuhr sie erst einige Jahre später.

Auch ein Brief von Sophies alter Mutter Mathilde Schneider, die bei München auf dem Land lebte, ist erhalten geblieben. Mit Datum vom 15. August 1948 bedankte sie sich für Sophies erste Nachricht seit sechs Jahren. Sie erzählte, dass ihr Leben sehr einsam geworden sei und sie ihre Brüder Julius und Hermann nur selten sehe. Sophie hatte ihr von ihrem Leben in Nowosibirsk berichtet, und ihr erzählt, dass sie jetzt als Handarbeitslehrerin arbeite. Ihre Mutter, die früher Sophies künstlerische Neigungen eher bekämpft hatte, schrieb nun versöhnlich: »Es ist doch ein Glück gewesen, dass Du

Deine künstlerische Veranlagung gepflegt hast. So hilft Dir im Leben, was Du als Mädel eigentlich nur als Liebhaberei betrieben hast. Bei Tilly hat so ein geistiges Äquivalent gefehlt, das ihrem Leben Inhalt gegeben hätte, nach der verfehlten ersten Ehe; stattdessen hat sie zum zweiten Mal einen schweren Fehlgriff getan, dessen Folgen sie nicht mehr ertragen konnte.« So erfuhr Sophie, dass ihre jüngere Schwester ihr Leben weggeworfen hatte. Lulu, Tillys Tochter, sei eine sehr schöne Frau geworden, aber auch sie habe eine unmögliche Heirat gemacht ...

Trotz der traurigen Nachricht musste Sophie schmunzeln: »Wann kann sie sich jemals damit abfinden, dass ihre Kinder eigene Vorstellungen haben und eigene Wege gehen wollen?«

Noch mehr Zeichen und Geschichten tauchten nun auf aus dem Meer der Vergangenheit und des Vergessens, traurige, unerwartete und manchmal auch freudige.

Eines Tages bekam Sophie einen mysteriösen Brief in der steilen, ordentlichen Handschrift eines Schulmädchens. Jen hatte ihr den Brief von der Post gebracht. Er kam aus Moskau und trug das Datum vom 12. Mai 1951. Sophie las ihn, las ihn ein zweites Mal, war ganz blass geworden, »o Gott, mein Gani *(gemeint ist ihr verstorbener Sohn Hans)*, warum hast du mir nicht gesagt, dass die kleine Olja dein Kind ist? Ist sie es denn wirklich? Wieso habe ich es nicht gespürt, damals im Haus in Tscherkisowo? Hat mich Lissis Krankheit so unaufmerksam für alles gemacht, was um uns herum geschah? Lies Jen, lies!«

Und so lautet in der Übersetzung der auf Russisch geschriebene Brief:

»Gruß aus Europa. Aus der fernen Hauptstadt Moskau. Guten Tag, liebe Verwandte.

Mit Gruß an Sie von Olja und auch Mutter, Tante Olja und Tante Polja.

Ich bin sehr neugierig, wie Sie leben. Und ich habe mich entschlossen, mit Ihnen einen Briefwechsel anzufangen.

Ich bin in Tscherkisowo geboren in Ihrem Haus im Jahr 1940. Und jetzt bin ich schon fast 12 Jahre alt.

Ich gehe in die Schule in die 4. Klasse. Lerne gut mit 4 und 5 *(das entspricht unseren Schulnoten eins und zwei)*. Bald kommen bei uns die Prüfungen, und ich werde versuchen, sie so gut wie möglich zu überstehen.

Meine Mutter arbeitet dort, wo sie früher schon arbeitete. Sie repariert die Straßen und macht noch andere Arbeiten. Tante Olja arbeitet bei der Post.

Ich bedaure sehr, dass Sie so weit weg wohnen. Ich weiß sehr gut, dass Sie in Nowosibirsk leben. Ich habe mich entschlossen, Ihnen ein Foto von mir zu schicken. Schicken Sie mir auch Ihre Fotos. Ich bin hier fotografiert im Jahre 1949.

Borja *(Jen)*, schreiben Sie, wo Sie arbeiten. Ich habe keine so nahen Verwandten wie Sie, darum habe ich mich entschlossen, Ihnen einen Brief zu schreiben.

Mehr ist nicht zu schreiben, darum auf Wiedersehen.

Ich küsse Sie innigst. Warte auf eine Antwort mit Ungeduld.

12. Mai 1951«

Olga Kolosowa, die Tochter des Dienstmädchens Tatiana Kolosowa, hatte dem Brief ein Foto des jungen Hans und eines von sich beigelegt. Die Ähnlichkeit war verblüffend. Und auch die Ähnlichkeit mit der jungen Sophie: die gleichen dichten, geraden Augenbrauen, die gleichen großen dunklen Augen, der gleiche energische, etwas trotzige Mund.

»Da hat mir mein Gani etwas Wertvolles hinterlassen«, sagte Sophie mit zitternder Stimme, als sie die Fotos betrachtete. »Oder bilde ich mir das alles nur ein?«

Jen erinnert sich gut an die Szene. Seine Mutter sei geschockt gewesen, hin und her gerissen zwischen dem, was ihre Augen sahen, und dem, was sie sich nicht vorstellen konnte.

Olga behauptet heute, Sophie habe sehr wohl gewusst, dass damals, am 31. Januar 1940 im Haus in Tscherkisowo, ihre Enkelin Olga zur Welt gekommen sei. Dass die Eltern ihr 20-jähriger Sohn Hans und die zehn Jahre ältere Tatiana seien. Dass sie ein Paar waren, das eine gemeinsame Zukunft plante. Sophie habe es immer gewusst und habe sich auch später rührend um das kleine Mädchen und seine Mutter gekümmert. Sollte sie ihr Geheimnis vor Jen verborgen haben?

Jen, der damals zehnjährige Sohn, kann sich nicht entsinnen an ein kleines Kind im Haus. Obwohl ihm jede Einzelheit an den Tod des Vaters im Gedächtnis geblieben ist. Obwohl er mit seinem Stiefbruder Hans in einem Zimmer schlief. Da hätte er doch die Wiege und das Baby darin sehen müssen …

Erinnerung ist nie objektiv. Erinnerung verändert sich, wird schöner oder hässlicher, wird besser oder schlechter, so wie man es sich wünscht.

Olga erzählt auch diese Geschichte: Eines Tages, es war kurz nach Kriegsende, habe der Postbote ein Päckchen aus Nowosibirsk gebracht. Absender war Sophia Lissitzkaja. Die kleine, vielleicht fünfjährige Olga und ihre Mutter Tatiana lebten in großer Armut in Moskau. Die Arbeit beim Straßenbau wurde miserabel bezahlt. Umso größer war die Freude über ein besticktes Hemdchen, ein Röckchen und eine gehäkelte rote Mütze für Olga, die diese heute noch zu ihren Kindheitsschätzen zählt. Und – eine rare Kostbarkeit – eine Flasche mit Lebertran für das an Vitaminmangel leidende Mädchen, bei dessen Geburt Sophie geholfen hatte.

Das Paket aus dem fernen Sibirien war eine Sensation, die ganze Nachbarschaft tuschelte darüber. »Es ist von unserer deutschen Babuschka, die in Sibirien lebt«, erklärte Tatiana treuherzig. Sie konnte nicht ahnen, was sie damit auslöste. Am nächsten Tag war über dem Eingang der Kommunalka, in der sie ein Zimmer bewohnten, mit rohen Buchstaben an die Wand geschmiert: »Vorsicht, hier wohnen Deutsche!«

Erst Jahre später standen sich Großmutter und Enkelin in Moskau Auge in Auge gegenüber. Das war nach dem Tod des Tyrannen, als Sophie ihren Verbannungsort endlich wieder verlassen durfte.

17. Der Tyrann stirbt, das Leben geht weiter

Am 5. März 1953 lag noch viel Schnee in Moskau. Die Kinder sprangen fröhlich kreischend in die Schneehaufen, die sich am Rande der Straßen auftürmten. Die Erwachsenen hatten es eilig, in eine warme Stube zu kommen. Es war der Tag, an dem Josif Stalin, der »große Steuermann«, im Alter von 73 Jahren abends um 21.50 Uhr starb. Ilja Ehrenburg hat diesen denkwürdigen Tag und die Gefühle der Menschen in seinen Erinnerungen festgehalten.

Die Menschen fielen, so erlebte es der Zeitzeuge, in einen Zustand starrer Benommenheit, als die Todesnachricht am späten Abend über das Radio bekannt gegeben wurde: »Der ärztliche Befund sprach von Leukozyten, von einem Kollaps, von flimmernder Arrhythmie. Wir aber hatten längst vergessen, dass Stalin ein Mensch war. Er hatte sich in einen allmächtigen und geheimnisvollen Gott verwandelt. Nun war dieser Gott an einem Bluterguss im Gehirn gestorben. Das schien unglaublich.«

Ehrenburg, der zusammen mit anderen Schriftstellern am Begräbnistag vor der einbalsamierten, mit Blumen und roten Sternen geschmückten Leiche im Säulensaal des Kreml die Totenwache hielt, sprach das aus, was die meisten Menschen im Sowjetreich fühlten: »Ich empfand Furcht vor dem, was nun kommen würde.«

Auch Jen und seine Mutter erfuhren die Todesnachricht aus dem Radio. Jen war jetzt 23 Jahre alt und arbeitete als Fotoreporter für eine Nowosibirsker Zeitung. Er konnte sich noch immer kein eigenes Zimmer leisten und lebte weiter in Sophies bescheidener Barackenwohnung.

Genau wie Ilja Ehrenburg erinnert er sich an einen Tag der Trauer und der Angst davor, wie es ohne diesen allmächtigen und gefürchteten »Gott« weitergehen sollte. »Ich habe geheult«, gestand er später trotzig, »alle haben doch geheult.« Wer konnte schon unterscheiden, ob es Tränen des Glücks oder der Trauer waren.

Weder Jen noch seine Mutter dachten auch nur einen Augenblick daran, dass sich nun ihr Schicksal wenden könnte. Sophie hatte nie einen Zusammenhang zwischen ihrer Verbannung und der grausamen Politik dieses kleinen alten Mannes mit der niedrigen Stirn und den listigen Augen gesehen. Sie hatte ihre Strafe als Buße aufgenommen für das, was ihr Volk Russland angetan hatte.

Sie weinte nicht. Aber sie empfand auch keine Erleichterung. Denn es gab ja noch Berija, dessen Name jeden Sowjetbürger schreckte und der in seiner Trauerrede versprach, die in der Stalin'schen Verfassung verbrieften Rechte des Volkes zu beschützen. »Schlechter oder besser, wer weiß das schon – aber auf jeden Fall wird sich etwas ändern«, war Sophies Meinung, die sie mit vielen teilte.

Am Tag nach der Beisetzung kehrten die Menschen in ihren Alltag zurück. Ehrenburg sah, »wie die Hausmeister eifrig die Gorkistraße kehrten, wie im Hof Kisten ausgeladen wurden, wie die Gassenjungen Unsinn trieben. Alles war genau wie vor einer Woche ... Das war das Unglaubliche: Stalin war tot – und das Leben ging weiter.«

Der größere Einschnitt in Sophies Leben war die Heirat ihres Sohnes Jen mit der drei Jahre jüngeren Tamara, einer früheren Schülerin in ihrer Handarbeitsklasse. Sophie hatte ihren Bubka seit seiner Geburt und noch viel mehr seit dem Tag, als sie in die ewige Verbannung geschickt wurden, wie eine Glucke unter ihren Flügeln beschützt, hatte ihn in ihrem Nest gewärmt. Und nun wollte er dieses Nest verlassen.

Tamara studierte Pädagogik und Englisch. Sie war mit ihren blonden Haaren und ihren schrägen grünen Katzenaugen eine echte sibirische Schönheit. Das blieb auch Sophie nicht verborgen. Von ihr hatte das junge Mädchen nicht nur gelernt, wie man mit Nadel und Garn kleine Kunstwerke zaubern konnte, sie hatte von ihr auch viel über die Kunst des Lebens erfahren. Wie ihre Mitschülerinnen hatte sie ihre strenge und doch gütige Lehrerin bewundert und geradezu angebetet. Doch als ihre Schwiegertochter lernte sie auch eine andere Sophie kennen.

Diese hätte den Gedanken weit von sich gewiesen, dass sie genau wie ihre Mutter damals bei ihr und Paul Küppers das Glück der jungen Leute nicht wahrhaben und es sogar verhindern wollte. Sophie war eifersüchtig auf die Frau, die ihr ihren Bubka wegnehmen wollte. Aber sie konnte es nicht verhindern.

1955 heirateten Jen und Tamara in Nowosibirsk und konnten nun endlich ein eigenes Zimmer in einer Kommunalka mieten, die sich in einem dieser hässlichen sozialistischen Einheitsbauten befand, nur ein paar Häuserblocks von Sophies Bleibe entfernt. So konnte sich Jen weiter um seine Mutter kümmern. Er war ein gehorsamer Sohn. Tamara bemühte sich, ihr eine gute Schwiegertochter zu sein. Und das bedeutete vor allem, Sophie möglichst nicht zu widersprechen, sie zu bewundern, von ihr zu lernen. Nach einem Jahr kam Tamaras und Jens Sohn Sergej zur Welt.

Sophie hatte sich in der Zwischenzeit ganz auf ihre so

plötzlich aufgetauchte Moskauer Enkelin Olga konzentriert. Auch wenn sie nur die Tochter eines Dienstmädchens war, so hatte sie doch die Intelligenz ihres Vaters geerbt, dachte Sophie, die trotz ihrer Armut den Dünkel einer Tochter aus reichem Hause nie ganz ablegen konnte. Mit diesem hübschen Mädchen, das wie ein trockener Schwamm Sophies Wissen in sich aufsaugte, konnte sie mehr anfangen als mit einem ewig quäkenden und quengelnden Säugling.

Bereits einen Monat nach Stalins Tod – Nikita Chruschtschow war zum Ersten Sekretär des Zentralkomitees der KPdSU ernannt worden – setzte leichtes politisches Tauwetter ein. Eine Gruppe jüdischer Ärzte, die angeblich mehrere Regierungsmitglieder ermordet haben sollten, wurde geschlossen rehabilitiert. Das war der Beginn der Entzauberung des großen Genossen Stalin. Ab August 1954 wurde nach und nach das enge Korsett für Millionen Verbannte gelockert. Es gab nun für Sophie und Jen keinen Ersten und keinen Fünfzehnten mehr, jene gefürchteten schwarzen Tage im Kalender. Keine langen Schlangen mehr im Flur der Kommandantur. Keine Angst vor den Launen des Kommandanten, in dessen Händen ihr Schicksal lag. Und keinen Haken mehr hinter dem Namen Sophia Lissitzkaja.

Am 3. Januar 1956 wurde die Verbannung von Sophia Christianowna Lissitzkaja und Jen Lasarewitsch Lissitzky von der Hauptverwaltung für innere Angelegenheiten des Nowosibirsker Gebiets offiziell aufgehoben. Im Frühjahr fuhr Sophie zum ersten Mal seit zwölf Jahren wieder nach Moskau. Ganz legal, ohne sich vor einer Entdeckung fürchten zu müssen. Aber sie fühlte sich noch immer als Gefangene des perfekt funktionierenden Systems der Bespitzelungen und Denunziationen, der Straflager und Verbannungsorte, sie trug noch immer die Sünden ihres Vaterlandes in sich.

Moskau empfing sie kalt und dunkel, trotz der Freude, ihre Freundin Pera Eisenstein wiederzusehen, die sie auf dem Bahnsteig mit einem Blumenstrauß in Empfang nahm und alsbald zu einem Café lotste, wo es Sophies geliebten Bohnenkaffee gab, heiß und schwarz, mit viel Zucker gesüßt.

Dann das erste Treffen mit Olga in der Wohnung ihres Schwagers Ruwim. Ein magischer Moment. Sophie starrte das junge Mädchen an, das schüchtern vor ihr stand. »Mein Gott, so habe ich ausgesehen damals in München«, rief sie aus und konnte es nicht fassen. Dann nahm sie Olga weinend in die Arme. »Olenka, meine Olenka, du siehst meinem Gani so ähnlich.« Auch wenn in Olgas Geburtsschein »Vater unbekannt« stand, Sophie hatte in diesem Moment auch ihre letzten Zweifel für immer begraben.

Zwischen Großmutter und Enkelin setzte nun ein reger Briefwechsel ein, der hauptsächlich von der immer einsamer werdenden Sophie ausging, die nun endlich wieder ein Wesen gefunden hatte, das sie bemuttern und belehren konnte.

Sie kam gerade noch rechtzeitig von ihrem schicksalhaften Besuch in Moskau nach Nowosibirsk zurück, um sich von Jen zu verabschieden. Er hatte sich weiter bemüht, in der Filmbranche Fuß zu fassen, aber in dieser Stadt gab es lediglich ein kleines Studio für Dokumentarfilme. Gemeinsam mit seinem Freund Jewgenj, der die Filmhochschule in Moskau absolviert hatte, fuhr Jen in den Fernen Osten. In Chabarowsk, einer Stadt am Amur-Fluss, einem der großen Ströme Russlands, unweit der chinesischen Grenze, fanden die Freunde in einem Studio für Dokumentarfilme Arbeit, Jewgenj als Regisseur und Kameramann, Jen als sein Assistent. Schließlich ergriff er die ihm gebotene Chance, in Komsomolsk am Amur als Korrespondent des sibirischen Fernsehens ein Außenstudio zu übernehmen. Nun war er ein »gemachter Mann«, auch wenn seine Beiträge von der Zensur geprüft wurden. Er drehte für die Wochenschau, produzierte eigene Dokumentarfilme, bekam einen Pkw mit Fahrer, einen Assistenten – und vor allem zwei Zimmer in einer Kommunalwohnung. Jetzt konnte er Tamara und den kleinen Sergej nachholen. Doch auch hier, fast am Ende der Welt, spürte er noch den langen Arm des Geheimdienstes, der sich nun KGB nannte. Nichts hatte sich geändert, weder in Moskau noch in Nowosibirsk oder in Komsomolsk. Telefone wurden wie immer schon ganz selbstverständlich abgehört. Und die jungen Burschen, die vor manchen Häusern herumlungerten, machten sich noch nicht einmal die Mühe, ihre wahren Absichten zu verschleiern.

Eines Tages meldete sich ein KGB-Mann bei Jen. Er interessierte sich für die Briefe, die sein Assistent mit einem englischen Adressaten wechselte. Man werde sich erkenntlich zeigen für die Hilfe. Jen erklärte, er könne leider kein Englisch. Seinem Assistenten legte er nahe, sich besser einen anderen Job in den großen Studios in Chabarowsk zu suchen. Die Gründe nannte er nicht. Aber der junge Bursche hatte natürlich sofort verstanden und schnürte schnell sein Bündel.

Auch Sophie packte. Jen und Tamara hatten sie immer wieder gebeten, mit ihnen in Komsomolsk zu leben, ihre Wohnung sei groß genug. Nun löste sie ihren kleinen Haushalt in Nowosibirsk auf. Einen großen Teil aus Lissitzkys Nachlass hatte sie bei ihrer zweiten Moskau-Reise 1958 an die Tretjakow-Galerie und das Staatsarchiv verkauft. Man

Sophies Enkelin Olga Kolosowa mit einem ihrer Söhne, 1966 *(Foto: privat)*

kannte zwar Lissitzky, aber er gehörte einer vergangenen Kunstepoche an – und verschwand alsbald in den Depots. Entsprechend niedrig war auch sein Preis. Hoffnung auf das große Geld hatte sich Sophie sowieso nicht gemacht.

Ein paar Möbel, Bücher und Kunstgegenstände, darunter auch das kleine Ölbild von Klee, gab sie einer befreundeten Familie zur Aufbewahrung. Nur die afrikanische Plastik und das Schwitters-Kästchen packte sie in ihren Reisesack. Es schreckte die inzwischen über 60-Jährige längst nicht mehr, sich nochmals weitere 6000 Kilometer von Europa zu entfernen und wieder ein neues Leben zu beginnen. Ihre Heimat war inzwischen dort, wo ihr Bubka lebte.

Komsomolsk am Amur war die Stadt, in der Stalin einen seiner irren Träume verwirklichen wollte: Dorthin lockte er in den dreißiger Jahren die jungen Komsomolzen, dort sollten sie eine Stadt nach ihren Vorstellungen erbauen. Belohnt würden sie mit eigenen Wohnungen und einem besseren Verdienst als in der übrigen Sowjetunion. Doch an die Stelle der Freiwilligen rückten immer mehr die Gezwungenen: Komsomolsk wurde zu einem riesigen Gulag. An die Stelle der Träume junger Sowjetmenschen traten Verzweiflung und Hoffnungslosigkeit der Sträflinge, die man aus dem gesamten Sowjetreich hierher transportiert hatte.

Als Sophie nach Komsomolsk kam, war davon allerdings nichts mehr zu spüren. Aber es war eine dieser typischen, schnell aus dem Boden gestampften sowjetischen Städte, ohne architektonische Besonderheiten – El Lissitzky, der Künstler und Architekt, hätte sie sofort komplett umbauen wollen. Das Klima war gemäßigter und milder als in Nowosibirsk. Zwei große Rüstungsbetriebe, der eine für die Marine, der andere für die Luftwaffe, gaben vielen Menschen

Arbeit. Ihre Tore waren für den Rest der Bevölkerung hermetisch verschlossen. Selbst Jen, der ja für das sowjetische Fernsehen arbeitete, durfte keinen Blick mit seiner Kamera dahinter werfen.

Der häusliche Konflikt ließ nicht lange auf sich warten. Tamara glaubte, nun habe sie endlich eine Babuschka, die auf ihren Kleinen aufpassen könne, während sie als Übersetzerin beim sibirischen Fernsehen arbeitete. Sophie war empört: »Das habt ihr also mit eurer Einladung bezweckt! Ich bin aber keine russische Babuschka, ich bin immer noch eine deutsche Frau. Und ich habe immer noch meine eigenen Interessen.« Sie sträubte sich gegen die selbstverständliche Rolle, in die russische Frauen schlüpften, sowie ihre erwachsenen Kinder Nachwuchs in die Welt gesetzt hatten. Wenn sie von ihrem eigenen Leben nichts mehr erwarten konnten, kümmerten sie sich liebevoll um die Enkel. Sophie dachte nicht im Traum daran, auch wenn der kleine Sergej ein nettes, aufgewecktes Kerlchen war und sie ihm manchmal aus Wilhelm Busch vorlas.

Dass er sie an ihren Bubka erinnerte, damals, als der noch das ganze Glück seines Vaters gewesen war, das mochte sie sich nicht eingestehen. Sie war keine Babuschka, und basta!

Als Vermittler zwischen den beiden Frauen spielte Jen eine eher klägliche Rolle. Er war ja auch meistens unterwegs mit seinem Filmteam. Und als Sophie auch ihn eines Tages laut beschimpfte: »Sie oder ich. Du musst dich entscheiden«, entschied er sich für Tamara. Dass seine Ehe ein paar Jahre später scheiterte, hatte andere Gründe.

Sophie machte sich grollend auf den langen beschwerlichen Weg zurück nach Nowosibirsk. Sie war so aufgebracht, dass sie vermutlich sogar die kleine Skulptur vergaß, von der sie immer gesagt hatte, sie sei etwas besonders Kostbares und gehöre eigentlich in ein Museum.

Zwei lange Jahre war das Band zwischen Mutter und Sohn zerrissen. Und beide litten darunter. »Mein Gott, er musste sich endlich von dieser starken und dominierenden Frau abnabeln«, sagte Tamara später, als sie wieder in Nowosibirsk lebte, »er war zu dieser Zeit doch zu gar keiner anderen Bindung fähig.« Sie hatte nie aufgehört, Sophie zu bewundern, »ich liebte sie für das, was sie mir und anderen Menschen gegeben hatte, ihr Wissen und ihre Weisheit. Deswegen konnte ich auch nach unserer Scheidung nie wirklich böse auf sie sein. Mit welcher Würde hat diese Frau ihr schweres Schicksal getragen!«

Als sich Sophie wieder einigermaßen in ihrem früheren Leben eingerichtet hatte, kam Olga zu Besuch. Als angehende Ingenieurin für Bergbau hatte man sie zu einem Praktikum nach Sibirien geschickt. Später wurde Olga im Bergbau eine tüchtige Explosionsmeisterin, im Alter von 24 Jahren war sie die respektierte Vorgesetzte einer ganzen Männer-Mannschaft. Das erzählte sie ihrer Großmutter, der so etwas natürlich gefiel. Olga durfte sie »Mutti« nennen, ein besonderes Privileg, schließlich war das Lissitzkys Kosename für Sophie gewesen, mit dem sie manchmal auch ihre privaten Briefe unterschrieb.

Olga erinnerte sich später an den ungefähr 15 Quadratmeter großen Raum, in dem Sophie ihre letzten Lebensjahre verbrachte.

Es sei ein sehr einfaches, aber ordentliches Zimmer gewesen. Selbst im Winter hätten Blumen auf der Fensterbank gestanden. Und über dem Sofa habe ein Bild von El Lissitzky gehangen. Die Großmutter sei eine Frühaufsteherin gewesen. Bei geöffnetem Fenster habe sie sich mit kaltem Wasser gewaschen und ihren Körper mit einer Bürste bearbeitet. Olga fand das seltsam. Aber gut, die Babuschka kam nun mal aus einer anderen Welt!

Und dann schenkte ihr Sophie diesen Ring! Eine schwarze, in Gold gefasste Gemme. Wenn man sie gegen das Licht hielt, konnte man eine delikat geschnitzte Frauenfigur erkennen. Es war Agrippina, die römische Kaiserin. Sie saß da und legte eine Hand auf einen Krug, der die Asche ihres Mannes, des Kaisers Claudius, enthielt, den sie vergiftet hatte. Mit der anderen Hand schüttete sie sich Asche über ihren Kopf. Sophie hatte die Gemme in einem Münchener Antiquitätengeschäft gekauft, als sie ungefähr in Olgas Alter war. Sie ließ den ovalen Stein in Gold fassen und schenkte den Ring ihrem Bräutigam Paul. Nach seinem frühen Tod trug sie ihn selbst.

»Jetzt sollst du ihn tragen«, sagte Sophie zu der Enkelin.

Sophie, so erinnerte sich Olga, war immer besonders ordentlich. Keine Spur von russischer Nachlässigkeit. Wenn sie an dem kleinen Tisch vor dem Sofa, in Wirklichkeit war es eine Truhe mit einem gewebten Tuch darüber, gegessen hatten, drückte Sophie ihr ein quadratisches Brett in die Hand: »Damit kannst du die Krümel auf dem Tisch zusammenkehren«, forderte Sophie die Enkelin auf. Das Küchenbrett, so erinnerte sich Olga, war bemalt, mit gelben und grünen Dreiecken und Quadraten, und dazwischen kleinen Tannenbäumchen oder etwas Ähnlichem. Dass es sich dabei um einen echten Klee handelte, hat sie damals natürlich nicht gewusst. Sie glaubte eher an das selbst gebastelte Geschenk einer von Sophies Schülerinnen.

Einen Klee als Krümelfänger! Vielleicht machte es Sophie einfach nur grimmiges Vergnügen, zu demonstrieren, wozu in Sibirien diese wertlose moderne Kunst taugte, vielleicht hatte sie auch alle ihre Illusionen verloren ... Wir wissen es nicht. Aber die Geschichte selbst haben sowohl Jen als auch Tamara bestätigt.

Sophies »Krümelbild«, ein 37,5 x 34 cm großer Karton, den Paul Klee 1920 mit Ölfarbe bemalt und ihm den Namen »Kubischer Aufbau« gegeben hatte, hängt heute im Metropolitan Museum of Art in New York. Wie es dahin kam, davon später.

18. »Sammlung Küppers kaputtgegangen, alles verloren«

Jelena Stassowa, die aufrechte Kommunistin, die wie durch ein Wunder Stalins Terror unbeschadet überlebt hatte, schickte regelmäßig Briefe nach Nowosibirsk. Sie schrieb der Freundin in fehlerfreiem Deutsch und mit immer noch energischer Handschrift von einer dringend nötigen Augenoperation, von den vielen Besuchen ihr völlig unbekannter, Hilfe suchender Menschen, von ihrem – leider vergeblichen – Versuch, Jen auf der Filmhochschule in Moskau unterzubringen. Und sie bestärkte Sophie in ihrem Vorhaben, ein Buch über El Lissitzky zu schreiben. Mit Datum vom 19. Mai 1958 schrieb Jelena an Sophie: »Es freut mich unendlich, dass mein Brief geholfen hat, und dass Du nun bald zu Deinem Bruder nach Wien reisen wirst.« Gleichzeitig schimpfte sie kräftig auf Ilja Ehrenburg, der Sophie seine Hilfe versagt hatte: »Das ist ein Mensch, den ich nur mit Mühe vertrage, denn er ist ein ungeheurer Egoist. Ich werde nie vergessen, was er Dir als eine ›Empfehlung‹ geschrieben hat, als Du Moskau verlassen musstest.«

Jelena Stassowa also war es zu verdanken, dass Sophie zum ersten Mal seit ihrer Verbannung nach Sibirien den roten Auslandspass erhielt und damit die Erlaubnis, ihre Verwandten in Österreich zu besuchen. Doch ihren Sohn musste sie zurücklassen – eine Art Pfand, damit die Mutter wiederkehren würde.

Es wurde ein Ausflug in eine Welt, die ihr fremd geworden war. Zu Menschen, mit denen sie nicht mehr kommunizieren konnte, deren Sprache nicht mehr die ihre war, obwohl sie kein einziges deutsches Wort vergessen hatte.

Ihre wohlhabenden Brüder Hermann und Julius Schneider nahmen die arme Verwandte aus dem fernen Sibirien zwar gnädig in ihren großen Häusern auf, hatten aber beide wegen dringender Geschäfte schrecklich wenig Zeit – ein bisschen menschliche Wärme brachten ihr nur deren Frauen und Kinder entgegen. Dass sich die Brüder ihretwegen auch noch heftig zerstritten, als es darum ging, wer von ihnen die Reise, den Aufenthalt, die Betreuung der Schwester und vor allem ihren Pflichtteil vom Erbe der 1951 verstorbenen Mutter Mathilde Schneider bezahlen sollte, empörte Sophie regelrecht.

Ihre widersprüchlichen Erlebnisse und Gefühle hielt sie in Stichworten in ihrem Kalender fest. Aus ihnen erfahren wir, dass Sophie die Zeit zwischen dem 8. August 1958, dem Tag ihrer Ankunft in Wien, und dem 6. November, dem Tag ihrer Rückreise nach Nowosibirsk, dazu nutzte, sich von ihren vereiterten Mandeln befreien und ihre Zähne, ihr krankes Herz, ihr Rheuma und ihre angegriffenen Lungen behandeln zu lassen. Außerdem ließ sie sich eine »kalte Dauerwelle« legen – und kaufte alles das ein, was in Nowosibirsk nicht zu bekommen war. Zum Beispiel einen elektrischen Fleischwolf. Das Geld bekam sie von den Brüdern, ein Bruchteil dessen, was ihr eigentlich zustand. In einer Liste notierte sie haarklein alle ihre Ausgaben, nur einmal, unter dem Datum des 2. Oktober stand: »Einkäufe vergessen!« Ansonsten: Bergschuhe 195 Schilling, Friseur 86, Taschentuch 10, Anzug für Sergej *(ihr Enkel in Komsomolsk)* 147, Maniküre 28, Messer für Jen 63, immer wieder Briefpapier, Kuverts, Porto, Bücher, zum Beispiel Françoise Sagans ersten Roman »Bonjour Tristesse«, Kaffee und Kuchen, ihre heimliche Leidenschaft, und als grösste Ausgabe ein warmer Wintermantel für 1068 Schilling.

In Wien, wo Sophie einige Tage in der Stadtwohnung des Kommerzialrats Dr. Hermann Schneider das ihr inzwischen ungewohnte Luxusleben einer begüterten Familie miterleben konnte, bewunderte sie vor allem den Stephansdom und die eleganten Geschäfte Am Graben. Hier entdeckte sie auch ein Handarbeitsgeschäft, in dem sie sich mit feinen Batiststoffen und Stickgarnen in allen Farben des Regenbogens für ihren Kulturklub in Nowosibirsk eindeckte.

Dann reiste Sophie weiter mit dem Schlafwagen nach Klagenfurt in Kärnten, wo sie am Bahnhof von Hermanns russischer Frau Tanja und ihren Kindern empfangen wurde. Was mag Sophie wohl empfunden haben, als sie sich im Haus des Bruders zum ersten Mal nach so vielen Jahren wieder in einem komfortablen Bad pflegen konnte? Sie notierte lediglich: »Tanja mit Kindern am Bahnhof. Sehr schön, lieb. Wunderbarer Besitz. Schlafe in Mutters Bett.«

Mit ihrer Schwägerin Annemarie, der Frau des mehrfachen Millionärs Dr. Julius Schneider, der immer noch seinen Wohnsitz und den Familienverlag in München hatte, fuhr Sophie nach Berwang, dem Tiroler Ferienort der Familie Schneider. Dort fand sie Spuren ihrer Kindheit, traf die alte Haushälterin Hedwig wieder, kehrte in das Wirtshaus ein, in dem sie so oft in den Sommerferien mit ihrem geliebten Vater kühle Limonade getrunken hatte, während er sich ein schäumendes Bier bestellte. Sie schrieb: »Ein wunderbarer Ort, aber ganz mondän geworden«. Den Abend verbrachte die Familie in ihrer Hütte in den Bergen. Bruder Julius hatte einen Rehbock geschossen. Sophie konnte in dieser Nacht nicht schlafen, zu vieles war auf sie eingestürmt, die schwarzen Wolken über dem Wetterstein-Gebirge drückten auf ihr Gemüt und auch die Gespräche mit den Brüdern, vor allem mit Julius, der offen seinen Hass auf alles Sowjetische zeigte. Sie konnten oder wollten nicht verstehen, warum Sophie nicht die Gelegenheit nutzte, ganz im Westen zu bleiben. Dass Jen dadurch allergrößte Schwierigkeiten bekommen könnte, interessierte sie überhaupt nicht. Er war schließlich der Sohn eines jüdischen Russen!

Auch das Ergebnis einer gründlichen Untersuchung beim Arzt der Familie hob nicht gerade Sophies Stimmung. Am 25. September schrieb sie: »Viel ruhen. Darf nicht steigen. Blutdruck 150 – schon zwei Spritzen bekommen. Die Mandeln müssen entfernt werden, Narben von Herzentzündung. Chronischer Gelenkrheumatismus. Nach dem 6. Oktober muss ich für drei bis vier Tage ins Krankenhaus, fatal!«

Dann wieder erfreute sie sich an einer schönen, klaren Mondnacht, an der farbenprächtigen Herbstlandschaft und den schwarz-roten Brombeeren, die sie von den Sträuchern pflückte, an einem heißen, nach Rosen duftenden Bad, an Beethovens Sonaten, an Annemaries lieben Kindern, mit denen sie einen Walt-Disney-Film besuchte. Sie überlegte sich, ob sie das »zusammenklappbare Häuschen« kaufen und mit nach Sibirien nehmen sollte. Dass es jetzt Fertighäuser gab, die man überall aufstellen konnte, war für sie ein Wunder der Technik, wie auch der Fernschreiber im Wiener Haus von Bruder Hermann. Aber dann tat sie es doch als Schnapsidee wieder ab. Das Holzhaus von El Lissitzky in Tscherkisowo, auch wenn es längst der Vergangenheit angehörte, war in ihrer Erinnerung durch nichts zu ersetzen.

Immer wieder drückte Sophie ihre Sehnsucht nach »zu Hause« aus, nach ihrem Bubka, nach der Enkelin Olga, nach ihrem Handarbeitsklub. »Ich möchte heim. Grässlich, ohne Arbeit zu sein«, schrieb sie am 30. September.

Sophie fühlte sich in Stücke gerissen. Deutschland, das spürte sie, war nicht mehr ihre Heimat. Die Menschen waren so kalt geworden. Sie hatte keine Freunde mehr. Aber dennoch – im kriegszerstörten Hannover gab es, wie sie jetzt erfuhr, wieder eine Kestner-Gesellschaft, Ausstellungen, Kunst. Und immer noch das Grab von Paul Erich Küppers, ihrer großen ersten Liebe.

Das revolutionäre Russland hatte sie spannend gefunden und mit El Lissitzkys Augen gesehen. Aber er, der sie so sehr geliebt hatte, aber nicht beschützen konnte, war tot. Das System hatte alle kreativen Kräfte zerstört. Ihr Leben war einsam geworden und eintönig, nur noch geleitet von den Jahreszeiten und den banalen, alltäglichen Verrichtungen. Es gab keine Gespräche mehr über die Kunst. Und sie hasste die langen sibirischen Winter. Aber trotzdem, in diesem Sibirien war ihr Sohn Jen zu Hause.

Und dann bekam Sophie einen Brief aus Hannover, dem eigentlich ein Trauerrand gut gestanden hätte. Am 9. Oktober schrieb sie in ihren Kalender: »Schlechte Nacht. Schmerzen im Bein. Von Julius Mutters Brosche bekommen. Sehr gefreut. Sammlung Küppers kaputtgegangen, alles verloren. Viel geheult, schrecklich viel gesprochen.«

Sie hatte es nun schwarz auf weiß, in einer Antwort des Museums auf ihren Brief, den sie von Wien aus abgeschickt hatte, dass ihre geliebte »Sumpflegende« und mit ihr die anderen Leihgaben, die sie Alexander Dorner und dem Provinzialmuseum in Hannover überlassen hatte, verloren waren.

Dass niemand ihr sagen konnte – oder wollte –, wo sie nach ihren Bildern suchen sollte.

Die Reaktion ihrer Brüder wunderte sie nicht: Warum hatte sie damals Deutschland verlassen, um diesen jüdischen Russen zu heiraten? Jetzt bekam sie die Quittung dafür!

Nach einer erneuten Auseinandersetzung mit Julius beschloss Sophie, ihr Visum nicht mehr verlängern zu lassen, sie notierte: »Beschluss, sofort abzufahren«. Jahre später, als Hermann bereits gestorben war und Julius vor seinem 80. Geburtstag stand, schrieb Sophie ihm ein letztes Mal. Es war im Sommer 1978, auch sie hatte nur noch kurze Zeit zu leben:

»Lieber Julius, da am 21. August Dein Geburtstag ist und Du 80 Jahre alt wirst, kann ich nicht umhin, Dir auch meine Glückwünsche zu senden. Schließlich bin ich Deine einzige noch lebende Schwester, die sich wohl daran erinnert, mit welchem Glück und welcher Freude Du von Deinem Vater auf dieser Welt begrüßt wurdest.

Warum konntest Du mir den Grund nicht schreiben, der so schwerwiegend war, dass meine Freunde drei Absagen von Dir auf meine Bitte erhielten? Da ich um sieben Jahre älter bin als Du und mein Leben durch das, was nach mir bleibt, bestätigt wird, verlange ich von Dir die Erklärung Deiner ungeheuren Hartherzigkeit.

Soll es Dir und Deinen Nachkommen recht wohl ergehen, das wünscht Dir Deine ehemalige Schwester Sophie.«

Die »ehemalige Schwester« hatte sie schließlich durchgestrichen. Aber ihre Gedanken über Geschwisterliebe waren trotzdem deutlich herauszulesen.

Jen erklärte später, was es mit der Hartherzigkeit seines Onkels, dem er nie persönlich begegnet war, auf sich hatte:

Seit 1975 hatte Jen sich zusammen mit seiner Mutter immer wieder um eine Ausreise aus der Sowjetunion bemüht. Doch dafür bedurfte es der schriftlichen Einladung und Bürgschaft durch einen engen Verwandten. Lediglich einer Unterschrift auf einem gelben Formular, ohne jede Verpflichtung. Julius Schneider hatte sich bis zuletzt geweigert. Sollte doch seine Schwester im ewigen Eis Sibiriens begraben werden …

Aus Nowosibirsk hatte Sophie ihr kleines »Krümelbild«, sorgfältig versteckt zwischen ihren Kleidern, nach Österreich mitgebracht. Sie hoffte, dass man hier seinen Wert zu schätzen wüsste.

In Klagenfurt verkaufte sie es. Kein Wort davon in ihrem Tagebuch. Jemand hätte es ja lesen können. Auch ihrem Sohn hatte sie nichts darüber erzählt. Jedenfalls ist es das einzige Bild aus ihrer Kunstsammlung, das einen legalen Weg gehen durfte. In der Paul-Klee-Stiftung in Bern steht unter der Inventar-Nummer 2383 das kleine Ölbild »Kubischer Aufbau (mit kobaltviolettem Kreuz)«, Provenienz: Verkauft Goltz April 1921; Carlo Kos, Klagenfurt (ab 1955). Dieses Datum dürfte falsch sein, denn Sophie konnte erstmals 1958 nach Österreich reisen. Danach Heinz Berggruen, Paris/Berlin (1974–1984). Seither ist der »Kubische Aufbau« Bestandteil der berühmten Berggruen Klee Collection und hat im Metropolitan Museum of Art in New York eine dauerhafte Heimat gefunden.

Nur dieses einzige Mal war es Sophie gelungen, dem Schicksal ein Schnippchen zu schlagen. Wie viel Geld sie dafür bekommen hat, ob sie es mit nach Sibirien schmuggelte, wofür sie es verwendete – sie nahm dieses Geheimnis mit in ihr Grab. Wie auch den Kummer um ihren ältesten Sohn Kurt: Haltung statt Emotionen – das geistige Erbe ihres Elternhauses ließ nicht zu, Schmerz zu zeigen. Während Sophies Besuch in Österreich gab es keine Möglichkeit eines Wiedersehens von Mutter und Sohn. Es ist nicht bekannt, ob sie sich weiter schrieben.

Als Kurt Küppers im Herbst 1935 hoffnungsfroh auf eine bessere Zukunft aus Moskau geflüchtet war, um in München ein neues Leben zu beginnen, musste er eine herbe Enttäuschung hinnehmen: Die reichen Brüder seiner Mutter dachten offenbar nicht im Traum daran, dem »Russenbengel« zu helfen. Dabei hatte sich die ganze Münchener Verwandtschaft darüber aufgeregt, dass Sophie ihre beiden deutschen Söhne in dieses schreckliche kommunistische Reich entführt hatte. Nun hätten sie die Gelegenheit gehabt, einen von ihnen zu retten. Sie taten es anscheinend nicht.

Wie er sich während der nächsten drei Jahre durchschlug, welche Geschäfte er machte, ist nicht bekannt. Jedenfalls tauchte er kurze Zeit später in Dresden auf. Man kann nur vermuten, dass ihm seine russischen Sprachkenntnisse zum Verhängnis wurden: Am 15. Februar 1938 steckten ihn die Nazis als Sohn einer Deutschen, die ihr Vaterland verraten hatte, und als Stiefsohn eines »bolschewistischen jüdischen Pinslers« in das Konzentrationslager Sachsenhausen. Er bekam die Häftlingsnummer 1552 und war im Block 18 untergebracht. Erst 1945 wurde er von der Roten Armee befreit, abgemagert bis auf die Knochen, an Tuberkulose erkrankt wie sein Vater und auch sein Stiefvater.

Mehr ist über den Häftling Küppers leider nicht bekannt. Fast alle Akten der Kommandantur des KZ Sachsenhausen einschließlich der Häftlingskartei und nahezu aller Häftlingsakten wurden von der SS im Frühjahr 1945, noch vor der Befreiung des KZ, vernichtet. Im Brandenburgischen Landeshauptarchiv Potsdam ist der Erinnerungsbericht des KZ-Häftlings Georg Heinzmann aufbewahrt. Er schreibt darin über Kurt Küppers:

»Mit meinem Kumpel Kurt Küppers und dessen Braut, die aus dem Lager Ravensbrück kam, strebte ich südwärts auf Dresden zu. In Nitzow an der Havel trafen wir einen Berliner Genossen, der mit uns in Sachsenhausen gewesen war, als neuen Bürgermeister. Im Auftrag der sowjetischen Kommandantur hatte er hier das Leben zu normalisieren und für Verpflegung zu sorgen. Er bat uns, ihm dabei behilflich zu sein. Drei Wochen blieben wir bei ihm, dann drängte es uns zur Weiterreise. Wir sahen auf unserem Wege längs der Elbe die Zerstörungen des Krieges und das Leid der Obdachlosen. In der Familie der Braut meines Kumpels unweit Dresden nahm ich Anteil an der Freude des Wiedersehens. Ich wurde gastlich bewirtet und von unseren Genossen der Stadtverwaltung Ottendorf ausgestattet mit Kleidern und Wäsche. Mit der Eisenbahn fuhr ich über Bodenbach in die Heimat.«

Mehr schrieb er nicht über seinen Kumpel Kurt Küppers. Vermutlich hatten sie sich aus den Augen verloren in den Wirren der Nachkriegszeit.

Als Sophie nach dem Krieg zum ersten Mal Post von ihrem bis dahin verschollenen ältesten Sohn erhielt, hatte er ein Foto beigelegt, das ihn in einer russischen Uniform im besetzten Dresden zeigte. Er soll dort Polizeikommissar gewesen sein. Sie war darüber gar nicht froh.

Später musste er aus der sowjetischen Zone fliehen. Es heißt, er habe Benzin geschmuggelt. Zurück blieben zwei Frauen und zwei Kinder. Jahre später kam er zu seiner zweiten Frau Inge in die DDR zurück. Aber da hatte ihn das Leben bereits besiegt.

1960 starb er in Dresden an den Folgen seiner Krankheiten, die ihm sein hartes Schicksal zugefügt hatte. Sein letzter Wunsch: kein Grabstein, kein Name, keine Blumen – nur ein schlichter Hügel. Er wollte keine Spuren seines Lebens hinterlassen. Seine Witwe Inge Küppers erfüllte ihm diesen Wunsch.

Jen Lissitzky wird später erschüttert vor diesem Erdhügel stehen, unter dem sein Halbbruder liegt, den er nie wirklich kennen gelernt hatte.

19. Die rote Mappe

Zwei kleine Jungen in ihren ersten langen, viel zu großen Hosen – sie mussten schließlich eine Zeit lang halten –, zwei derbe Rucksäcke, zwei Pappkoffer, zögernd winkende Händchen und weit aufgerissene Augen, die sich langsam mit Tränen füllten. So hatte Sophie Anfang des Jahres 1927 mit schwerem Herzen ihre Söhne Kurt und Hans Küppers im Internat Gebesee in Thüringen zurückgelassen, als sie sich auf ihren Dornenweg zu El Lissitzky nach Moskau begab. Die Internatsleiterin Lotte Beck, eine mütterliche und zugleich strenge Frau, darin Sophie sehr ähnlich, hatte ihr versprochen, sich ganz besonders um ihre beiden nun mutterlosen Söhne zu kümmern. Sophie wollte sie nach Moskau holen, sobald sie dort eine richtige Wohnung gefunden und sich häuslich eingerichtet hatten.

Ab und zu bekamen die zehn und sieben Jahre alten Buben Besuch von »Mutter Arendt«, wie Sophie die Frau des Hausmeisters aus der Bödekerstraße 1d, ihrer letzten Wohnung in Hannover, liebevoll nannte. Diese hatte ihr versprochen, sich um Kurt und Hans zu kümmern. Bei einem ihrer Besuche musste sie eine große rote Künstlermappe mitgebracht haben, die Sophie Küppers gehörte.

Möglicherweise hatte Sophie ihr die Bilder und Zeichnungen in der Mappe zur Aufbewahrung überlassen, um sie zu einem späteren Zeitpunkt nach Moskau mitzunehmen. Zu der exquisiten Sammlung gehörte mindestens eine der beiden Kestner-Mappen von El Lissitzky, das Aquarell »Zwei schwarze Flecke« von Wassily Kandinsky sowie Papierarbeiten anderer zeitgenössischer Künstler wie László Moholy-Nagy, Karl Schmidt-Rottluff und Kurt Schwitters.

Vielleicht war Mutter Arendt davon ausgegangen, dass Sophie irgendwann ihre Jungen in Gebesee abholen und dann ihr Eigentum vorfinden würde.

Aber für Sophie war inzwischen die Tür zur Freiheit zugefallen, sie durfte nicht mehr ins Ausland reisen. Ihre Söhne fuhren allein mit dem Zug nach Moskau in diesen Sommerferien 1931, von denen sie nicht mehr nach Deutschland zurückkehrten. An die rote Mappe hatte bei ihrer Abreise wohl niemand gedacht.

Diese abenteuerliche Geschichte weist viele Lücken auf, sie lässt sich heute nicht mehr vollständig rekonstruieren. Jedenfalls soll Lotte Beck, die auch Kunsterzieherin in dem Internat war, die Arbeiten gelegentlich für den Unterricht verwendet haben, sie mit Reißzwecken an der Wand befestigt und ihren Schülern so unmittelbaren Anschauungsunterricht gegeben haben. Die Tochter von Lotte Beck hat sich so daran erinnert und betont, dass ihre Eltern zwar nicht unbedingt den Wert dieser Blätter gekannt, aber sie doch als ihnen anvertrautes fremdes Eigentum respektiert hatten. Allerdings war in den Kriegs- und Nachkriegswirren der Kontakt zu Sophie Küppers verloren gegangen.

Nach Lotte Becks Tod im Jahr 1955 heiratete ihr Witwer erneut. Seine zweite Frau Betty soll sehr wohl gewusst haben, was für einen Schatz sie da verwahrten. Als ihr Mann 1970 starb, ging die kostbare rote Mappe in ihren Besitz über. Und jetzt wird es spannend, jedenfalls nach der Version der Ereignisse, wie Sophies Sohn Jen Lissitzky sie später schilderte.

Die Witwe Betty Beck soll der Verlockung nicht widerstanden haben, die dieser geheimnisvolle Besitz auf sie ausübte. Sie mag sich wie Eva im Paradies gefühlt haben, die dem süßen Duft der verbotenen Früchte irgendwann erlag.

Eines Tages könnte Betty dann die erste Arbeit aus der Mappe verkauft haben. Und dann noch eine und noch eine, ganz heimlich, und vielleicht mit schlechtem Gewissen. Der Verkauf der Arbeiten könnte ihr auch zu dem angenehmen Leben verholfen haben, das sie führte und zu dem nun auch ein Haus auf den Kanarischen Inseln gehörte. Aber gleichzeitig richtete sie ein Sparkonto ein, auf das sie möglicherweise einen Teil des Geldes von ihren gelegentlichen Kunstverkäufen einzahlte. Und sie forschte nach Sophie Küppers, die inzwischen Sophie Lissitzky hieß und hinter dem Eisernen Vorhang in Sibirien lebte.

Sie hatte Glück. Eines Tages, es muss 1973 oder 1974 gewesen sein, bekam Sophie einen Brief von einer ihr unbekannten Betty Beck aus Bremen, die jedoch auf das Internat in Gebesee und die damit verbundene Gemeinsamkeit hinwies. Sie wollte sich erkundigen, wie es der Witwe des großen Künstlers El Lissitzky und ihren Söhnen erging. Ihr verstorbener Mann habe die beiden Küppers-Jungen ja noch gekannt, nette Jungen seien es gewesen, und ihr von Sophies Entschluss erzählt, zu El Lissitzky nach Moskau zu ziehen. Der freundliche und teilnahmsvolle Brief erwärmte Sophies Herz. Da war endlich jemand aus dem Westen, der Anteil an ihrem Schicksal nahm. Über Tausende von Kilometern hinweg freundeten sich die beiden Frauen an, gingen bald schon zum vertrauten Du über.

Die Witwe Beck konnte sich nun auch teure Reisen leisten. Und sie reiste für ihr Leben gern. Eines Tages buchte sie eine Ostsee-Kreuzfahrt. Im Herbst 1975 stach das russische Schiff »Sobinow«, getauft auf den Namen eines berühmten russischen Opernsängers, in Bremerhaven in See und erreichte schließlich Leningrad, das heute wieder St. Petersburg heißt. Dort sollte während des zweitägigen Aufenthalts das Treffen mit Jen stattfinden. Betty Beck hatte es sich so sehr gewünscht und es so dringlich gemacht, dass er in Nowosibirsk ein Flugzeug bestieg.

Begegnungen zwischen Ost und West waren zwar in dieser Zeit, in der Leonid Breschnew in der UdSSR das Leben der Menschen bestimmte, nicht mehr verboten, gestalteten sich aber doch recht schwierig. Das Hafengebiet durfte Jen nicht betreten, dafür hätte er eine spezielle Erlaubnis gebraucht. Sie hatten abgemacht, dass er auf dem Schiff anrief und die Passagierin Betty Beck ausrufen ließ. Sie ging daraufhin an Land. Der bärtige Russe und die deutsche Touristin trafen sich in einem Park in der Nähe des Hafens. Dort setzten sie sich auf eine Bank. Betty Beck wunderte sich über das sonderbare Benehmen ihres Begleiters. Unruhig suchten seine Augen die Umgebung ab, während er sich in seinem etwas altertümlichen Deutsch mit ihr unterhielt. Auch der Sprache hatten die Diktatoren Gewalt angetan. Seit Sophie Anfang 1927 nach Moskau gefahren und durch ihre Heirat sowjetische Staatsbürgerin geworden war, gab es für sie kaum noch Gelegenheit, sich in ihrer Muttersprache auszudrücken. Weder Neuigkeiten noch neue Wortschöpfungen drangen durch den Eisernen Vorhang. Dennoch hatte sie nie aufgehört, mit ihrem Sohn Deutsch zu sprechen.

Betty Beck hatte Medikamente für Sophie mitgebracht, die sie Jen nun überreichte. Dann zog sie ein Kuvert aus ihrer Handtasche. »Hier sind 5000 Mark für dich und deine Mutter. Später werde ich euch alles erklären.« Mit einer hastigen Bewegung drückte Jen ihr das Kuvert in die Hand zurück.

Dann deutete er vorsichtig auf die Bank nebenan. Dort hielt ein unscheinbar wirkender Mann sein Mittagsschläfchen. Oder tat zumindest so. »Wir werden beobachtet«, flüsterte Jen, »man wird hier immer und überall beobachtet – und außerdem kann ich das Geld nicht annehmen. Wir dürfen keine Devisen besitzen, nur Rubel.« Schließlich begleitete er sie zum Hotel Astoria im Zentrum der Stadt, wo sie die 5000 Mark gegen Rubel eintauschen konnte. Die Dame an der Rezeption fragte erstaunt, auf die kostbaren Scheine aus dem Westen deutend: »Wollen Sie die nicht doch lieber behalten?«

Der Tausch war zwar schlecht – was hätte man für die 5000 Mark in den Devisenläden für Ausländer nicht alles kaufen können. Andererseits hatten die rund 1500 Rubel damals einen Gegenwert von sechs Monatsgehältern eines Kameramanns.

Jen wunderte sich über das noble Geldgeschenk. Sophie war gerührt von der Großzügigkeit ihrer Brieffreundin. Betty Beck tat sehr geheimnisvoll, es gäbe da etwas, das sie noch nicht erzählen könne, das aber für Sophies und Jens Zukunft, wenn sie es endlich schafften, in den Westen zu kommen, sehr wichtig sei. In Bremen, bei der Sparkasse, sei etwas für sie in einem Schließfach hinterlegt, das alles erkläre und das ihren Start in Deutschland erleichtern werde. »Wir hatten nicht die geringste Ahnung, was sie damit meinte, die Mutter und ich. Bremen lag für uns am anderen Ende der Welt, unerreichbar«, erzählte Jen Lissitzky später.

Die bescheidene ältere Frau entsprach überhaupt nicht seinen Vorstellungen von einer reichen Lady aus dem gelobten Schlaraffenland jenseits des Eisernen Vorhangs. Sie wirkte auf ihn eher unsicher. Er wunderte sich, dass sie diese Reise, wie sie ihm erzählte, nur gemacht hatte, um wenigstens Sophies Sohn kennen zu lernen. Sie wollte alles versuchen, um auch ihre Freundin Sophie in die Arme schließen zu können.

Tatsächlich buchte sie schon im darauf folgenden Jahr eine Reise mit der Transsibirischen Eisenbahn zum Baikalsee im östlichen Sibirien. Damals konnte der Zug mit der ausländischen Reisegruppe nur in wenigen Städten anhalten. Die meisten waren militärisches Sperrgebiet, für Ausländer verboten. Zu den wenigen offenen Städten entlang der Reiseroute zählte auch Nowosibirsk.

Sophies Brief vom 26. April 1977 war voller Vorfreude: »Du hast also vor, Deine tropische Herrlichkeit mit unserem sibirischen Sommer zu vergleichen. Jetzt wird es auch bei uns warm. Endlich ist der Schnee getaut, und der Frühling mit seinem lieblichen Grün und seinen Blumen kann Einzug halten. Wir freuen uns sehr über Deine Entschlossenheit, und ich besonders bin glücklich, dass ich Dich nun endlich auch bei mir sehen darf.«

Es kam tatsächlich zu einer Begegnung der beiden Frauen. Was mag wohl in Betty Beck vorgegangen sein, als sie das ärmliche Zimmer von Sophie betrat? Einziges Zeugnis legt ein Brief von Sophie an die »Liebste Betty« vom 16. Juli 1977 ab:

»Wir sind so froh, dass Du wohlbehalten von Deiner großen Baikal-Tour heimgelangt bist. Liebe, gute uns anverwandte Seele, wie schade war es, dass man euch nur einen Tag gegönnt hat. Wir sind Dir näher verbunden als all unseren so genannten Verwandten, die von meinem Leben und seinem Inhalt so wenig verstehen wollen oder können.

Der Sommer vergeht einstweilen in drückender Hitze und

Schwüle, wie es die Tiefebene hervorbringt. Ich komme wenig aus dem Haus, weil mich die Atmung so quält. Deine prächtigen Mittel helfen mir – überhaupt bin ich immer wieder begeistert von all Deiner Fürsorge und Liebe, mit der Du mir mein übles Alter erleichterst und auch erfreulich machst ...«

Eindringlich schilderte Sophie an anderer Stelle die Beschwerden ihres Alters unter extremsten Bedingungen:

»Unser August hat einen Sprung in die Kälte getan, von bengalischer Julihitze zuweilen um die 40° Wärme herum sind wir in 2° und nächtlichen Frost gepurzelt. Das wird sogar den eingeborenen Sibiriern ungemütlich. Mich Alte lässt nun das Herz im Stich, ich habe sehr geschwollene Füße bekommen – man hat mir erklärt, dass mein Asthma jetzt vom Herzen kommt, und verordnete mir kräftige Arzneien, um das Wasser aus mir zu vertreiben. Mein guter Junge versorgt mich sehr lieb, ist fast täglich bei mir und hilft in jeder Beziehung.«

In weiteren Briefen beschrieb Sophie die vergeblichen Bemühungen, die sie und ihr Sohn anstellten, um eine Ausreiseerlaubnis in den Westen zu bekommen. Und sie bedankte sich für das Zimmer, das in Bremen und in dem Ferienhaus auf La Palma immer auf sie wartete, wie Betty Beck mehrfach betonte. Sophie wollte daran glauben, obwohl sie längst zu gebrechlich war, eine so beschwerliche Reise zu unternehmen. Selbstlos wünschte sie der Freundin eine schöne Kur im Schwarzwald, »damit wir Dich frisch und munter antreffen, wenn wir in absehbarer Zeit vielleicht noch eine Möglichkeit haben sollten, unseren nun schon unerträglich langen Plan doch noch auszuführen. Wir lieben Dich sehr und danken Dir unendlich für Deine Herzenswärme und Güte, Deine

Großzügigkeit und Dein menschliches Vertrauen. Ich umarme Dich, Deine Sophie«.

Es ist schwer zu beurteilen, was Betty Beck für ein Mensch war, manche würden sie vielleicht eine Betrügerin mit Herz nennen.

»Mich alte Reisetante hat das Schicksal bisher vor unliebsamen Überraschungen bewahrt«, schrieb Betty bald nach ihrer Sibirienreise an Sophie und Jen, »aber es könnte ja mal passieren, dass mir ›etwas zustößt‹. In diesem Falle wäre es wichtig für Euch, den Namen meines Testamentsvollstreckers zu wissen *(es folgte ein Name und eine Bremer Adresse)*. Was Euch interessiert: auf den Namen Jen Lissitzky (Anschrift bei der Mutter Sophie 630006 Nowosibirsk 6, 25. Oktoberstr. Nr. 7 Kw. 4) liegt ein Büchlein im Safe Nr. 105 der Sparkasse in Bremen, Schwachhauser Heerstraße. Es könnte Euch von Nutzen sein …«

Sophie war es nicht mehr vergönnt, das Geheimnis ihrer Freundin und vermeintlichen Wohltäterin zu erfahren.

Die guten Erinnerungen an ihren geliebten »Lissi« verteidigte Sophie gegen die Übermacht der vielen Schicksalsschläge, die sie seinetwegen erdulden musste und die sie dennoch so tapfer trug.

Als er im Jahr 1924 Hannover ganz plötzlich verlassen hatte, um in der Schweiz Heilung von seiner schweren Tuberkulose zu suchen, hatte er in seinem Dachatelier im Haus der Kestner-Gesellschaft in der Königstraße 8 einige Arbeiten und Skizzen zurückgelassen, weil alles plötzlich so schnell ging, oder vielleicht auch, weil er bald wieder zurückkehren wollte. Er war nie ein ordentlicher Mensch gewesen, hatte nie Bestandslisten seiner Werke geführt. Für ihn war ein Bild, eine Collage, ein Foto nicht mehr wichtig, wenn sie einmal fertig waren. Immer galt es, Neues zu schaffen. Denn immer drängte die Zeit. Später hatte Sophie die Archivierung seiner Arbeiten übernommen.

Als sie El Lissitzky bereits nach Moskau gefolgt war, zog der junge Künstler Friedrich Vordemberge-Gildewart in das Atelier der Kestner-Gesellschaft ein. Der gebürtige Osnabrücker zählte zur »Gruppe der Abstrakten« im Hannover der zwanziger Jahre und bewunderte den älteren El Lissitzky, der ihm Vorbild und Lehrer war.

Lissitzkys fertige und halb fertige Arbeiten – es handelte sich um insgesamt 85 Zeichnungen, Gouachen, Lithographien, Entwürfe, Werkzeichnungen und Versuchsdrucke –, die auf dem Zeichentisch und zum Teil auch auf dem Boden herumlagen oder an die Wände gepinnt waren, bewahrte Vordemberge-Gildewart in mehreren großen Mappen auf. Irgendwann würde man sich ja wiedersehen. Doch 1938 zog er als von den Nazis verfemter Künstler mit seiner Frau Ilse Leda nach Amsterdam. Vermutlich nahmen sie die Lissitzky-Arbeiten mit. Während der Besatzungszeit durch die Deutschen betätigte sich Vordemberge-Gildewart mit illegalen Publikationen über Kandinsky und Hans Arp. Sein Freund und Verleger dieser als staatsgefährdend geltenden Schriften wurde von der Gestapo erschossen. Er selbst blieb unbehelligt.

Als das Stedelijk Van Abbemuseum in Eindhoven für die Jahreswende 1965 zu 1966 die erste große Lissitzky-Ausstellung nach dem Krieg plante, lebte Vordemberge-Gildewart bereits nicht mehr. Seine Witwe behielt die Arbeiten Lissitzkys, von denen sie später erklärte, El Lissitzky habe sie ihrem Mann geschenkt. Wer sollte ihr das Gegenteil beweisen?

Der damalige Museumsdirektor Jean Leering war ein begeisterter Anhänger der russischen Konstruktivisten. Seit er in der Tretjakow-Galerie in Moskau Arbeiten El Lissitzkys gesehen hatte, ließ ihn der Gedanke nicht mehr los, diesen außergewöhnlichen russischen Künstler auch seinen holländischen Landsleuten näher zu bringen.

Anfangs schien es schwierig, genügend Arbeiten für eine große Ausstellung zusammenzutragen. Auch Sophie Lissitzky, deren Adresse in Nowosibirsk er ausfindig gemacht hatte, konnte ihm nur Ratschläge geben. Leihgaben konnte sie ihm nicht zur Verfügung stellen, eine Mitarbeit an der Ausstellung musste sie absagen, da sie damit beschäftigt war, ein Buch über El Lissitzky zu schreiben. Es war die letzte große Herausforderung, der sie sich im hohen Alter stellte. Es entstand ein freundlicher Briefwechsel zwischen der Lissitzky-Witwe und dem Museumsdirektor. So erfuhr sie von ihm, dass die Ausstellung endlich realisiert werden konnte, weil völlig überraschend eine größere Kollektion von Lissitzky-Arbeiten aufgetaucht war, die sich jedoch in einem verwahrlosten Zustand befunden habe, zum Teil mit gefalteten oder eingerissenen Rändern und nachlässig in mehrere Mappen gestopft. Die wissenschaftlichen Mitarbeiter des Museums restaurierten und katalogisierten die Papierarbeiten in monatelanger Feinarbeit, bis sie schließlich ausstellungsreif waren. Wer die Leihgabe dem Museum zur Verfügung gestellt hatte, verriet Leering zunächst nicht, der Leihgeber oder die Leihgeberin hatte ihn um absolute Diskretion gebeten. In der Ausstellung und im Katalog wurde sie als »Sammlung anonym« bezeichnet. Sie blieb dem Museum auch nach der Ausstellung als langfristige Leihgabe erhalten.

In seinem letzten Brief, den Sophie aufbewahrt hatte,

schrieb Jean Leering am 18. September 1968: »Außerdem habe ich Ihnen etwas sehr Erfreuliches zu berichten: Das Van Abbemuseum hat im Mai dieses Jahres die große Sammlung Lissitzkys kaufen können, die im Katalog und in der Eindhovener Ausstellung als ›Sammlung anonym‹ bezeichnet worden ist ...« Weiter schrieb er, dass der Ankaufspreis 100 000 Dollar betragen habe, und fragte dann gleich noch nach einem Bild aus Lissitzkys »jiddischer Periode« und nach einem Prounenbild, das er am liebsten als Schenkung zu bekommen wünschte, da man einerseits mit der Abzahlung der 100 000 Dollar an die Kreditgeber für die nächsten zehn Jahre gebunden sei und da andererseits die Preise für Lissitzky-Arbeiten sehr gestiegen seien. War er so ahnungslos oder einfach nur raffiniert?

Zusammen mit Lissitzkys Werken, die bereits vor der Ausstellung im Besitz des Museums waren – es handelte sich um die Rekonstruktion seines Prounen-Raumes, einer Reihe großformatiger Architekturfotos und Fotomontagen sowie die Figurinenmappe »Sieg über die Sonne« –, konnte das Museum fortan über ein Lissitzky-Archiv verfügen, auf das man in Eindhoven bis heute stolz ist.

Dass Ilse Leda Vordemberge, die Witwe des bereits 1962 verstorbenen Künstlers, die Lissitzky-Arbeiten dem Museum verkauft hatte, erfuhr Sophie glücklicherweise nicht mehr. Dann wäre ihr sofort klar geworden, dass es sich um Arbeiten handeln musste, die ihr Mann im Atelier in Hannover zurückgelassen hatte. Aber selbst wenn sie es gewusst hätte – wie hätte sie hinter dem Eisernen Vorhang um ihr Eigentum kämpfen sollen?

Ihr Sohn wird es viele Jahre später, als er bereits in Deutschland lebt, versuchen ...

20. Besuch aus Köln

Der Winter hielt Sibirien bereits fest in seinen eisigen Krallen, als an einem Novembertag des Jahres 1975 eine junge, mit westlichem Chic gekleidete Frau die steile Gangway der Aeroflot-Maschine hinabkletterte, die soeben, aus Moskau kommend, in Nowosibirsk gelandet war. Ein stechend kalter Wind schlug ihr wie eine Wand entgegen, so dass sie schnell ihr Gesicht mit dem Ärmel ihres modischen, eng taillierten Pelzmantels bedeckte, der gerade noch ihre Knie verhüllte und völlig ungeeignet für sibirische Wetterverhältnisse war. Sie hatte ihn sich von einer Freundin ausgeliehen.

Hier begann ihr großes Abenteuer, auf das sie sich, allen Warnungen zum Trotz, begeistert eingelassen hatte. Doch heftig durchgerüttelt von der alten Maschine und eingeschüchtert vom Kommandoton der Stewardess, einer dicken Uniformierten mit misstrauisch beobachtenden Augen, fühlte sie sich unbehaglich, als sie sibirischen Boden betrat.

Die junge Frau kam mit einem Auftrag: Als Mitarbeiterin der Kölner Galerie Gmurzynska sollte sich Lilo Schultz-Siemens bei Sophie Lissitzky umschauen, um herauszufinden, ob es dort Arbeiten für eine geplante Ausstellung über den russischen Konstruktivisten El Lissitzky gab, vielleicht auch private Fotos, Dokumente und Briefe. Selbstverständlich wäre man auch am Erwerb der einen oder anderen dieser Arbeiten interessiert.

Die Galerie der gebürtigen Polin Antonina Gmurzynska war eine der ersten in Deutschland, die sich, damals noch unter dem Namen Gmurzynska-Bar-Gera, bereits in den späten sechziger Jahren mit der hier noch weitgehend unterschätzten Kunst der russischen Avantgarde und speziell dem Konstruktivismus befasste, und sie auf geheimnisumwitterten Wegen in den Westen brachte. Dass der Wert der Kunstwerke in so kurzer Zeit so rasant in die Höhe steigen sollte, hätte niemand voraussehen können – und schon gar nicht die vom Weltgeschehen weitgehend ausgeschlossenen und zumeist bitterarmen russischen Künstler oder deren Nachfahren. Sie waren einfach froh, dass sich jemand für sie interessierte, und voller Hoffnung auf eine baldige Änderung ihrer misslichen Lebensumstände. Selbstverständlich versuchte die Galeristin Gmurzynska, wie es im Kunsthandel nun einmal üblich ist, so wenig wie möglich zu bezahlen und so viel wie möglich daran zu verdienen. Sie wurde dabei sehr, sehr reich.

Im Sommer 1964 hatte die aus Warschau stammende ehemalige Kostümbildnerin Antonina Gmurzynska mit ihrem Ehemann, einem polnischen Arzt, und ihrer 13-jährigen Tochter Krystyna in Paris Asyl gefunden. Aber es gelang ihnen nicht, eine neue Existenz zu gründen. In der Bundesrepublik seien die Aussichten für einen polnischen Arzt besser, hatte man ihnen gesagt. So kamen sie schließlich nach Köln. Doch hier mussten sie erfahren, dass ihre Asylgenehmigung nicht einfach auf ein anderes europäisches Land übertragen werden konnte. Sie sollten die Bundesrepublik binnen 48 Stunden wieder verlassen.

In dieser großen Not half ihnen Jacob Bar-Gera, wie er selbst erzählt. Der ebenfalls aus Polen stammende wohlhabende Geschäftsmann war im Auftrag seines Landes Israel an den Rhein gekommen, um hier, noch vor der Aufnahme diplomatischer Beziehungen zwischen der Bundesrepublik und Israel im Jahr 1965, wirtschaftliche Kontakte zu knüpfen.

Dank seiner exzellenten Beziehungen durfte die Familie Gmurzynska bleiben und bekam deutsche Staatenlosen-Pässe.

Schnell freundeten sich Antonina Gmurzynska und Bar-Geras Frau Kenda an. Die beiden Frauen verband nicht nur ihre Muttersprache, sondern auch das Leid der Verfolgung und Vertreibung der polnischen Juden, wenngleich Kenda Bar-Gera ein ungleich härteres Schicksal hatte erdulden müssen, worunter sie noch immer litt.

Jacob Bar-Gera, inzwischen Ruheständler und engagierter Kunstsammler, erzählt in seinen Lebenserinnerungen, dass die Familie Gmurzynska damals mit wenig Erspartem in die Bundesrepublik gekommen sei, dass ihr einziger Besitz aus 20 kleinen Papierarbeiten eines polnischen, im Ausland völlig unbekannten naiven Malers bestanden habe. Und dass ihre Zukunft alles andere als rosig ausgesehen habe.

Das gemeinsame Interesse der beiden Frauen an bildender Kunst, vor allem an der verfolgter Künstler aus osteuropäischen Ländern, brachte sie auf die Idee, eine Galerie aufzumachen. Jacob Bar-Gera fungierte dabei als Finanzier und Bürge, als Übersetzer, Makler und Berater. Die Galerie Gmurzynska-Bar-Gera wurde im November 1964 am Mauritiussteinweg in Köln gegründet.

Während sich Kenda Bar-Gera lieber im Hintergrund hielt, wurde Antonina Gmurzynska als »Frontfrau« in der internationalen Kunstwelt zur legendären Gestalt. Man bewunderte und fürchtete zugleich ihre scharfe Spürnase, ihren unwiderstehlichen Charme und ihr einmaliges Geschick bei Verkaufsverhandlungen. Zur Legendenbildung trug aber auch die Tatsache bei, dass in den Zeiten des Kalten Krieges kein freier Handel mit Osteuropa möglich war und die Transportwege, die von der Galerie benutzt wurden, im Dunkeln blieben. Die engen Kontakte der schönen Antonina zum ehemaligen sowjetischen Botschafter in Bonn, Wladimir Semjonow, der selbst eifrig Kunst sammelte und häufiger Gast der Galerie war, wie auch ihre offensichtlich guten Beziehungen zu offiziellen Stellen in Moskau gaben in Kunstkreisen immer wieder Anlass zu Spekulationen.

Kenda Bar-Gera trennte sich im März 1973 von der Geschäftspartnerin und Freundin – wegen sehr unterschiedlicher Auffassungen über das Geschäft mit der Kunst ...

Zu diesem Zeitpunkt gab es noch keine Kontakte nach Sibirien und zu Sophie Lissitzky. Diese wurden erst zwei Jahre später geknüpft.

Die Welten von Antonina Gmurzynska und Sophie Lissitzky hätten unterschiedlicher nicht sein können. Hier die sich selbstsicher in Wohlstand und Luxus bewegende Kunsthändlerin, die sich während ihrer Paris-Aufenthalte, wie Kenda Bar-Gera sich erinnert, bei Yves Saint-Laurent einkleidete. Dort die ehemalige Kunstsammlerin aus wohlhabender deutscher Familie, deren ärmlicher Wohnraum aus 15 Quadratmetern bestand, die sich mit bodenlangen Kleidern, unförmigen Filzstiefeln und wollenen Tüchern gegen die Kälte Sibiriens schützte und die dennoch Verlust, Armut und Einsamkeit mit so viel Würde trug.

Zwischen diesen Welten gingen nun regelmäßig Briefe hin und her, die schon bald freundschaftliche Züge annahmen.

Trotz ihres schweren Schicksals war Sophies Seele ohne Bitterkeit und Misstrauen, unberührt von Materialismus,

Habgier oder Eitelkeit. Warum sollte sie also an der sorgenden Anteilnahme und den schmeichelnden Versprechungen ihrer Briefpartnerin zweifeln?

Wie konnte sie ahnen, dass ihr Sohn Jen Lissitzky und Antoninas Tochter Krystyna Gmurzynska eines Tages einen erbitterten Kampf vor Gericht austragen würden.

Lilo Schultz-Siemens, die Abgesandte der Galerie, war 1975 als Individualreisende in die Sowjetunion gelangt. Auf welches gefährliche Abenteuer sie sich einließ, konnte sie damals nicht ahnen. Aber die Kunsthändlerin Antonina Gmurzynska fand immer Menschen, die für sie durchs Feuer gingen, so wie die junge Lilo, die als Kundschafterin fungierte, um das dortige Terrain zu sondieren.

Um ein Visum zu bekommen, hatte sie als Grund ihrer Reise den Besuch bei ihrer »entfernten Verwandten« Sophie Lissitzky angegeben. Natürlich war sie ab dem Moment, als sie in Moskau landete und später in Nowosibirsk, wohin sie mit einer völlig überalterten und randvoll besetzten Maschine über sechs Stunden durch die schwarze Nacht flog, keine Sekunde mehr »allein«. Fremdbestimmt fühlte sie sich, in ein Hotel verfrachtet, in dem jeder Gegenstand in ihrem Zimmer gespitzte Ohren zu haben schien. Kaum wagte sie es, in den Speisesaal zu gehen, in dem man sie widerwillig und schlecht bediente. Augen, überall waren Augen, die sie beobachteten. Und sie sprach kein einziges Wort Russisch, sie konnte weder die kyrillischen Buchstaben auf der Speisekarte noch auf den Anweisungen und Hinweisen im Flughafen oder im Hotel entziffern.

Am nächsten Tag holte Jen Lissitzky sie in ihrem Hotel ab. Vor ihr stand ein sympathischer Mann mit dichtem Bart

– genau so hatte sie sich einen Russen aus Sibirien vorgestellt. Und er sprach sogar Deutsch! Da fühlte sie sich schon wohler. Er brachte sie zu seiner Mutter Sophie.

Was für eine öde, trostlose Stadt. Was für eine erbärmliche Siedlung in der so großartig klingenden 25. Oktober-Allee, die sie sich ganz anders vorgestellt hatte. Was für ein kleines, dürftig eingerichtetes und düsteres Zimmer, in das Jen sie nun führte. An dessen Wänden kein einziger echter Lissitzky hing, lediglich ein paar seiner Plakate, die er für die Sowjetunion entworfen hatte. »Sophie hatte einfach Angst, dass ihr die Originale von den Nachbarn gestohlen würden, sie lebte ja in ständiger Angst vor allem und jedem«, hat ihre Besucherin beobachtet.

Lilo wurde erwartet, es hatte zuvor einen Briefwechsel und Telefonate zwischen Köln und Nowosibirsk gegeben. Sophie und ihr Sohn wollten gern zum Gelingen einer Ausstellung über El Lissitzky im Westen beitragen. Dort war er offensichtlich doch nicht so vergessen wie in seinem Heimatland.

Lilo überreichte die Gastgeschenke, Arznei, Kosmetikartikel, einen Knirps-Regenschirm, den Sophie sich gewünscht hatte, und vor allem »etwas Warmes«, wie sie sich erinnerte. Da stand diese alte Frau, klein, gebeugt, mit einem dunklen Wolltuch über Kopf und Schultern und dem ebenfalls dunklen Kleid. »Mir sind sofort ihre Augen aufgefallen«, so Lilo Schultz-Siemens. »Darin lag Freude über meinen Besuch. Es waren erstaunlich junge Augen in einem vom Leben gezeichneten Gesicht. Ich konnte aber auch die Traurigkeit sehen, die sich in sie geschlichen hatte.« Sophie nahm Lilo in ihre Arme und drückte sie fest an sich. Die junge und die alte Frau waren sich gleich sympathisch. Nichts Fremdes lag zwischen ihnen, obwohl sie so viele Lebensjahre und Welten trennten.

»Sie war auf eine fast kindliche Art neugierig. Als sie hörte, dass ich in Hannover lebte, wollte sie alles wissen über die Stadt, wie sie heute war und wie ihre Menschen, welche Häuser im Krieg zerbombt wurden und welcher Künstler gerade in der Kestner-Gesellschaft ausstellte.«

Sophie bewirtete ihren Gast mit dem russischsten aller Eintöpfe, dem roten Borschtsch. Sie stellte dazu eine Flasche Wodka auf den Tisch. »Trink, mein Kind, trink mit mir auf Hannover.« Sie selbst trank auch ein Gläschen und sie lächelte. Ein wehmütiges Lächeln, das wie ein Sonnenuntergang im Oktober ihr Gesicht für einen kurzen Moment erhellte.

Endlich konnte sie mit einem Menschen reden, der sie verstand. Über die kurze, glückliche Zeit mit Paul Erich Küppers, über die frohen Feste und die vielen Künstler. Ihre ganze liebende Erinnerung ging nach Hannover zurück. Und dann gestand sie ihrem Gast: »Ich habe nur noch einen Wunsch, ich möchte zurück nach Deutschland. Ich möchte neben Paul beerdigt werden. Nicht hier, nicht in dieser erbarmungslosen sibirischen Erde. Bitte, kannst du mir dabei helfen?« Lilo hat es bald nach ihrer Sibirienreise versucht, hat Sophies reichen Bruder in München aufgesucht, hat ihn angefleht, seine Schwester bei der Ausreise zu unterstützen ...

Über El Lissitzky und den Grund für Lilos Sibirienreise sprachen sie erst am zweiten Tag. Es schien Lilo, als habe Sophie die über 50 Jahre, die zwischen dem Tod ihres ersten Mannes und diesem Tag im Frühjahr 1975 lagen, aus ihrem Gedächtnis gestrichen. Als gäbe es nur noch die Vergangenheit und das Fünkchen Hoffnung auf einen Lebensabend in Deutschland.

Dann holte Sophie sich mit einem Ruck in die Gegenwart zurück. Sie zeigte Lilo Arbeiten von El Lissitzky, sprach über seinen Humor und Witz, seine Intensität, seine Sprunghaftigkeit und seine Besessenheit. »Für mich hat dieser große Künstler plötzlich menschliche, sehr persönliche Züge bekommen. Es sind Bilder in meinem Kopf entstanden, die ich immer mit ihm verbinde. Keine romantischen Bilder, sondern solche voller Kraft und kämpferischer Energie. Sonderbar, bei einem so kranken Menschen.«

Am Tag ihrer Abreise brachte ihr Jen elf Arbeiten seines Vaters ins Hotel, darunter auch mehrere Skizzen und Collagen, die dieser für die »Pressa«-Weltmesse 1928 in Köln entworfen hatte. Sie waren für die Ausstellung bestimmt, die Antonina Gmurzynska für das kommende Jahr plante. Zunächst soll, so Lilo Schultz-Siemens, nicht über ihren Verkauf und über Geld gesprochen worden sein, später hätten Sophie und Jen aber zugestimmt, dass Gmurzynska sie bis auf zwei Ausnahmen verkaufen und ihren Anteil am Erlös nach den handelsüblichen Gepflogenheiten auf einer Bank im Westen deponieren sollte. Sie hätten, so erinnerte sich Lilo, keine Ahnung vom aktuellen Wert der Werke gehabt. Es gab keine schriftlichen Verträge. Das wäre in jedem Fall viel zu riskant gewesen. Auf einem Blatt Papier notierte Lilo die einzelnen Werke, dahinter grob geschätzte Preise, die im Fall eines Verlusts der Bilder bei ihrem Transport wenigstens eine kleine Sicherheit bieten sollten. – Die Galerie Gmurzynska hat zu diesem Komplex in dem späteren Prozess allerdings andere Auffassungen vertreten.

Die Stadt war mit einem weiß-grauen Schleier verhüllt; es schneite heftig, als sich Lilo nach vier Tagen von ihren neu gewonnenen russischen Freunden mit großer Herzlichkeit verabschiedete. Ob sie Sophie jemals wiedersehen würde? In Sibirien? Oder vielleicht sogar in Deutschland? Wie konnte sie dieser unglücklichen Frau nur helfen, die so sehr vom Leben betrogen worden war? Lilo hatte die Arbeiten in ihrem Gepäck verstaut. Es gab keinerlei Kontrollen auf diesem Inlandflug. In Moskau habe sie die Mappe dem damaligen Korrespondenten eines deutschen Nachrichtenmagazins überreicht. »Ich weiß es wirklich nicht, wie sie nach Köln gelangten. Aber ich habe gehört, dass sie im Cockpit einer Lufthansa-Maschine weiterbefördert wurden. Dass Diplomaten ihre Hand im Spiel hatten. Frau Gmurzynska hat nie mit mir über derlei Dinge gesprochen. Doch damals war ich noch vertrauensselig, genau wie Sophie und Jen, die in Köln, wie sie glaubten, neue Freunde gewonnen hatten. Die sie mit Geschenken verwöhnten und ihnen herzliche Briefe schrieben. Sophie glaubte fest daran, dass diese wunderbaren Menschen ihr helfen wollten.«

Im darauf folgenden Frühjahr reiste Lilo erneut nach Nowosibirsk, dieses Mal mit dem Auftrag der Galerie, von Sophie anhand kleiner Fotografien einige Expertisen zu nicht signierten Lissitzky-Arbeiten ausstellen zu lassen. Sophie sollte die Fotos auf der Rückseite unterschreiben. Lilo wunderte sich, woher plötzlich so viele unsignierte Lissitzky-Arbeiten kamen. Aber sie behielt ihr Misstrauen für sich. Wieder saß sie in dem düsteren, dürftig eingerichteten Zimmer, das Sophie in ihren letzten Lebensjahren nie mehr verließ. Wieder genoss sie die warme Gastfreundschaft der alten Frau. Wieder empfand sie voller Rührung dieses tiefe Vertrauen, das Sophie ihr schenkte. Da konnte sie ihr doch nicht auch noch das Schwitters-Kästchen wegnehmen, von dem sie der Galerie nach ihrem ersten Besuch begeistert erzählt hatte. »Ich sollte sie dazu bewegen, sich von ihm zu trennen. Aber es war doch ein Teil ihres Lebens.«

Die Lissitzky-Ausstellung, die am 9. April 1976 in der Galerie Gmurzynska in der Schaafenstraße in Köln eröffnet wurde, war ein voller Erfolg. Die Zeit schien reif für die russische Avantgarde.

Ludwik Rogozinski, der damalige Lebensgefährte von Antonina Gmurzynska und kunsthistorische Berater der Galerie, berichtete Jen bei einem späteren Besuch in Moskau von dem großen Interesse am Werk seines Vaters. Die damaligen strengen Devisenbestimmungen ließen es jedoch nicht zu, Gelder auf eine sowjetische Bank einzuzahlen. Rogozinki sagte Jen, wie dieser sich erinnerte, dass auf seinen Namen ein Konto bei der Simon-Bank in Düsseldorf eingerichtet worden sei, auf dem sich bereits 140 000 Mark befänden. Wörtlich habe er hinzugefügt: »Und wir schulden Ihnen noch viel mehr!«

»Was für großherzige Menschen«, seufzte Sophie, als Jen ihr von dem Geldsegen im Westen erzählte ...

21. »Ich habe nur noch einen Wunsch ...«

Sophies letzte Wohnung in der 25. Oktober-Allee, die sie nach ihrer Rückkehr aus Komsomolsk am Amur gefunden hatte, lag im ersten Stock eines schäbigen Mietshauses, der 15 Quadratmeter große Raum war Teil einer Drei-Zimmer-Kommunalka. In den beiden anderen Räumen lebte ein russisches Ehepaar mit seiner Tochter. Küche und Toilette wurden gemeinsam benutzt. Der Mann kam häufig betrunken nach Hause. Dann schimpfte er auf die Deutsche nebenan. Jedes Wort drang durch die dünnen Wände. Sophie wehrte sich auf ihre Weise. Als er wieder einmal grobe Drohungen gegen sie ausstieß, tat sie so, als ob sie Besuch habe und sagte mit lauter Stimme: »Also, wir machen es so, wir tauschen die Wohnung. An meiner Stelle zieht ihr hier mit euren Kindern ein.« Diese Drohung blieb nicht ohne Wirkung – der Mann wurde in Zukunft etwas freundlicher. Aber dennoch empfand Sophie das Zusammenleben, zu dem sie verdammt waren, als einzige Qual. Sophie traute sich nur in die Küche, wenn der Mann nicht da war. Dann bereitete sie schnell ihre Mahlzeiten zu, nicht selten neugierig beäugt von der Mitbewohnerin. Man kam aus verschiedenen Welten, man hatte sich einfach nichts zu sagen, man grüßte sich noch nicht einmal, und das auf engstem Raum und während vieler Jahre.

Noch einmal, ein letztes Mal, stand Sophie im Mittelpunkt einer feierlich gestimmten Runde. Es war der 2. November 1976, ihr 85. Geburtstag. Die Menschen wärmten den kleinen Raum, an seinem einzigen Fenster hatten sich bizarre

Eiskristalle gebildet. »Schaut nur, meine Winterblumen«, sagte Sophie und lächelte. Wie so oft in Sibirien hatte sich »Väterchen Frost« früh gemeldet. Sophie trug an diesem Tag ein rot geblümtes wollenes Kopftuch, das zugleich ihre Schultern umhüllte. Olga hatte es ihr als Geschenk aus Aschchabad in Turkmenien mitgebracht. Sie hatte einen turkmenischen Geologen geheiratet und lebte mit ihm in der sowjetischen Republik am Kaspischen Meer. Sie bekamen drei Kinder. »Danke, du meine Gute, es wird auch meine Seele wärmen«, sagte Sophie.

Auf der Truhe, die Sophie tagsüber als Sofa und nachts als Bett diente, und in der sie Arbeiten, Entwürfe, Notizen und Briefe von El Lissitzky aufbewahrte, saßen ihr Dresdener Verleger Erhard Frommhold vom Verlag der Kunst mit seiner Frau Ingeborg, Olga mit ihrem Sohn Timur, der ukrainische Maler Nikolai Grizjuk und seine Frau Valentina. Jen goss den mitgebrachten Sekt in Teetassen, es gab keine Gläser. Sophie hatte es sich trotz ihrer körperlichen Schwäche nicht nehmen lassen, ihren berühmten deutschen Marmorkuchen zu backen und den Gästen zusammen mit einem extra starken Bohnenkaffee zu servieren. Das war ihre Art, diesen Ehrentag zu begehen.

Immer wieder klopfte es an der Tür; die ehemalige Leiterin des Kulturklubs brachte eine Topfpflanze; Schülerinnen, die inzwischen erwachsene junge Frauen waren, kamen zum Gratulieren. Es herrschte eine seltsame Abschiedsstimmung. Sophie, die Geliebte, Verehrte, Bewunderte und Gefürchtete, würde, das spürten sie alle, nicht mehr lange unter ihnen sein.

War Sophie im Alter sanfter, weicher, nachgiebiger geworden? Immerhin, als Jen ihr seine künftige zweite Frau Natascha, eine Regieassistentin beim sibirischen Fernsehen, vorstellte, sagte sie: »Das ist unsere, die nehmen wir.«

Jen lebte jetzt wieder in Nowosibirsk. Er hatte mit Natascha und der kleinen Sonja, die diese mit in die Ehe gebracht hatte, ganz in Sophies Nähe ein Zimmer gemietet, um auch für seine Mutter da zu sein und ihr den beschwerlichen Alltag zu erleichtern.

Es waren nicht mehr viele Menschen, die Sophies letzte Lebensjahre teilten. Ihr einziger Künstlerfreund Nikolai Grizjuk, mit dem sie russische, also schwermütige Gedanken über die Kunst und das Leben austauschte, war die Treppe hinuntergestürzt und hatte sich das Genick gebrochen. Jen vermutet, dass er sein Leben wegwerfen wollte. Ihre Ex-Schwiegertochter Tamara schaute ab und zu mit ihrem Sohn Sergej vorbei; Lidia, eine ehemalige Schülerin, machte bei ihr sauber. Sie arbeitete jetzt als Reklamemalerin im Kulturklub von Nowosibirsk. Jen sah es nicht gern, wenn sie bei der Mutter war. Und sie vermied es, ihm zu begegnen. Er vermutete, dass sie ein KGB-Spitzel war. Doch was sollte man bei dieser alten Frau noch ausspionieren, über die man alles wusste, deren Leben so durchsichtig geworden war wie eine Scheibe Glas?

Olga schickte Obst und Vitamine aus Turkmenien. Sophie schrieb ihr, dass sie Sklerose habe und es ihr nicht sehr gut gehe. Dass sie kaum noch das Haus verlasse. Und sie bat: »Komm, meine Olenka, ich habe Sehnsucht nach dir.« Sie unterschrieb den Brief mit »Babuschka Sophia«.

Ein letztes Mal, im September 1978, drei Monate vor Sophies Tod, brach Olga mit ihrer damals vierjährigen Tochter von Aschchabad in das ungefähr 3000 Kilometer entfernte Nowosibirsk auf. Sophies Urenkelin kann sich noch an diesen Besuch erinnern: »Sie war sehr krank und musste nachts viel husten. Aber sie war auch ziemlich streng. Sie verbot mir, dass ich zu den Nachbarn rüberging. Sie sagte: Das sind unfreundliche Leute.«

In den letzten Monaten ihres Lebens kamen die Ängste zurück, die Sophie ein Leben lang unterdrückt hatte. Jetzt war sie zu schwach geworden, sich gegen sie zu wehren. »Sie werden kommen, sie werden mich wieder verhaften«, sagte sie zu Jen. »Niemand wird dich verhaften«, beruhigte er sie, »du bist jetzt ein freier Mensch.« Eines Tages legte sie ihr Lissitzky-Buch vor die Eingangstür der Kommunalwohnung. Jen fand es dort: »Was soll das? Warum hast du es dahin gelegt?«, fragte er verwundert, »jemand wird es dir stehlen.« – »Sie sollen es nur mitnehmen, wenn sie kommen, dann wissen sie, dass ich etwas geleistet habe. Vielleicht lassen sie mich dann in Ruhe.« Das aufwendig gestaltete Buch, bei dem El Lissitzky Regie geführt zu haben schien, im Dresdener Verlag der Kunst herausgegeben, wurde ein großer Erfolg in deutschen Kunstkreisen, es wurde ins Englische übersetzt und gelangte auch auf den amerikanischen Markt. Doch nicht einmal zu El Lissitzkys 80. Geburtstag im Jahr 1970 erschien eine russische Ausgabe. Sophie war darüber sehr enttäuscht. Es gibt sie übrigens bis heute nicht.

Sophies Ängste kreisten aber nicht nur um die eigene Person, sie schlossen auch Jen mit ein. »Mutter hatte ihr ganzes Leben lang auf Pünktlichkeit geachtet. Darin war sie sehr deutsch. Sie hatte nie verstanden, dass es andere Menschen, vor allem in Russland, mit der Zeit nicht so genau nehmen. An einem Tag erwartete sie Natascha und mich. Wir kamen mit einer kleinen Verspätung von vielleicht 15 Minuten bei ihr an. Sie lehnte in der geöffneten Tür, ihr Gesicht war ganz grau. Sie war so verstört und aufgeregt, dass wir uns große

Sorgen um sie machten. Was um alles in der Welt war passiert? Sie konnte sich gar nicht beruhigen, und sie stammelte: ›Wollten sie dich abholen, mein Bubka? Hast du ihnen erzählt, was für ein berühmter Künstler dein Vater war?‹«

Warum war Sophie nicht im Westen geblieben, damals 1958, als sie ihre Verwandten in Österreich besuchte? Nicht nur aus Angst, man würde ihren Sohn für ihre Fahnenflucht büßen lassen. Sie konnte auch die Fragen ihrer Brüder Julius und Hermann und die der anderen Verwandten nicht ertragen. »So also sieht jemand aus, der aus dem kommunistischen Paradies kommt«, hatte Hermann gespottet, »du bist ja schlechter angezogen als meine Dienstboten.« – »Nun gut«, hatte Julius gesagt, »du bist schließlich freiwillig dorthin gegangen. Und womit hast du bezahlt für dein Paradies? Dein Mann ist tot, eure Kinder hast du verloren, und du lebst in einer Baracke ...«

Sophie, diese starke und kompromisslose Frau, beteuerte jedoch: »Ich würde alles wieder so machen, wie ich es gemacht habe. Ich bin allein verantwortlich für mein Leben. Und ich erlaube niemandem, mich zu kritisieren.« Sie ging damals zurück nach Sibirien. Zurück in die ewige Verbannung.

Jetzt aber, wo sich ihr Leben dem Ende zuneigte, wurde ihre Sehnsucht nach Deutschland immer größer. »Ich habe nur noch einen Wunsch, ich möchte an der Seite von Paul Küppers beerdigt werden«, sagte sie zu Jen, »dort gehöre ich hin.«

Sie erinnerte sich daran, wie sie eines Tages mit ihrem Freund El Lissitzky zum Grab ihres verstorbenen Mannes gegangen war, damals, Mitte der zwanziger Jahre in Han-

Sophie in ihrer letzten Wohnung. Nowosibirsk, kurz vor ihrem Tod *(Foto: Jen Lissitzky)*

nover. Und wie er zu ihr sagte: »Du wirst eines Tages in russischer Erde ruhen.« Wie sie zunächst schockiert war über seinen schwarzen Humor und dann lachend geantwortet hatte: »Nein, hier ist mein Platz.«

Sie stellten insgesamt sieben Ausreiseanträge an das sowjetische Owir, die Behörde für Pass- und Reiseangelegenheiten. Alle wurden abgelehnt. Sophies und Jens Briefe an den damaligen deutschen Bundeskanzler Helmut Schmidt hatten lediglich zur Folge, dass sich die Botschaft der Bundesrepublik Deutschland in Moskau mit ihnen in Verbindung setzte und ihnen gute Ratschläge gab. »Zur Zeit erfolgt die Ausreise von Personen aus der UdSSR zur ständigen Wohnsitznahme in die Bundesrepublik Deutschland fast ausschließlich im Rahmen der Familienzusammenführung. Für die Erteilung der Ausreisegenehmigung sind die sowjetischen Behörden zuständig. Um einen Ausreiseantrag stellen zu können, benötigen Sie zunächst zur Vorlage bei der für Sie zuständigen Milizbehörde eine Anforderung (»Wysow«) Ihres in der Bundesrepublik lebenden Verwandten. Ihr Bruder müsste diese Anforderung im Zusammenwirken mit dem Deutschen Roten Kreuz für Sie und Ihren Sohn ausfertigen und Ihnen zuschicken ...«

Die Reaktion von Sophies Bruder Julius Schneider ist bekannt. Jen hat ihn nie kennen gelernt. Aber Lilo Schultz-Siemens, die Mitarbeiterin der Kölner Galerie Gmurzynska, reiste 1975 auf seine Bitten hin nach München, wo Julius Schneider, immer noch als Inhaber des Jugendbuchverlags »Braun & Schneider«, auf den beiden oberen Etagen eines repräsentativen Bürogebäudes residierte. So schilderte sie ihren Besuch:

»Ein riesiges Büro über zwei Etagen, mit großen Fenstern. Trotzdem war es sehr düster, weil die dicken Vorhänge nur wenig Licht durchließen. Die Wände waren holzvertäfelt und genauso dunkel wie die Teppiche und die schweren Möbel. Ich erinnere mich an viele hässliche Zimmerpflanzen und an ein Fischaquarium. Und es roch nach kalter Zigarrenasche. Dann kam er herein, kleinwüchsig, unsympathisch, uncharmant. Er fragte, was ich wolle, und ich erzählte ihm, dass ich bei seiner Schwester Sophie in Sibirien gewesen sei, in welcher Armut sie dort lebe, und wie sehr sie sich wünsche, zurückzukommen, um hier zu sterben. Ich sagte ihm, dass ich bei der Deutschen Botschaft in Moskau und beim Auswärtigen Amt in Bonn den Fall geschildert und an beiden Stellen die Auskunft bekommen habe, man brauche die Bürgschaft eines engen Verwandten, damit sie nicht dem Staat zur Last falle. Er brauche doch nur seine Unterschrift auf ein Formular zu setzen, bat ich eindringlich. Sophie werde ihm mit Sicherheit nicht zur Last fallen, dafür werde schon ihr Sohn sorgen. Außerdem warte auf sie ein gut gefülltes Konto im Westen. Seine Antwort kam so knapp und präzise, dass ihr nichts mehr hinzuzufügen war: ›Das alles interessiert mich nicht. Diese Kommunistin soll bleiben, wo sie ist.‹«

Sophie spürte, dass ihr nicht mehr viel Zeit blieb. Dass El Lissitzky Recht behalten würde mit seinem Scherz. Der Gedanke schreckte sie nicht mehr. Aber er machte sie traurig.

Sophie hatte immer Anfänge geliebt, denn Anfänge bargen Zukunft, Hoffnung und Abenteuer. Am Ende war gar nichts mehr.

An einem ihrer letzten Tage, die ihr noch blieben, übergab sie Jen ein Blatt Papier. Ihre Handschrift darauf war klar und energisch, sie hatte es nach ihrem Besuch in Wien geschrieben und bisher nie mit ihm darüber gesprochen. Auf dem Blatt stand: Sammlung Dr. P. E. Küppers als Leihgabe übergeben zu Händen von Alexander Dorner an das Provinzial-Museum der Stadt Hannover 1926. Dann folgten die Namen der Künstler und die 13 Bilder, die sie verloren hatte. Wassily Kandinskys »Improvisation Nr. 10« stand an zweiter, Paul Klees »Sumpflegende« an vierter Stelle. »Das ist dein Erbe«, sagte Sophie, »wenn du es irgendwann schaffst, nach Deutschland zu kommen, musst du sie suchen. Sie gehören dir.« Und dann warnte sie ihn: »Es ist für dich ein fremdes Land, hüte dich vor den Menschen dort. Sie haben ihre Moral verloren. Sie denken nur an Geld.«

Sophie übergab ihrem Sohn auch einen Briefwechsel, den sie im Jahr 1968 mit dem Niedersächsischen Landesmuseum in Hannover geführt hatte. Jenem Museum, das sich früher Provinzialmuseum genannt, in dem Lissitzky sein berühmtes »Abstraktes Kabinett« eingerichtet hatte und dem sie ihre Bildersammlung zur Aufbewahrung anvertraut hatte, als sie 1927 zu El Lissitzky nach Moskau zog.

Mit Datum vom 15. Juli 1968 schrieb der damalige Direktor Dr. Harald Seiler an »Frau Professor Sophie Lissitzky-Küppers« nach Nowosibirsk: »Ich freue mich sehr, Ihnen mitteilen zu können, dass wir vor kurzem das Abstrakte Kabinett, das Ihr Mann zusammen mit Alexander Dorner seinerzeit eingerichtet hat, wieder hergestellt haben. Frau Dorner gab uns die Mittel zur Finanzierung dieser Rekonstruktion, die auf den Zentimeter genau den alten Raum wiedergibt. Ich schicke Ihnen einen kleinen Prospekt, den wir zur Eröffnung verteilt haben.

Sie werden wissen, dass das große Bild von Lissitzky ›Proun RVN 2‹, das 1937 als ›entartet‹ beschlagnahmt wurde, vor einigen Jahren in Paris wieder aufgetaucht ist, so dass ich es für die Galerie zurückkaufen konnte. Es hängt jetzt natürlich im ›Abstrakten Kabinett‹.«

Sophie schaute sich die Abbildung des wieder erstandenen Kabinetts von El Lissitzky sehr genau an. Dann schrieb sie an Dr. Seiler: »Der schöne Band der ›Zwanzigerjahre in Hannover‹ ist glücklich in meine Hände gelangt. Und gerade am

14. September, an dem Tag, als vor 52 Jahren unser gemeinsames Leben mit Paul Küppers in Hannover begann. Dass ich mich an diesem Tage, diesem denkwürdigen Datum, wieder in die Dokumente aus einer vergangenen, begeisterten Zeit vertiefen konnte, dafür danke ich Ihnen sehr herzlich.

Meinem aus dem Altai von einer Kinoexpedition zurückgekehrten Sohn habe ich das wieder erstandene ›Abstrakte Kabinett‹ seines Vaters gezeigt. Seinem als Kameramann besonders geschärften Auge fiel ein Bild im Kabinett auf Seite 10 auf. Wir verglichen das Eckbild im großen Querformat auf der linken Seite des abgebildeten Raumes mit der Abbildung des kubistischen Bildes von Albert Gleizes – Landschaft bei Paris – im Buch ›Der Kubismus, ein künstlerisches Formproblem unserer Zeit‹ von Paul Erich Küppers (Leipzig 1920 Verlag von Klinkhardt und Biermann). Die Ähnlichkeit der beiden Abbildungen ist nun auch für mich evident. Sollte das vielleicht doch eines der Bilder meiner 1927 an Dr. Dorner übergebenen Leihgaben sein? Wir hatten mit Küppers das Bild sehr geliebt ...«

Die Antwort war enttäuschend: Bei den Aufnahmen im Katalog handelte es sich um Archivfotos aus den zwanziger Jahren.

Diesen neuerlichen Beweis, dass ihre Sammlung verloren gegangen war, kommentierte Sophie mit trauriger Ironie: »Für Ihre Aufklärungen über meine Entdeckung unseres ehemaligen ›Gleizes‹ bin ich Ihnen sehr verbunden, er blieb am Wege liegen, wie so vieles andere, wie Thomas Mann sich so schön über unsere allgemeinen Einbußen in seinen Erinnerungen äußerte.«

Am 9. Dezember 1978 bekam Sophie eine schwere Lungenentzündung. Sie war zu schwach, um in ein Krankenhaus gebracht zu werden. Es ging mit ihr zu Ende. Doch Jen, der mit seiner Mutter so eng und schicksalhaft verbunden war, wollte es nicht wahrhaben. Er rief nach dem Notdienst. Die Ärztin, die er als kühle, energische Person mit einem aufgetürmten Haargebilde schilderte, sagte achselzuckend: »Nu ja, sie stirbt.« Jen flehte sie an: »Machen Sie doch etwas!« Und sie sagte: »Wozu?«

Jen hoffte, dass seine Mutter das nicht mehr verstanden hatte, denn sie nahm ihre Umgebung kaum noch wahr. Am nächsten Tag, es war der 10. Dezember 1978, wachte sie noch einmal für einen kurzen Moment auf, schaute Jen an und flüsterte: »Ich kann nicht mehr.«

Was für ein trauriger und einsamer letzter Satz! Er barg nichts Versöhnliches, nichts Erhoffendes. Nichts, an das sich ein Sohn hätte klammern können. Er war einfach eine Feststellung.

Jen nahm die Locke, die seine Mutter vom Haupt ihres ersten Mannes in dem Schwitters-Kästchen aufbewahrt hatte, und legte sie in ihre Hände. So hatte sie es sich gewünscht, wenn sie schon nicht neben ihm ruhen durfte.

In der Nacht hielt Jen mit Natascha die Totenwache.

Nach drei Tagen wurde Sophie auf dem Sajelzowskij-Friedhof beerdigt. Wenn die Erde gefroren ist, wie in diesem Dezember 1978, wird über der Grabstelle eine Art Scheiterhaufen errichtet, um die Erde zu erwärmen. Dann kann die Grube ausgehoben werden.

In Sibirien wie auch in Russland wird der gewesene Mensch erst am dritten Tag nach seinem Tod zur letzten Ruhe gebettet, damit seine Seele genügend Zeit hat, sich von jedem und allem zu verabschieden, was ihm im Leben wichtig gewesen ist.

Während dieser drei Tage kommen die Verwandten, Freunde und andere Menschen, die den Toten gekannt haben. Sie bringen Blumen und sitzen eine Zeit lang neben dem aufgebahrten Leichnam. Am dritten Tag wird er zu einer genau bestimmten Zeit beerdigt, nämlich zwischen zwölf und fünf Uhr am Nachmittag.

Sophie wurde so als Sowjetbürgerin der Erde übergeben. Nach der kurzen und schlichten Zeremonie, die Jen organisiert hatte und bei der kein Priester zugegen war, kehrten die Hinterbliebenen in Sophies Sterbezimmer zurück. »Es wurde nicht viel geredet«, erinnerte sich Jen, »es war im Sinne meiner Mutter. Wenn ein Mensch nicht mehr da ist, ist Schluss. So hatte sie es gesehen.«

Ihre Enkelin Olga hat eine andere Erinnerung an dieses letzte Zusammensein: »Wir tranken noch ein Glas Wein. Ich erhob mein Glas und sagte: ›Ich trinke diesen Wein in Erinnerung an Sophie und ich wünsche, dass ihr die sibirische Erde so leicht wird wie eine Feder.‹ Das sagt man so bei uns in Russland … Jen reagierte darauf sehr schroff, er sagte, die sibirische Erde ist hart und gefroren …«

Auch Tamara hütet ihre eigene Erinnerung: »Nach der Beerdigung gingen wir zurück in Sophies Wohnung. Nachbarsfrauen hatten einige Gerichte zubereitet, die man bei uns traditionell nach einer Beerdigung anbietet: Blintschiki, Kutja, Borschtsch – und natürlich Wodka. Wir erinnerten uns an Sophie, ihr Wesen, ihren Charakter, ihr außergewöhnliches, schweres Schicksal – und dass sie 35 Jahre unter uns gelebt hatte, was für uns alle ein großes Glück war.

Die Pominki, wie die Gedenktage bei uns heißen, werden

am 40. Tag wiederholt. Nach dem orthodoxen Glauben hat die Seele so lange Zeit, um sich vom Körper zu lösen. Erst dann findet die Tote ihre ewige Ruhe.«

»Sophie Lissitzky-Küppers 1891–1978« ist in ihren schlichten Grabstein unter den Birken gemeißelt. Doch die meiste Zeit des Jahres ist er von Schnee bedeckt.

Ihre Lebensgeschichte – wir kennen sie nun. Was für ein Mensch sie war – wir haben es erfahren durch ihre Tagebuch-Notizen, ihre Briefe und vor allem durch die Menschen, die ihr nahe standen.

Ihr Sohn Jen lebte bis zu seinem 25. Lebensjahr mit seiner Mutter in einem Raum. Manchmal erdrückte ihn die übermächtige Mutter mit ihrer Liebe, ihrer Besorgnis und ihrem Wissen. Und mit ihrer verdammten deutschen Pünktlichkeit. Aber sie hatte auch viel Humor, der sie nur selten verließ. In einem solchen Moment pflegte sie zu sagen: »Mein Gott, dieses schwere deutsche Gemüt, wie es mich bedrückt.«

»Mutter war eigentlich eine Künstlerin. Das drückte sie nun mit Nadel und Faden aus. Sie stickte gegen die Banalitäten ihres Alltags an. Die feinen Gebilde in komplizierten Mustern und delikaten Farben verteilte sie großzügig an ihre Freunde. Es waren echte Kunstwerke.«

Und sie las immerzu. Noch in ihrem letzten Jahr erfreute sie sich an Voltaires »Dictionnaire philosophique«, das der französische Philosoph im Jahr 1764 geschrieben hatte. Sie hatte ihre französischen Sprachkenntnisse nicht vergessen.

»Mutter hatte einen sehr ausgeprägten künstlerischen Geschmack. Raphael und Rubens mochte sie überhaupt nicht. Die Präzision der Linien und Formen war ihr höchstes Ideal.

Sie hatte ein unwahrscheinliches Gespür für Kommendes – Mondrian, Klee, Léger, Modigliani oder Arp hatte sie als grosse Künstler eingeschätzt, als diese noch weitgehend unbekannt waren. Selbst in der Provinz in Nowosibirsk spürte sie in Nikolai Grizjuk den echten Künstler und versuchte, ihn zu fördern. Sie verstanden sich sofort auf einer gemeinsamen Ebene. Es gab hier nicht viele Menschen, mit denen sie auf ihre Art kommunizieren konnte. ›Ach Gott, wenn ich erst anfangen muss, Kandinsky oder Malewitsch zu erklären‹, seufzte sie manchmal resigniert. Darunter hat sie gelitten. Mein Vater war ihr letzter Seelenverwandter. Das sagte sie immer wieder. Doch manchmal, an der Grenze zur Verzweiflung, verfluchte sie ihn und die ganze Kunst, die ihr dieses bittere Leben eingebrockt hatte.«

Jen Lissitzky schildert seine Mutter als elegante Frau, die sich, zumindest in Hannover und später noch in Moskau, stets nach der neuesten Mode kleidete. »Aber es musste Qualität sein, und sie durfte etwas kosten. Selbst in unserer sibirischen Verbannung ging sie nie in diesen plumpen Filzstiefeln unter die Leute. Die trug sie nur zu Hause. Wenn sie in ihren Kulturklub ging, zog sie ihre mit Fell gefütterten Lederstiefel aus Moskau und ihren Persianermantel an. Die arme Verbannte hat man ihr nicht angesehen. Darauf legte sie grossen Wert.

Auch wenn sie bis zu ihrem Tod kein eigenes Badezimmer und keine eigene Toilette mehr besessen hatte, versuchte sie, das Beste aus dieser Situation zu machen. Selbst im Winter wusch sie sich jeden Morgen mit kaltem Wasser von Kopf bis Fuß.«

Obwohl seine Mutter 51 Jahre ihres Lebens in Russland zugebracht habe, sei ihr das russische Wesen letztendlich fremd geblieben. Ihr Sohn erinnert sich an eine komische Geschichte, die vielleicht nur Russen wirklich verstehen:

»Es gab in der Nähe ihrer Wohnung eine Bäckerei, wo sie ihr Brot kaufte. Und wenn sie besonderen Besuch erwartete, auch schon mal eine Torte. Nun erwartete sie Besuch und kaufte eine Torte ... Ich erzählte diese Geschichte Jahre später in Moskau in einem Kreis von Freunden. Wir saßen alle um einen großen Tisch. Bis auf einen Deutschen, der in Moskau studierte, waren es alles Russen. Ich erzählte also meine Geschichte weiter: Zu Hause, als sie den Karton öffnete, stellte sie fest, dass die Torte nicht mehr frisch war. Sie brachte sie zurück, warf sie auf die Ladentheke und schimpfte: ›Nie wieder kaufe ich eine Torte bei Ihnen!‹ Die ganze Gesellschaft lachte. Nur der Deutsche fragte verwundert: ›Warum lachen die?‹«

Erhard Frommhold, der Sophies Buch über El Lissitzky im Verlag der Kunst herausbrachte und wochenlang mit ihr daran arbeitete, hat sie als hochintelligente Gesprächspartnerin erlebt: »Man konnte mit ihr über alles reden. Damals kam in der DDR ›Der Tod des Vergil‹ von Hermann Broch heraus, ein sehr kompliziertes Buch. Ich hatte es ihr geschenkt. Das war für sie eine leckere Lektüre. Wer liest und versteht denn heute noch den ›Tod des Vergil‹?

Sie erzählte mir, dass ihr erster Mann Paul Erich Küppers ein Buch über den Kubismus geschrieben habe. Darauf war sie besonders stolz. Als ich ihr sagte, dass für uns Kunsthistoriker dieses Buch eine Art Bibel und sein Verfasser ein Mythos sei, machte ich sie für einen Moment sehr glücklich. Sie wirkte plötzlich wie ein junges Mädchen, das von seinem Geliebten erzählt.

Sie hat sehr viel Würde besessen. Eine Frau mit einem solchen Schicksal. Sie wusste, als wir uns in den sechziger Jahren kennen lernten, ganz genau, dass alle ihre Bilder, die sie in Hannover gelassen hatte, von den Nazis geraubt, verscherbelt oder vielleicht auch vernichtet worden waren. Aber was hätte sie damals machen sollen? Sie war faktisch nicht mehr deutsch nach ihrer Heirat mit Lissitzky. Und dann noch mit einem jüdischen Bolschewisten verheiratet! Sie hätte ja gar nicht in den Westen zurückgekonnt. Man hätte sie sofort in ein Konzentrationslager gesteckt.

Aus Nowosibirsk, dann später, hat sie viele Briefe geschrieben, um etwas über ihre Sammlung herauszufinden. Aber man darf nicht vergessen, sie lebte hinter dem Eisernen Vorhang. Und das wussten die im Westen ganz genau. Sie hat das alles mit Zorn und mit Trauer getragen.«

Tamara, die ehemalige Schwiegertochter, hatte es vermutlich am schwersten mit Sophie. Sie erzählte: »Als sie in unsere kleine Welt nach Nowosibirsk kam, war ich noch ein Mädchen. Aber ich spürte sofort, dass sie etwas Besonderes war. Wir alle spürten das.

Sie war zu gleicher Zeit emotional und kalt. Sie hatte klare, kühne, sehr ausdrucksvolle Augen und eine tiefe Stimme, die ganz sanft werden konnte, wenn sie jemanden mochte oder wenn sie mit Kindern sprach. Als ob sie Honig im Mund hätte. Ich habe sie sehr respektiert. Aber wenn sie wütend wurde, ging ich ihr schnell aus dem Weg.

Sie war keine schöne Frau im klassischen Sinn. Sie wirkte eher männlich mit ihrem strengen Gesicht, den dichten geraden Augenbrauen und akkurat nach hinten zusammengesteckten Haaren. Sie erzählte mir, dass sie als junge Frau einen modischen Bubikopf getragen habe. Ich konnte mir das gut vorstellen. Ihre Figur war sehr üppig, sie hatte einen großen Busen. Sie trug meistens ein Korsett, dadurch bekam sie ihre aufrechte Haltung. Aber am Schluss hatte das Leben sie doch noch gebeugt.

Sophie liebte elegante Unterwäsche. Einmal kam sie zu mir und meiner Mutter. Unter dem Mantel trug sie ein dunkelgrünes, spitzenbesetztes Unterkleid. Sie hatte vergessen, sich etwas darüber anzuziehen. Lachend erklärte sie uns, dahinter stecke kein Mann, sondern Pera Eisenstein, die es ihr aus Moskau geschickt habe.

Nach Lissitzkys Tod gab es nie wieder einen Mann in ihrem Leben. Kein Einziger hätte ihm das Wasser reichen können, sagte sie mir, als ich einmal wagte, sie danach zu fragen.

Sophie benutzte keine Schminke, auch keinen Lippenstift und nur ganz selten Parfüm. Sie hatte noch ein Fläschchen mit Chanel No. 5. Ich fragte sie, warum sie es nicht benutze. Sie lächelte ironisch. ›Mein Vater, der Arzt war, hat einmal zu mir gesagt, der beste Geruch einer Frau ist ein sauberer Körper. Das hat sich mir wohl eingeprägt.‹ Wir lachten beide.«

Olga, die Enkelin, bewunderte ihre Großmutter. »Sie hat mir wahrscheinlich mehr bedeutet als meine Mutter. Denn sie hat meine Seele erzogen. Sie war eine so kluge Frau. Immerzu hat sie etwas Interessantes gelesen, Dostojewskj, Tolstoi, Puschkin. Aber auch deutsche Schriftsteller wie Heinrich Mann, Lion Feuchtwanger oder Gerhart Hauptmann.

Sie war ein Mensch, der lieber gab als nahm. Sie war sehr großzügig. Sie konnte sich auch an kleinen Dingen erfreuen, zum Beispiel an ihren Kakteen auf der Fensterbank, die sie wie Kinder hegte und pflegte.

Ich kann mich nicht daran erinnern, dass sich meine Babuschka jemals über ihre Armut beklagte. Nur die Kälte machte ihr zu schaffen. Jeder Winter fiel ihr sehr schwer. Es gab oft Tage und Nächte mit minus 40 Grad. Einmal schrieb sie mir: ›Dieser Frost ist schrecklich. Ich kann nicht aus dem Haus, weil mir der Atem stocken würde. In meinem Zimmer sind bereits seit einer Woche nur noch zwölf Grad, und heute Morgen waren draußen minus 48. Jen hat mir ein elektrisches Heizgerät gebracht, das Tag und Nacht läuft. Trotzdem trage ich drei Pullover übereinander und hülle mich dazu noch in ein wollenes Tuch. Ich lebe jetzt seit 40 Jahren in der Sowjetunion, und habe noch keinen so kalten Winter erlebt.‹

Jeden Dezember hatte sie Depressionen. Sie schrieb mir, dass wieder diese düsteren traurigen Tage gekommen seien, vor allem dieser 30. Dezember, an dem mein Vater Hans Küppers aus ihrem Leben verschwunden und El Lissitzky, ihr Mann, gestorben war. Sie selbst starb auch im Dezember.

Wenn ich zu Besuch in Nowosibirsk war als junges Mädchen, verwöhnte sie mich mit deutschen Gerichten. Ich erinnere mich noch an ihre köstlichen Kohlrouladen. Manchmal, wenn ich Halsschmerzen hatte, gab sie mir einen Löffel Honig, den sie in heißer Milch auflöste. Noch heute habe ich diesen besonderen Geschmack auf der Zunge.

Sie war nicht nur eine sehr starke, sondern oft auch eine harte Frau. Wenn sie sich etwas in den Kopf gesetzt hatte – was sie sehr oft tat –, ließ sie sich von niemandem beeinflussen. Sie duldete keinen Widerspruch.

Sie war für mich ein großes Vorbild. Ich habe sie sehr geliebt.«

Vierter Teil

22. Die Ankunft

Der frische Wind der Freiheit wehte ihnen entgegen, als sie am 7. Mai 1989 auf dem Rollfeld des Wiener Flughafens Schwechat aus einer Maschine der Austrian Airlines stiegen, verabschiedet von einer freundlichen Stewardess, die ihnen in ihrem weichen österreichischen Singsang noch alles Gute für die Zukunft gewünscht hatte.

Jen und Natascha lächelten sich an. Jen Lissitzky, ein untersetzter Mann von 60 Jahren, mit einem mächtigen, beeindruckenden Haupt, dessen untere Partie ein ungezähmter, schon leicht ergrauter Kinn- und Backenbart umrahmte. Eine Gestalt, die geradewegs aus einem Roman von Dostojewskj zu kommen schien. Ein russischer Bär, so wie man ihn sich im Westen vorstellte. Neben ihm seine blonde Frau Natascha, groß, aufrecht, kraftvoll, der man die ehemalige Leistungssportlerin noch ansehen konnte. Zwischen Jen und Natascha drängte sich ihre Bernhardinerhündin Dschuna. Das riesige gutmütige Tier hatte seine erste Flugreise im engen Behälter offenbar gut überstanden. Es reckte sich, gähnte kräftig und wünschte sich wohl eine Schale mit Wasser, die ein Mann vom Flughafenpersonal alsbald herbeizauberte, während sie noch auf ihr Gepäck warteten.

Ihr ganzes vergangenes Leben, das Jen so erleichtert abgestreift hatte, steckte in zwei Koffern. Das Archiv seines Vaters El Lissitzky – Briefe, Fotos, Entwürfe, Dokumente. Ein paar wertvolle Bücher, darunter eine Erstausgabe von Dostojewskjs Gesammelten Werken, die private Korrespondenz seiner Mutter Sophie. Das »teuerste Nähkästchen der

Welt«, wie sie die kleine Schwitters-Truhe scherzhaft nannten. Ein paar Arbeiten von Jens verstorbenem Freund Nikolai Grizjuk. Ein Kinderbild von Sophie, das ihr Onkel Hermann Schneider gemalt hatte. Und Sophies Liste ihrer geraubten Bilder.

»Wir glaubten, nun würde sich alles zum Guten wenden«, erinnert sich Jen Lissitzky. »Die Bespitzelungen, die Zensur, die Beobachtungen auf Schritt und Tritt würden endlich aufhören. Wir glaubten, dass die Passkontrolle in Moskau die letzte Demütigung gewesen sein würde, die wir ertragen mussten: Der Rotarmist hinter dem Panzerglas schaute in unsere Papiere, blätterte sie quälend langsam und gelangweilt durch. Dann griff er zum Telefonhörer. Es kam ein weiterer Rotarmist, um ihn zu unterstützen. Zwischendurch warfen sie finstere Blicke in unsere Richtung – sie fühlten sich an wie Pistolenschüsse. Natascha drückte beruhigend meine Hand. Sie kennt mein Temperament. Auch Dschuna half mir, mich zu beherrschen. Sie wedelte einfach freundlich mit dem Schwanz. Schließlich wurden uns unsere Papiere zugeschoben, widerwillig, so als hätten wir sie nicht verdient. Aber das war man gewöhnt in der Sowjetunion. So spielte sich das ganze Leben ab. Man war den ›höheren Kräften‹ ausgeliefert. Nicht Rubel zählten, sondern Macht über andere Menschen.«

Das Lächeln der freundlichen Stewardess war längst verweht, als sich Jen und Natascha nun mit ihrem Gepäck bei der Zollkontrolle in Wien einfanden.

Nach sieben vergeblichen Versuchen in über elf Jahren hatten sie es endlich geschafft, im Jahr der Wende ein grünes Ausreise-Visum nach Israel – Jens Vater El Lissitzky war schließlich Jude – zu bekommen. Mit Transit über Wien soll-

Jen Lissitzky *(Foto: Inge Fleischmann)*

te die Reise weiter nach Israel gehen. Doch sie hatten niemals vor, im »Gelobten Land« Wurzeln zu schlagen, sie wollten nach Deutschland, in die Heimat von Jens Mutter Sophie, in der sie sich vergeblich ihre letzte Ruhestätte gewünscht hatte.

Es ist nur zu verstehen, dass man bei der Jewish Agency nicht gerade begeistert war von diesem offensichtlichen Trick, mit dem Jen und Natascha es geschafft hatten, aus der Sowjetunion herauszukommen. Aber ihm war jedes Mittel recht, »dieses verdammte sozialistische System« hinter sich zu lassen.

Die Jewish Agency war ursprünglich, als es noch kein Land Israel gab, die inoffizielle Vertretung der palästinensischen Juden. Heute pflegt sie die Kontakte zum Judentum im Ausland und sie ist vor allem die Organisation, die Juden aus der Sowjetunion zur Emigration nach Israel verhilft. Sie operiert von Wien aus.

»Am Zoll sprach uns ein Mann von der Jewish Agency in Russisch an. Er wollte unsere Ausreisepapiere sehen und behielt sie gleich. Er fragte uns, ob wir eine Wohnung oder sonstige Hilfe brauchten. Wir bedankten uns höflich und sagten ihm, das sei bereits alles von Deutschland aus geregelt. Er schaute uns etwas irritiert an, dann zog er ab. Da standen wir nun, glücklich, frei – aber ohne Papiere.«

Am nächsten Tag gingen Jen und Natascha zur Deutschen Botschaft, um ihre weitere Reise zu besprechen. »Die waren ziemlich erstaunt, als sie hörten, dass wir unsere wichtigen Ausreisedokumente abgegeben hatten. ›Das dürfen die doch gar nicht. Gehen Sie sofort hin, machen Sie Krach. Drohen Sie im Notfall mit der Polizei‹, wurde uns ans Herz gelegt.

Gewappnet mit diesem guten Rat liefen wir zu der israelischen Behörde, unsere Dschuna nahmen wir selbstverständlich mit. Aber dieses Mal konnte auch das gutmütige Tier keine freundliche Atmosphäre schaffen. Das alles hatten wir doch schon so oft erlebt, bewaffnete Polizisten, schwere Panzertüren, misstrauische Blicke, diese ganze bedrohliche Situation. Als wir endlich in einem Zimmer vor einem Schreibtisch standen, fragte der Mann dahinter im Ton eines Verhörs: ›Sie wollen also gar nicht nach Israel ausreisen?‹ Ich erklärte ihm, dass wir von Anfang an nach Deutschland wollten, denn meine Mutter sei Deutsche gewesen und ich fühlte mich als Deutscher. Da warf er uns wütend die Papiere vor die Füße. Wir nahmen sie – und dann nichts wie weg!«

Als sie zur Deutschen Botschaft zurückkamen, lagen dort schon ihre deutschen Reisepässe bereit. Sie bestiegen den nächsten Zug in die Bundesrepublik.

Wohin aber geht man in einem Land, das einem völlig fremd ist, das sich nur durch die Erzählungen der Mutter und vielleicht durch ein paar Bücher mit Leben gefüllt hat? Nach München, wo Sophie aufgewachsen war? Nach Hannover, wo sie ein paar glückliche Jahre verbrachte? Oder an die Nordsee, die sie so geliebt hatte?

Jen folgte einer Einladung der deutschen Möbelfirma Tecta, mit der er bereits von Moskau aus, wo er zuletzt gelebt hatte, in Kontakt gestanden hatte. Die Firma, die ihren Sitz in Lauenförde an der Weser hat, produziert unter anderen auch Möbel nach den Entwürfen von El Lissitzky, die in exklusiven Einrichtungshäusern erhältlich sind. Zum Beispiel den »Pressa-Sessel«, den der Künstler für die Pressa-Ausstellung Köln 1928 entworfen hatte, und den »Tisch des Ansagers« aus der Figurinenmappe von 1923.

Das Geld war knapp. Jen war mit zwei Koffern nach

Deutschland gekommen. Er besaß kein einziges der ohnehin seltenen Ölbilder, keinen Proun seines berühmten Vaters. Aber die hätte er sowieso nicht verkauft. Die einzige Lithographie aus einer der beiden Kestner-Mappen, betitelt »Der Neue«, die in Sophies letzter Wohnung gehangen hatte, schenkte er seinem Sohn Sergej. Jen weiß nicht, wo sie sich heute befindet. Der Kontakt ist abgerissen. Zwischen Vater und Sohn blieb die Mauer stehen. Jen erklärt dazu, sein Sohn habe sich in Geschäfte verwickelt, mit denen er nicht einverstanden war.

Sergej, heute ein Mann von Mitte vierzig, untersetzt und mit einem Vollbart wie sein Vater, lebt in Nowosibirsk. Er kümmert sich rührend um seine allein stehende Mutter Tamara. In seinem schwarzen Mercedes fährt er sie zum Bäcker, um frisches Brot zu kaufen. Sie soll nicht draußen in der Eiseskälte herumlaufen, die ihren Bronchien wehtut. Sergej hat eine hübsche Tochter, Valeria, die bei der Großmutter in ihrer Zwei-Zimmer-Kommunalka lebt. In der Schule lernt sie Englisch. Sie möchte eines Tages in England arbeiten.

Sergej sagt, er handle mit Fastfood, ein Wirtschaftszweig, der in Sibirien, besonders bei den jungen Leuten, große Zukunft habe. Sergej erinnert sich noch gut an seine Großmutter Sophie: »Sie war ziemlich ›straight‹, nicht so sehr die gütige Babuschka, wie man es bei uns gewohnt ist. Sie liebte mich, soweit sie das konnte. Sie hat mir das Lesen und Schreiben beigebracht, als ich zwischen vier und fünf Jahre alt war, damals, als sie eine Zeit lang bei uns in Komsomolsk lebte. Sie las mir auch aus Wilhelm Busch vor. Zuerst in Deutsch, das ich natürlich nicht verstand, dann übersetzte sie es ins Russische. Später habe ich manchmal die Sommerferien bei ihr in Nowosibirsk verbracht.«

Über seinen Vater Jen möchte Sergej nicht sprechen. Er sagt nur: »Das Zerwürfnis ist nicht von mir ausgegangen.« All diese russischen, menschlichen Tragödien. Nichts hat sich verändert, seit Dostojewskj sie in Weltliteratur verwandelte.

Jens Startkapital setzte sich zusammen aus den Rechten am Werk seines Vaters, aus Verkaufshonoraren, die sich von dem Buch über El Lissitzky in Deutschland angesammelt hatten, aus Lizenzgebühren für die Möbel, die sein Vater entworfen hatte. Und vor allem aus dem Verkauf von zwölf Lissitzky-Fotoarbeiten an den Berliner Kunsthändler Hendrik Berinson, der sie an die Houk Friedman Fotogalerie in New York weitergab. Dort wurde die Eröffnungsausstellung zur Sensation, und man riss sich um diese echten Lissitzkys, die extrem selten auf dem Markt sind.

El Lissitzky war der Erste aus dem Kreis russischer Avantgardekünstler gewesen, der die Malerei für überwunden hielt und sich in den zwanziger Jahren für das neue Medium der Zeit, die Fotografie, entschied. Auf eine völlig revolutionäre Art und Weise. Er gestaltete fotografische Techniken mit den Händen und dem Kopf eines Künstlers. Weltberühmt wurde seine 1924 entstandene Fotomontage »Der Konstrukteur«, ein Selbstporträt auf Rechenpapier, einen Zirkel in der Hand, der den Kopf eng umkreist.

Wiedergefunden hatte Jen einen Teil der Fotos in Dresden.

Als Sophie 1965 an dem Buch über El Lissitzky arbeitete, stellte sie dem Verlag der Kunst eine ganze Reihe von privaten Aufnahmen und originalen Lissitzky-Fotoarbeiten zur Verfügung. Sie blieben in Dresden im Archiv des Verlages. »Mutter und ich hielten es für besser, sie dort zu lassen, bis wir vielleicht eines Tages eine Ausreisegenehmigung bekommen würden, um die wir uns Jahr um Jahr bemühten.«

Dass darüber so viel Zeit verstreichen würde, dass erst Systeme zerbersten und Mauern fallen mussten, ehe Jen die Fotos seines Vaters wiedersah, hatte damals niemand ahnen können. Tatsächlich fand er die unversehrten Arbeiten El Lissitzkys im Archiv des ehemaligen DDR-Verlages und konnte sie ohne Probleme mitnehmen.

So ermöglichte dieser kleine Teil des fotografischen Œuvres El Lissitzkys seinem Sohn Jen, sich zunächst in Bad Karlshafen, später in Andalusien ein eigenes Haus zu kaufen. Nie mehr wollte er zur Miete wohnen, nie mehr mit anderen Menschen Küche und Bad teilen.

Später trennte sich Jen auch von dem kostbaren Schwitters-Intarsienkästchen, das so viele weite Reisen unbeschadet überstanden hatte. Es fand einen würdigen Platz im Museum der Heimatstadt des Künstlers, in Hannover. Seine Mutter, das wusste er, wäre damit einverstanden gewesen.

Drei Jahre verbrachten Jen und Natascha in Bad Karlshafen, ohne sich dort heimisch zu fühlen. In dieser Zeit erkundeten sie Europa mit einem Wohnmobil. Deutschland erdrückte sie, die Menschen hier hatten sie zu sehr enttäuscht und enttäuschten sie täglich aufs Neue. Schließlich ließen sie sich in der wilden Einsamkeit der andalusischen Berge nieder. Hier leben sie heute mit ihren Hunden und Pferden. Natascha züchtet Obst und Gemüse. Sie hat eine Bewässerungsanlage gebaut, denn in Andalusien sind die Sommer lang, heiß und trocken. Nur selten fahren sie in die am nächsten gelegenen Städte Sevilla oder Marbella. Die Natur ist ihnen wichtiger geworden als die Menschen. Sie weckt ehrliche Gefühle. Sie wühlt auf, und sie tröstet auch.

Jen Lissitzky war mit einer etwas naiven Vorstellung in den Westen gekommen, er hatte sich ein Idealbild von dieser neuen Welt aufgebaut und all seine Hoffnungen in sie gesetzt. Aber dann musste er feststellen, dass es auch hier Egoismus gibt, der jedoch auf einer anderen Ebene funktioniert, nicht auf der staatlich gelenkten, sondern auf der privaten materiellen – jeder gegen jeden, und jeder für sich.

Seine Mutter Sophie hatte ihn gewarnt. Als sie wieder und wieder versuchten, nach Deutschland auszureisen und Sophie noch daran glaubte, dass sie diesen Tag erleben würde, hatte sie sich um Jen gesorgt: »Was wird nur mit dir in diesem fremden Land? Was willst du dort anfangen in deinem Alter? Das ist eine ganz andere Welt. Bei mir ist es etwas anderes: ich will nach Hause zurück, um zu sterben. Mein Leben ist vorbei. Aber du, mein Sohn?«

Sophies Sohn. Er ist nicht bereit zu bequemen Kompromissen, er beharrt auf der eigenen Position, manche halten ihn für stur. Aber es ist eine moralische Position. Sie hilft ihm, nicht aufzugeben, wenn er sich ein Ziel gesetzt hat. Dahinter steckt auch die Überzeugung, dass Gerechtigkeit existiert. Wie, ohne diesen Glauben, hätte seine Mutter ihr hartes Leben in Sibirien ertragen können? Jetzt geht Jen den Weg der Gerechtigkeit. Er weiß, dass es ein einsamer Weg ist.

Er will, und wenn es bis ans Ende seines Lebens dauert, das Vermächtnis seiner Mutter erfüllen. Schließlich hat er Sophies Liste geerbt.

Seine erste Reise in Deutschland führte ihn im Juni 1989 nach Köln zur Galerie Gmurzynska.

Jen erinnert sich noch genau an die Besuche in Nowosibirsk, als seine Mutter noch lebte: »Eines Tages, im Herbst

1975, stand ein gut gekleideter Mann in der Wohnung meiner Mutter und sagte in gebrochenem Deutsch: ›Mein Name ist Ludwik Rogozinski, ich komme aus Köln. Meine Frau besitzt eine Galerie, in der wir eine El Lissitzky-Ausstellung durchführen wollen.‹ Mutter und ich waren erfreut und gern bereit, dabei zu helfen. Wir zeigten dem Herrn aus Köln Arbeiten meines Vaters. Nach einiger Zeit kam eine Mitarbeiterin der Galerie zu uns nach Nowosibirsk, Lilo Schultz-Siemens. Sie schaute sich die Arbeiten erneut an und nahm schließlich eine Auswahl für die Kölner Ausstellung mit nach Moskau, von wo sie dann auf geheimen Wegen in den Westen gelangten.

Das war unsere erste Begegnung mit der Galerie Gmurzynska. Es gibt keine schriftlichen Vereinbarungen, denn in einem Unrechtsstaat wie der Sowjetunion hätten solche Papiere sowieso keinen Wert besessen, ja, ihr Besitz wäre geradezu gefährlich gewesen. Alles war eine vertrauliche Angelegenheit, denn diese Leute gaben sich sympathisch und hilfsbereit. Wir glaubten, sie seien Freunde. Antonina Gmurzynska schrieb Briefe an Mutter, in denen sie immer wieder fragte, ob sie etwas brauche. Sie solle sich nicht scheuen, ihre Wünsche zu äußern.«

1976 war die Ausstellung in der Kölner Galerie schließlich zustande gekommen. Jen und seine Mutter waren damit einverstanden, dass, so bezeugt es Jen Lissitzky, Antonina Gmurzynska die Arbeiten von El Lissitzky in Kommission verkaufen wollte, bis auf zwei Ausnahmen, an denen Sophie sehr hing und die sie am Ende der Ausstellung zurückhaben wollte. Das abgesprochene Kommissionsgeschäft sowie die beiden Leihgaben wurden später von der Galerie in Abrede gestellt.

Bei einem späteren Treffen in Moskau, wo Jen seit 1980 mit seiner Frau Natascha lebte, sagte ihm die Galeristin, dass einige der Werke bereits verkauft seien und sie ein Konto in Deutschland auf den Namen von Jen Lissitzky eingerichtet habe. »Schon vor diesem Gespräch hatten wir unsere Ausreise nach Deutschland beantragt. Frau Gmurzynska wollte uns bei unseren Bemühungen unterstützen.«

Wie war es damals überhaupt möglich, dass eine westliche Galerie in der Sowjetunion operieren konnte? Eine ihrer ersten Ausstellungen vereinte in der Galerie Gmurzynska einen Kreis junger, nonkonformistischer Künstler aus Moskau und Leningrad. Diese Schau war wohl mehr ein politisches als ein künstlerisches Spektaktel. Doch sie bot der Galerie die Eintrittskarte, sich auf die Fährtensuche nach den großen Namen der russischen Avantgarde aus den zwanziger Jahren zu begeben. Die Werke von Kandinsky, Malewitsch, Larionow, Gontscharowa und von El Lissitzky hingen schon längst in den Sälen bedeutender Museen und Galerien in Europa und Amerika. Die meisten Arbeiten befanden sich aber noch in der Sowjetunion. Doch sie waren in keinem der staatlichen Museen und Galerien präsent. Offiziell galt das alles als Formalismus und bourgeoise Kunst, also »entartete Kunst« in der sowjetischen Variante, die das eigene Volk nicht sehen durfte.

Die meisten Künstler waren zu diesem Zeitpunkt längst verstorben, und die begehrten Nachlässe lagerten entweder in den Sonderdepots der Museen oder bei Verwandten und Nachfahren der Künstler und in verborgenen Privatsammlungen.

Wie aber gelang es einem ausländischen Kunsthändler, in den Besitz dieser Kunstwerke zu kommen?

Zunächst musste er Vertrauen erwecken und er musste mit harten Devisen locken. Doch ihr Besitz war für die Sowjetbürger gefährlich und wurde mit Gefängnis bestraft. Da aber viele Familien, denen es gelungen war, die verbotene Kunst vor dem Stalin-Terror zu retten, Juden waren, die die Sowjetunion verlassen wollten, brauchten sie Geld im Ausland.

Natürlich benötigte der ausländische Kunsthändler vor allem Kenner der Szene, die ihm die Ware zulieferten. Auch Jen Lissitzky erhielt nach eigener Aussage ein derartiges Angebot von Antonina Gmurzynska. Doch er habe abgelehnt.

Wie schaffte es schließlich der ausländische Kunsthändler, die Ware über die Grenze zu bekommen, für die sich im Westen bereits ein prominenter Kundenstamm gebildet hatte, zu dem große Sammler wie Peter Ludwig und Heinrich Thyssen-Bornemisza gehörten?

An eine Ausfuhr auf legalem Wege war nicht zu denken. Er knüpfte also ein Netz gefälliger Menschen, die ihm dabei halfen, die Kunstwerke dennoch in den Westen zu bringen. Das konnten Korrespondenten westlicher Zeitungen sein, Mitarbeiter von Luftfahrtgesellschaften oder Angehörige von Botschaften.

Von Zeit zu Zeit kamen Galeriemitarbeiter nach Moskau. »Sie kamen«, so Jen Lissitzky, »als bescheidene Touristen mit günstigen Flügen aus Ost-Berlin, brachten Geschenke, Medikamente für die Mutter, warme Bekleidung und Fotokameras für mich, und sie sprachen Russisch. Es war eine Szene wie vor hundert Jahren in Polynesien oder bei den Samojeden im fernen Norden Russlands: Der weiße Mensch kam mit Glasperlen, Pulver und Winchester, er bekam dafür kost-

bare Pelze oder Elfenbein. Im damaligen verängstigten, schäbigen Leben, in der Isolation und mit ganz verzerrten Vorstellungen von der westlichen Welt, besonders vom dortigen Kunsthandel, begegnete man diesen Leuten als Freunden.«
Es ist atemberaubend, wie sich die Geschäfte mit den Werken russischer Avantgarde-Künstler in den folgenden Jahren entwickelten, wie die Preise in die Höhe schnellten und die Händler saftige Gewinne einstrichen. So konnte man noch in den siebziger Jahren einen Malewitsch für 10 000 Rubel erwerben. Da kostete der Dollar auf dem Schwarzmarkt umgerechnet fünf Rubel. Im Jahr 2000 wurde in New York bei einer Auktion ein Malewitsch für 15 Millionen Dollar versteigert!

Als Jen und Natascha Lissitzky 1989 in den Westen kamen, lebte Antonina Gmurzynska nicht mehr. Die Galerie hatte ihre Tochter Krystyna übernommen. Mit der schockierenden Tatsache konfrontiert, dass das Konto, das für ihn auf der Simon-Bank in Düsseldorf eingerichtet worden war und auf dem sich 140 000 Mark befunden hatten, schon seit 1980 nicht mehr existierte, fuhr Jen im Juni 1989 nach Köln. Er habe zuvor einen Termin mit Ludwik Rogozinski vereinbart, erinnert sich Jen, »doch ich musste eine halbe Stunde warten, bis der gnädige Herr endlich Zeit hatte. Plötzlich gab es keine freundschaftlichen Gespräche mehr. Mir wurde in knappen Worten erklärt, dass ich keinerlei weitere Ansprüche auf irgendwelche Verkäufe von Lissitzky-Werken hätte. Dann gab er mir diskret einen Umschlag, in dem 20 000 Mark in bar steckten. Damit wollte man mich abspeisen. Ich nahm das Geld, das mir ohne Quittung überreicht wurde, denn ich brauchte es dringend für unseren Start in Deutschland. Es war eine beschämende Situation. Krystyna ließ sich während meines kurzen Besuches nicht blicken.«

Am 13. Juli schickte sie mir per Einschreiben folgenden Brief:

»Lieber Jen,

in Beantwortung Deiner Briefe vom 29.06. und 07.07. dieses Jahres muss ich Dir Folgendes mitteilen:

Meinen Unterlagen entsprechend gibt es zwischen uns keine gegenseitigen offenen Forderungen und Verbindlichkeiten mehr. Die Geschäfte sind in den siebziger Jahren zwischen unseren Müttern abgewickelt worden. Die Dir aus meinen Privatmitteln durch Ludwig übergebenen DM 20 000 empfinden wir als Starthilfe für Dich im Westen in Ansehung der so langjährigen Freundschaft. Die in der Galerie verbliebenen Dokumente (Briefe, Entwurfszeichnungen, Fotos) liegen vor und können anlässlich Deines Besuches nach meinen Ferien ab der 2. Augusthälfte abgeholt werden.

Mit freundlichen Grüßen

Deine Krystyna«

Jen Lissitzky interessierte sich verständlicherweise dafür, zu welchen Preisen die Werke seines Vaters verkauft worden waren und welchen Gewinn die Galerie davon hatte. Es kam zu einem Gerichtsstreit. Der Prozess dauerte vier Jahre, wirbelte viel Schmutz auf und gab interessante Einblicke in die Gepflogenheiten des Kunsthandels. Und in die Möglichkeiten, verschollene und verfemte Kunst hinter dem Eisernen Vorhang aufzuspüren, sie zu erwerben, sie über die Grenze zu schmuggeln und auf dem internationalen Kunstmarkt teuer zu verkaufen. Das Verdienst der Galerie, die Meister der russischen Avantgarde, unter ihnen El Lissitzky, wieder ins Gedächtnis der Kunstfreunde geholt zu haben, soll nicht geschmälert werden. Die Mittel, mit denen dies geschah, stehen auf einem anderen Blatt.

Worum ging es in dem Prozess?

Es ging in erster Linie um viel Geld. Um Geld, das die Galerie Jen Lissitzky aus seiner Sicht noch schuldete, und das nicht abgegolten war mit den Geschenken, die er und seine Mutter von den »Freunden aus Köln« in den siebziger Jahren bekommen hatten. Und auch nicht mit den insgesamt 48 000 Mark, die ihm verschiedene Personen in bar oder als Sachleistung im Lauf der Jahre im Auftrag der Galerie zugesteckt hatten.

Es ging um ein leer geräumtes Konto. Wo waren die 140 000 Mark, auf die Antonina Gmurzynska in einem Brief vom 23. September 1976 Bezug nahm: »Der erwähnte Betrag ist noch nicht alles, er hat von uns noch viel mehr Geld zu bekommen«? Die Galerie hatte das Konto bereits am 14. Januar 1980 gelöscht und argumentierte nun, es sei aus »rein humanitären Zwecken« eröffnet worden. Man habe das Konto nur angelegt, um zu beweisen, dass Mutter und Sohn bei ihrer Umsiedlung in die Heimat niemandem zur Last fallen würden, dass auf die Verwandten – damals bestand noch die Hoffnung, dass Sophies Bruder Julius seine Unterschrift unter den Ausreiseantrag setzen würde – keine finanziellen Belastungen zukämen. Das Konto habe mit den geschäftlichen Beziehungen nichts zu tun. Nachdem der Bruder von Sophie es jedoch abgelehnt habe, einen Antrag zu unterschreiben, sei das Konto überflüssig geworden. Diese Darstellung fanden selbst die Richter etwas abenteuerlich.

Es ging um 25 Echtheits-Zertifikate. Bei ihrem zweiten Besuch in Nowosibirsk hatte Lilo Schultz-Siemens, später verheiratete Benecke, als Mitarbeiterin der Galerie eine Reihe von Fotografien mitgebracht, die nicht signierte Arbeiten von El Lissitzky zeigten. Sophie sollte sie prüfen und mit ihrer Unterschrift auf der Rückseite ihre Echtheit unter Beweis stellen. »Die alte Frau tat sich mit den kleinen Abzügen ein bisschen schwer. Ich wunderte mich, woher plötzlich so viele unsignierte Lissitzkys kamen.«

Die Gerichtsakten enthalten eine Reihe von Briefen, die Antonina Gmurzynska zwischen 1976 und 1978 an Sophie Lissitzky geschrieben hatte. Sie berichtet darin von ihren Bemühungen, Mutter und Sohn zur Ausreise aus der Sowjetunion zu verhelfen. Sie nimmt Anteil an Sophies Problemen. Sie fragt immer wieder, was sie an Medikamenten und anderen Dingen benötige. Sie erzählt von einer Reise nach New York. Und immer wieder, wie zufällig eingestreut oder als Postskriptum angehängt: »... ich habe Ihnen geschrieben und am Telefon gesagt, dass wir Ihnen sehr dankbar wären, wenn Sie uns die Zertifikate für die Lissitzky-Arbeiten schicken könnten.« – »P.S. Anbei schicken wir Ihnen ein Farbdia einer Arbeit von Lissitzky, die wir schon lange in unserer Privatsammlung haben, wir wären Ihnen sehr dankbar, wenn Sie uns auf der Rückseite des schwarz-weißen Fotos Ihre Bestätigung geben könnten.« – »Ich habe noch eine große Bitte an Sie: Lilo hat Jen Fotos von einigen Aquarellen gegeben mit der herzlichen Bitte, Zertifikate auszustellen. Die Arbeiten stammen von Rose Fried: ich glaube, dass der Name Ihnen geläufig ist, sie war die Erste, die sich vor dem Kriege mit Konstruktivisten beschäftigt hat.« – »Jetzt habe ich noch eine große Bitte an Sie: Aus einer sehr guten Quelle wurde uns eine Arbeit von Lissitzky angeboten ... würden Sie uns ein Zertifikat für diese Arbeit ausstellen und an uns schicken, wir bitten Sie herzlich darum. Ohne Ihre Expertise möchten wir das Bild nicht kaufen.«

Für jede ausgestellte Expertise war ein Honorar von 1000 Mark vereinbart worden, mündlich natürlich. Lilo Schultz-Siemens bestätigte dies vor Gericht. Jen forderte auch dieses Honorar für 25 Zertifikate ein.

Wie glaubwürdig war die Zeugin Lilo Schultz-Siemens?

Die gegnerische Seite jedenfalls versuchte mit unlauterer Polemik den Wahrheitsgehalt ihrer Aussagen zu erschüttern, indem sie der jungen Frau ein intimes Verhältnis mit Jen Lissitzky – ausgedrückt als eine »tiefstgehende Freundschaft« – unterstellte.

Jen Lissitzky – nur ein »Gag«?

Die Galerie wollte damals eine Reproduktion des Buches »Die vier Grundrechnungsarten« von El Lissitzky, dessen Original ebenfalls aus Nowosibirsk nach Köln kam, in einer Edition von 200 Stück herausgeben und ließ sich dafür von Jen Lissitzky 200 Blanko-Blätter signieren. Am Verkauf der Bücher, so erinnerte er sich, sollte er prozentual beteiligt werden. Genauso wie an 150 eigens hergestellten Tellern, auf denen eine Arbeit El Lissitzkys aus dem Buch »Für zwei Quadrate« abgebildet war. Auch hier forderte der Sohn seinen Anteil.

Die Signierung der Nachdrucke durch Jen Lissitzky sei eher als »Gag« anzusehen denn als Wertsteigerung, argumentierte die Galerie. Im Übrigen habe man von den Büchern bisher nur 18 verkauft und 61 verschenkt. Und die Teller, insgesamt 95 Stück, habe man ausnahmslos als Weihnachtsgeschenk für gute Kunden anfertigen lassen.

Wie bekannt ist El Lissitzky?

Die Galerie betonte immer wieder, wie hoch ihr Verlustrisiko war bei der illegalen Ausfuhr der Bilder aus der Sowjetunion. Dass sie keine Mühen und kein Geld gescheut habe, den Namen von El Lissitzky bekannt zu machen, der zu diesem Zeitpunkt im Westen nur wenigen Fachleuten vertraut gewesen sei.

Stimmt nicht, erklärt Jen, der Sohn des Künstlers. Schon in den dreißiger Jahren und besonders unmittelbar nach dem Zweiten Weltkrieg galt El Lissitzky als einer der großen Meister der russischen Avantgarde des 20. Jahrhunderts. Als die Galerie Gmurzynska im Frühjahr 1976 ihre Lissitzky-Ausstellung in Köln veranstaltete, war das Interesse an den russischen Konstruktivisten, und besonders an Kasimir Malewitsch und El Lissitzky als Wegbereitern der russischen Avantgarde, auf einem ersten Höhepunkt angelangt.

Als ein Beispiel für den Wert der Lissitzky-Arbeiten erklärte Jen in dem Prozess gegen die Galerie, dass die sieben Entwürfe, die sein Vater für den russischen Pavillon der internationalen Ausstellung »Pressa« im Jahr 1928 gezeichnet hatte, mit 1,3 Millionen Mark versichert wurden, als das Museum Ludwig in Köln, das sie von der Galerie Gmurzynska erworben hatte, sie Ende 1990 für eine große El Lissitzky-Ausstellung auslieh.

Ausgeliehen, verkauft, geschenkt?

Unter den Arbeiten, die ihr Jen und seine Mutter übergaben, befanden sich auch zwei Werke, die nicht zum Verkauf bestimmt und für die Ausstellung bei Gmurzynska ausdrücklich nur geliehen waren, so erinnerte sich die Zeugin Benecke (Schultz-Siemens).

Es handelte sich um »Exlibris«, Fotomontage und Gouache, 1924, sowie »Proun B 111«, Collage, 1922, zwei bedeutende Arbeiten des Künstlers, die seine Witwe in ihrer Privatsammlung behalten wollte.

Stimmt nicht, konterte der Zeuge Rogozinski. Das Bild »Exlibris« habe er, als er sie 1975 in Nowosibirsk besuchte, persönlich von Sophie Lissitzky geschenkt bekommen. Wahrscheinlich habe sie es nicht für besonders wertvoll gehalten. Es befinde sich in seiner Wohnung. Die Collage »Proun B 111« sei kein unverkäufliches Ausstellungsstück gewesen.

Das sind nur einige Verhandlungspunkte der gerichtlichen Auseinandersetzungen zwischen Jen Lissitzky und der Galerie Gmurzynska, die einen dicken Aktenordner füllen. Sie endeten schließlich mit einem Vergleich vor dem Oberlandesgericht Köln: Zum Ausgleich aller gegenseitigen Ansprüche erklärte sich die Galerie zur Zahlung von 300 000 Mark sowie zur Übernahme der Verfahrenskosten bereit.

Jen Lissitzky hatte zwar einen moralischen Sieg errungen, doch er sieht sich nicht als Gewinner. Die beiden unverkäuflichen Werke aus der Privatsammlung seiner Mutter hat er nie zurückbekommen. Er weiß nichts über ihren Verbleib.

Noch heute wundert er sich, warum es keinem der Richter gelungen war, Einblick in die Geschäftsbücher der Galerie Gmurzynska zu bekommen. »Dann wäre doch alles ganz einfach und klar gewesen.«

Dass dann später eine Klage vom Bundesgerichtshof in Karlsruhe abgewiesen wurde, in der Krystyna Gmurzynska Jen Lissitzky verbieten lassen wollte, von »ausbeuterischen Methoden« im Zusammenhang mit dem Nachlass seines Vaters zu sprechen, sei nur am Rande erwähnt.

Der Kunsthandel im Westen hatte Jen Lissitzky eine erste Lektion erteilt. Auch hier, in einem freien demokratischen Land, war nicht alles so ideal, wie er es sich als Sowjetmensch vorgestellt hatte. Ja doch, seine Mutter hatte ihn gewarnt. Aber er wollte es nicht glauben.

Seine erste Begegnung mit einem Museum im Westen gab ihm den Glauben an den Sieg der Gerechtigkeit keineswegs zurück.

Zum 100. Geburtstag seines Vaters El Lissitzky, der am 10. November 1890 im Gouvernement Smolensk zur Welt gekommen war, bereitete das Van Abbemuseum im holländischen Eindhoven eine große Ausstellung vor, die anschließend nach Madrid und Paris gehen würde. Es verfügte mit seiner »Sammlung anonym« und weiteren Werken über eine der größten Kollektionen des russischen Konstruktivisten.

Von dieser geheimnisvollen Sammlung – insgesamt 85 Arbeiten ihres Mannes, Gouachen, Lithos, Entwürfe – hatte Sophie Lissitzky seit ihrem Briefwechsel im Jahr 1965 mit dem damaligen Direktor Jean Leering gewusst, als das Museum eine erste Lissitzky-Ausstellung plante. Trotz ihres wachen Verstands hatten die Jahre der Unfreiheit und Verbannung Sophie verändert. Die Strömungen einer neuen Zeit waren nicht bis ins ferne Sibirien gelangt. Sie ließ sich von den freundlichen Worten des Direktors einlullen, sie wagte nicht, ihm die knallharte Frage zu stellen: »Wer steckt hinter dieser anonymen Sammlung?«

Die stellte dann schließlich ihr Sohn, aber leider erst 25 Jahre später.

Das Museum hatte ihn, der inzwischen in Bad Karlshafen lebte, um seine Mitarbeit gebeten. Natürlich war Jen Lissitzky geschmeichelt. Bereitwillig öffnete er sein eigenes Archiv, in der Vorbereitungszeit kam er regelmäßig vorbei und bei der Eröffnung am 5. Dezember 1990 wurde er als Ehrengast gebührend hofiert. Bei dem anschließenden Empfang – Häppchen, Champagner, Parfümwolken, schickes Kunstvolk, gepflegter Smalltalk, das Übliche, für ihn jedoch neu – fragte er den ebenfalls anwesenden ehemaligen Direktor Jean Leering: »Wer hat Ihnen damals die Sammlung verkauft?« Da verstummte die Gästeschar schockiert. Was wagte dieser Exil-Russe? Doch Jean Leering antwortete wahrheits- und sinngemäß: Es war Ilse Leda Vordemberge, die Witwe des Künstlers Friedrich Vordemberge-Gildewart.

Jen Lissitzky sagt heute, dass ihm die Zusammenhänge sofort klar waren, dass er aber das Ungeheuerliche dieser Antwort damals einfach so hingenommen habe. »Ich war immer noch ein Sowjetmensch, ob ich das nun wollte oder nicht. Ich war geprägt von diesem System, in dem ich seit meiner Geburt leben musste. Ich wagte noch nicht, mit der Faust auf den Tisch zu schlagen und zu sagen: ›Aber Verzeihung, meine Herren Kunstexperten, dann gehört die Sammlung mir.‹«

Das tat dann ein Jahr später ein Anwalt für ihn. Der sprach von Unterschlagung und von unrechtmäßigem Erwerb, schließlich habe der damalige Direktor die Zusammenhänge sehr genau gekannt.

Aber Jen Lissitzky hatte noch nicht das nötige finanzielle Polster und auch nicht den Mut, um so einen Prozess durchzustehen. Als ihm der Bürgermeister von Eindhoven im April 1992 mitteilte, dass man keinen Anlass sehe, die Rechtmäßigkeit der für 100 000 US-Dollar erworbenen Arbeiten seines Vaters auch nur im Ansatz anzuzweifeln, resignierte er.

Aber zu diesem Thema ist noch nicht das letzte Wort gesprochen. Es ist ein Fall für Clemens Toussaint …

23. Der Kunstfahnder

Sie lernten sich im Herbst 1991 auf den Stufen vor dem Niedersächsischen Landesmuseum, dem früheren Provinzialmuseum, in Hannover kennen. Ein symbolträchtiger Ort für ein Treffen zwischen Jen Lissitzky, dem Sohn des russischen Konstruktivisten El Lissitzky, und Clemens Toussaint, dem jungen Kunsthistoriker aus Köln.

Der Berliner Fotogalerist Hendrik Berinson hatte das Treffen in Hannover vermittelt. Dort, wo alles begonnen hatte, mit der Liebe, der Kunst, dem Schicksal, das zunächst so gütig war zu der jungen Sophie, ihrem Mann Paul Küppers und all den kreativen Künstlern in einer Zeit des Aufbruchs, damals in den zwanziger Jahren des vergangenen Jahrhunderts ...

Jen Lissitzky erwartete nichts von dem Treffen. Zu viele Enttäuschungen der vergangenen Wochen quälten ihn. Überall, wo er mit der Liste seiner Mutter auftauchte, in Museen, Galerien, Auktionshäusern, erntete er Misstrauen und Spott. All diese kunstsaturierten Damen und Herren, die ihn am liebsten zum Teufel geschickt hätten. Was wollte dieser bärtige Russe? Sich nach über fünfzig Jahren Kunstwerke zurückholen, die in der Nazizeit verschwunden, vielleicht sogar vernichtet worden waren? Und das mit einer handgeschriebenen privaten Liste ohne jeden Dokumentationswert?

Und dann kam da so ein junger Typ daher, gerade mal 30 Jahre alt, der gut und gern sein Sohn sein könnte, und behauptete, er werde die Spur der verschollenen Gemälde finden. Er werde ihm helfen, das Vermächtnis seiner Mutter zu erfüllen. Jen Lissitzky nahm die Situation zunächst nicht allzu ernst. »Mir war klar, dass es sich um eine sehr komplizierte Sache handelte.« Während eines längeren Gesprächs ließ er sich schließlich von den Ideen und Plänen dieses »Phantasten« überzeugen. »Ich merkte, dass er mit Ernst, aber auch mit einer großen Portion Idealismus und Begeisterung an die Sache heranging. Das ist eine gute Mischung.« Sie wurden schließlich zu engen Verbündeten im Kampf um das Eigentum seiner Mutter.

Clemens Toussaint war beeindruckt von seinem Gegenüber, von der Beharrlichkeit, mit der dieser sein Ziel im Auge behielt. Er hatte ihn noch nie zuvor gesehen. »Mir schwebte so ein Typ wie Solschenizyn vor, als er Mitte der siebziger Jahre in Köln bei Heinrich Böll lebte und von uns jungen Menschen bewundert wurde. Auch Jen hatte so eine eindrucksvolle Präsenz. Besser hätte ich mir einen Russen gar nicht vorstellen können. Er war impulsiv, emotional und verletzlich. Dann brach plötzlich die unbekümmerte bajuwarische Fröhlichkeit seiner Mutter durch, die ihr so viele schwere Situationen erleichtert hatte. Ich mochte sein tiefes, gutmütiges Lachen, das aber, Vorsicht, ganz schnell in Zorn umschlagen konnte.«

Als Toussaint zum ersten Mal »Sophies Liste« – die originale, keine Kopie – in Händen hielt, Jen hatte sie zu dem Treffen mitgebracht, als er die Namen der großen Künstler darauf las, war er elektrisiert. Mein Gott, all diese Geschichten, die es nun galt, zu finden, die Geschichten der Menschen, die um diese Bilder kreisen … Er fing sofort Feuer. Hier bahnte sich das größte Abenteuer seines bisherigen Lebens an.

Clemens Toussaint *(Foto: Inge Fleischmann)*

Die Familiengeschichte der Toussaints spielte immer zwischen Deutschland und Frankreich. Clemens Toussaint kam zwar 1961 in Saarbrücken zur Welt, fühlt sich aber als Kölner. Hier wuchs er in einer bürgerlich-intellektuellen Familie auf, besuchte die Schule, begann sein Studium der Kunstgeschichte und Philosophie. Dann zog er nach Berlin, wo er zunächst weiter studierte, jedoch mit zunehmendem Unbehagen. »Mich störte bei der philosophischen Auseinandersetzung mit der Kunst, beim Versuch, Kunst in Worte und Sprache zu fassen, dass sie dabei verdinglicht und letztendlich vergewaltigt wird. Dagegen habe ich immer revoltiert. Ich wollte, dass der Respekt vor der Aura des Kunstwerks erhalten bleibt. Sie entsteht durch die Menschen und ihre Geschichten, die mit dem Werk verbunden sind. Mich reizte es, diese Geschichten zu sammeln.«

Toussaints erste Geschichte war noch rein fiktiv. Der Student kam auf die Idee, über ein im Nazi-Deutschland verschollenes Bild von Ernst Ludwig Kirchner ein Drehbuch für einen Film zu schreiben. Was wäre, wenn das Bild reden könnte? Wenn es all die dramatischen und auch komischen Szenen erzählen würde, die sich vor ihm abspielten. Wenn es der einzige Zeuge von Liebe, Verrat, Intrigen, Raub und vielleicht auch Mord wäre ...

Er begann in den Bibliotheken und Archiven von Berlin Ost und West zu recherchieren. Dabei stieß der Hobby-Fahnder zum ersten Mal auf die ablehnende Haltung der Museen, wenn es um das Thema Kunsterwerb im Dritten Reich ging.

»Es ist schon faszinierend, wenn man so allein in einem Archiv sitzt, Stunde um Stunde, Woche um Woche, und plötzlich tauchen aus dem Dunkel der Vergangenheit Geschichten auf, die mit Leben, und das heißt mit Menschen erfüllt sind, und man hat das Gefühl, da stimmt etwas nicht. Und geht zu den Offiziellen und erzählt diese Geschichte – wenn man dann hören muss, das ist doch alles Quatsch, dann bekommt man als junger Mensch eine Riesenwut auf dieses ganze Kulturestablishment, auf diese ganze arrogante, eingebildete Szene ...«

Das Drehbuch wurde nie fertig, denn sein Autor hatte erkannt, dass das wirkliche Leben die spannenderen Geschichten schreibt. Sein Studium brach Toussaint 1985 ab.

Dann beauftragte ihn die Bundesregierung, gemeinsam mit russischen Forschern an einem Projekt über die Beutezüge der Sowjetarmee in Deutschland und den Verbleib deutscher Raubkunst in der Sowjetunion zu arbeiten.

So erwarb er ganz allmählich einen Grundstock an Wissen und Kontakten für seine spätere Tätigkeit als selbständiger Raubkunst-Fahnder. In den folgenden zwei Jahren verbrachte er viel Zeit in Bibliotheken und Archiven, um sich eine Datenbank aller verschwundenen Gemälde der klassischen Moderne aufzubauen.

Im Alleingang – und nicht als verlängerter Arm einer internationalen Finanzmafia, wie ihm Kritiker aus Kunstkreisen heute gelegentlich vorwerfen – begab er sich auf die Suche nach solchen verschollenen Bildern, die während des Zweiten Weltkriegs und in den Jahren danach verschwanden, weil sie geächtet und ihre Schöpfer politisch verfolgt wurden. Ein schier unendliches Feld. Die Werkverzeichnisse der Klassiker des 20. Jahrhunderts zeigen, dass zirka 20 bis 30 Prozent der Bestände fehlen.

Toussaints Fälle stammen ausnahmslos aus der Zeit der großen totalitären Katastrophen im 20. Jahrhundert – entweder bedienten sich die Nazis bei jüdischen Sammlungen in

Deutschland und in den besetzten Ländern, oder die Rote Armee raubte Kunst in Deutschland und in anderen von ihr okkupierten Ländern. Der gigantische Raubkunstskandal verlagerte sich immer mehr in die Nachkriegszeit, wo herrenloser Besitz skrupellos öffentlichen Sammlungen einverleibt wurde, und das von allen europäischen Staaten.

Gelang es Toussaint, ein solches Werk aufzuspüren, setzte er sich mit den ursprünglichen Eigentümern oder deren Erben in Verbindung. Nicht alle nahmen ihn ernst.

Heute, bekannt und berüchtigt als Spürnase der Extraklasse, kann er sich vor Anfragen kaum retten. »Da kommt jemand und zeigt mir ein Schwarzweißfoto aus einer Vorkriegswohnung, auf dem ein Kunstwerk überm Sofa hängt. Das soll ich dann finden. Manchmal schaffe ich es, nachdem ich mich Wochen und Monate durch staubige Archive gewühlt habe. Und dann stehe ich irgendwo in einer Privatsammlung in Südamerika, in einem Museum in den Vereinigten Staaten oder in Russland, und da ist das Bild. Ich kann es anschauen, vielleicht sogar anfassen, und es ist farbig. Das ist dann mein ästhetischer Kick.«

Ob der ursprüngliche Eigentümer oder seine Nachfahren es jemals zurückbekommen, ist ein anderes und sehr komplexes Thema – und dem Ermittler, der auf eigenes Risiko und auf Erfolgsbasis arbeitet, ist dabei nicht immer Glück beschieden. Viele seiner Klienten geben sich, wie er findet, allzu schnell mit einem finanziellen Ausgleich zufrieden. Deswegen bewundert Clemens Toussaint Jen Lissitzky, der seinen Weg bis zum Ziel gehen will. Es ist auch sein Weg.

Inzwischen hat Toussaint ein weltweites Netz geknüpft und weiß, welcher Datenbanken, Internet-Adressen, Kunsthistoriker, Archivare und Anwälte er sich bei Bedarf bedienen kann. Denn häufig ist der Fahnder selbst, für den sich nach dem Fall der Berliner Mauer und des Eisernen Vorhanges ein weites Betätigungsfeld auftat, in Museen, Bibliotheken oder Archiven nicht mehr willkommen. Man kennt ihn, manche respektieren, andere fürchten ihn, aber die meisten möchten am liebsten nichts mit ihm zu tun haben. Auch der internationale Kunsthandel schaut ihm misstrauisch auf die Finger und versucht, seine Arbeit zu boykottieren, denn häufig zerrt er Wahrheiten ans Licht, die nach Meinung mancher besser im Dunkeln geblieben wären.

Sein bisher größter Erfolg: Das Museum of Modern Art in New York gab im Jahr 2000 ein suprematistisches Meisterwerk von Kasimir Malewitsch frei, es wurde für 15 Millionen US-Dollar versteigert und machte 31 zumeist bettelarme Erben reich, die Toussaint in Russland, der Ukraine, Turkmenistan, Polen, Kanada und England aufgespürt hatte. Ihm verschaffte es das finanzielle Polster, das er dringend brauchte, um weiter nach Sophies Bildern zu suchen und sie ihrem Sohn zurückzugeben.

Die gelungene Malewitsch-Restitution, die weltweites Aufsehen erregte, rüttelte aber auch die alten Seilschaften wach, die im Schutz des Eisernen Vorhangs zwischen Ost und West agiert hatten und nun plötzlich mit einem gefährlichen Widersacher rechnen mussten. Sie lassen ihn durch Mittelsmänner bedrohen, sie sorgen für eine negative Presse, sie versäumen keine Gelegenheit, ihn als Ausbeuter und als »König der Diebe« zu verleumden oder als »Rächer der Enterbten« lächerlich zu machen. Aus dem Jäger ist ein Gejagter geworden, der sich aber dennoch nicht beirren lässt. Seine Recherchen gleichen häufig einem riskanten Drahtseilakt. Aber er liebt das Risiko, blickt der Gefahr und dem Gegner beherzt ins Auge.

Am Anfang ist das Bild. Oft gibt es nur eine Fotografie des verschollenen Kunstwerks, das Original selbst ist in den Wirren der Kriegs- und Nachkriegsjahre verschwunden. Manchmal ist es über Werksverzeichnisse und Internet-Adressen für Toussaint ein leichtes Spiel, es in einem Museum oder einer Privatsammlung ausfindig zu machen, wie wir im Fall von »Sophies Liste« noch erfahren werden.

»Dann hängt es da, man sieht es mit eigenen Augen, und man bekommt versichert, dass es gutgläubig erworben wurde. Also geht man zurück zu den Anfängen: Wo ist es verschwunden? Wann ist es verschwunden? Wer hat es besessen? Wer hat es an sich genommen? Wer lebt heute noch und könnte weiterhelfen?

Dann wird es spannend, wenn man sich mit den Obsessionen von Menschen beschäftigen muss, die Kunst gestohlen haben, als kleine Mitläufer oder als große Organisatoren.

Man stellt sich selbst die Frage: Was hättest du als Verfolgter in so einer Situation gemacht? Hättest du es versteckt, bevor du im letzten Moment eine Schiffspassage nach Amerika bekamst oder wenn du von der Gestapo abgeholt wurdest? Und wie hättest du gehandelt, wenn dir von solchen Menschen ein Kunstwerk anvertraut worden wäre und sie nach dem Krieg nie wieder auftauchten, um es abzuholen? Hättest du es eines Tages verkauft und dich damit an fremdem Eigentum bereichert? Hätte dein Gewissen dich ruhig schlafen lassen?«

Manche Fälle von Toussaint ziehen sich zehn Jahre und länger hin – wie der einer deutschen Impressionistensammlung. Ein eindrucksvolles Beispiel seiner Arbeitsweise. Er erzählt das Abenteuer selbst:

»Eines Tages rief mich ein deutscher Weinhändler aus dem Burgund an, der gehört hatte, dass ich nach deutscher Raubkunst in Russland fahndete. Er erzählte mir, dass sein Großvater zu den größten Impressionistensammlern Hamburgs gehört habe. Nach seinem Tod sollte die Sammlung zu je einem Drittel an seine Kinder, zwei Töchter und ein Sohn, vererbt werden. Er starb in den dreißiger Jahren. Seine Frau lagerte die kostbare Sammlung während des Krieges in einer Berliner Bank ein, und zwar in drei verschiedenen Kisten. Damals konnte sich niemand vorstellen, dass die Reichshauptstadt eines Tages fallen würde, deswegen wurde dort und in ihrer Umgebung besonders viel Kunst versteckt. Als die ersten Bomben in Berlins Gebäuden explodierten, fuhren die beiden Schwestern in einer Nacht-und-Nebel-Aktion mit dem Zug von Hamburg nach Berlin, um die drei Kisten abzuholen. Ihr Bruder war bei der Armee und irgendwo in Finnland stationiert. Aber die Bank rückte die dritte Kiste nicht heraus, weil der Eigentümer sie persönlich abholen und eine Quittung unterschreiben sollte.

Nach dem Krieg fand der Sohn des Hamburger Sammlers zwar die Bank wieder, doch die Kiste war verschwunden. Man konnte ihm nur sagen, dass sie ein russischer Offizier beschlagnahmt hatte. Darüber gab es auch eine Aktennotiz. Nun glaubte er, seine Bilder müssten sich irgendwo in Russland befinden. Inzwischen war er gestorben, und sein Sohn bat mich, nach den Bildern zu suchen.

In der Kiste, so erfuhr ich von ihm, befanden sich fünf bedeutende Bilder: Ein Cézanne, ein Degas, ein Monet, ein Hodler, ein Munch. Er besaß zwar eine Erbaufstellung, aber keine Fotografien der Bilder. Bei Monet stand nur ›Gärten im Sommer‹, bei Hodler ›Landschaft‹, bei Degas ›Tänzerin‹, bei

Cézanne ›Landschaft‹. Wie hätte ich sie finden sollen – schliesslich hat Monet viele Gärten im Sommer gemalt und Degas viele Tänzerinnen.

Ich konnte keines der Bilder auf den Listen identifizieren, die mir damals zur Verfügung standen. Damit war die Sache für mich zunächst erledigt.

Ein paar Monate später rief mich der Weinhändler aus dem Burgund erneut an. Er hatte ein Familienalbum gefunden mit einem Foto aus dem Hamburger Salon der Grosseltern. Und siehe da, man konnte einige Gemälde darauf identifizieren. Der Monet stand tatsächlich im Werkverzeichnis des Künstlers und war erst kürzlich dem Metropolitan Museum in New York geschenkt worden.

Nun galt es, den gesamten Weg des Bildes zurückzuverfolgen. Ich fand heraus, dass zwar ein Russe die Kiste aus der Bank geholt hatte, aber nicht im Auftrag seiner Regierung. Ein deutscher Kunsthändler, der zuvor schon für die Nazis gearbeitet hatte, war sein Auftraggeber. Die Bilder wurden anschliessend sofort auf dem Berliner Schwarzmarkt verscherbelt, denn unmittelbar danach tauchten sie in verschiedenen Ländern wieder auf: der Cézanne in Argentinien, der Hodler in der Schweiz, der Munch in Norwegen, der Monet und der Degas in New York. Ein anderer Händler, der ebenfalls für die Nazis gearbeitet und sich nach Amerika abgesetzt hatte, verkaufte den Monet einer reichen jüdischen Sammlerin in New York. Vor einigen Jahren schenkte sie das Bild dem Museum. Sie gehört zu den wichtigsten Stiftern, nach ihr ist ein ganzer Flügel des Museums benannt.

Am Ende kam es zu einem Vergleich mit dem Metropolitan Museum. Es erklärte sich bereit, dem Erben eine

Entschädigung zu bezahlen, das Gemälde blieb im Museum.«

Keine Frage, dass Toussaint nun, beflügelt durch den Erfolg, die vier weiteren Bilder des Weinhändlers einkreist.

24. Sophies Liste

Es war einer der traurigsten Tage im Leben von Sophie Lissitzky-Küppers, als sie am 9. Oktober 1958 während ihres Aufenthalts bei den Wiener Verwandten vom Provinzialmuseum in Hannover die Mitteilung erhielt, dass ihre ganze Sammlung von den Nazis beschlagnahmt worden und seither verschollen war.

Doch nie hätte sie den Kunstbarbaren des Hitler-Reichs wirklich zugetraut, dass sie all diese wunderbaren Werke zerstören würden. Unter ihnen gab es doch sicher auch Menschen, die den Wert deutscher Kultur schätzten und sie nicht grundsätzlich verdammten. Womit Sophie Recht hatte.

Die Nazis, und allen voran der kunstsinnige zweite Mann im Staat, Hermann Göring, wussten sehr wohl, welche Schätze sie sich da unter den Nagel gerissen hatten und dass man mit ihnen lukrative Geschäfte machen oder sich eine eigene Privatsammlung aufbauen konnte. Und so begann, in der Hauptsache über die vier von ihnen beauftragten Kunsthändler, eine gigantische Transaktion mit dem Ausland, vor allem mit den Vereinigten Staaten.

Sophie durfte also hoffen, dass die Meisterwerke ihrer Sammlung nicht für immer verloren waren. Dass sie an irgendwelchen Wänden hingen, in Museen, Galerien, Privatwohnungen, vielleicht sogar geehrt und geliebt wurden. Und dass ihr Sohn sie eines Tages zurückbekommen würde. Verbunden mit dieser Hoffnung hatte sie ihm kurz vor ihrem Tod die Liste übergeben.

Sie ist für Clemens Toussaint der Punkt null, zu dem er

> "Sammlung Dr. P. E. Küppers
> als Leihgabe übergeben zu Händen von Alexander
> Dorner an das Provinzial-Museum der Stadt Hannover".
> 1926.
>
> 1. Albert Gleizes: Kubistische Landschaft bei Paris. abg. im Buch
>   Kubismus von D. P. E. Küppers. 1920
> 2. Wassili Kandinsky: Grosses abstraktes Ölgemälde 1911
>   (Mit Gebirgsformen)
> 3.   Aquarell.
> 4. Paul Klee: Gemälde "Sumpflegende" Karton
> 5.   "   Aquarell "Haus und Mond" 1919, 143
>   abgebildet im Buch Kubismus D. P. E. Küppers
> 6.   Aquarell: "Fliegerstadt"
> 7. George Grosz: Gemälde "Schlafstube"
> 8. Fernand Léger: grosses Zeichnung/Aquarell — Karton
> 9. Piet Mondrian: "Neoplasticisme" — Ölgemälde–Leinwand
> 10. Marcoussis: "Kleines kubistisches Gemälde
> 11. Schmidt-Rottluff: Landschaft — Aquarell.
> 12. Lissitzky: Proun S. R.
>   Proun "schwarzes Kreuz".
> 13.
>   Handschrift von Sophie Lissitzky-
>   Küppers

19. »Sophies Liste«, eine Aufstellung der Kunstwerke, die ihr von den Nazis geraubt wurden

zurückkehrt, an dem sich alle seine Phantasien entzünden und alle seine kunsthistorischen und detektivischen Nachforschungen beginnen.

Als im Frühjahr 1919 – so weit reichen die Anfänge der Sammlung zurück – der reiche Bruder ihres Vaters gestorben war, erhielt die junge Sophie Küppers, wie sie damals schrieb, »eine erhebliche Erbschaft, die es uns ermöglichte, für unsere Freunde ein gastfreies Haus zu führen und Bilder zu kaufen«. Gemeinsam mit ihrem Mann Paul Erich Küppers erwarb sie eine Reihe von Arbeiten, darunter auch ein Gemälde des Berliner Zeichners, Malers und Satirikers *George Grosz*. Es dürfte sich um die *Nummer 7* auf ihrer Liste mit dem Titel »*Schlafstube*« handeln.

Grosz (eigentlich Georg Ehrenfried Groß) gehörte zum Hannoveraner Dadaisten-Kreis um Kurt Schwitters, veranstaltete 1920 in Berlin zusammen mit John Heartfield und Raoul Hausmann die Erste Internationale Dada-Messe. Und El Lissitzky, der George Grosz besonders wegen seiner politischen Einstellung schätzte – er war 1918 der KPD beigetreten – und seine schonungslosen satirischen Arbeiten bewunderte, kam durch ihn in Kontakt mit der damaligen deutschen Avantgarde. Umgekehrt verehrte Grosz den Konstruktivisten Lissitzky. In der 1925 gemeinsam mit Wieland Herzfelde verfassten Schrift »Die Kunst ist in Gefahr« schrieb er:

»Keine Zeit war der Kunst feindlicher als die heutige, und es trifft für den Durchschnittstyp des heutigen Menschen zu, wenn man behauptet, er könne ohne Kunst leben ... Die Seele sollte das Rennen machen. Hier starteten viele Expressionisten ... Kandinsky musizierte – und projizierte die seelische

Musik ins Leinwandviereck. Paul Klee häkelte am Biedermeiernähtisch zarte Jungmädchenarbeiten. Lediglich die Gefühle des Malers blieben Darstellungsobjekt der so genannten reinen Kunst, folglich musste der wahre Maler sein Innenleben malen ...

Der Zirkel und das Lineal vertrieben die Seele und die metaphysischen Spekulationen. Die Konstruktivisten traten auf. Sie sehen mit mehr Klarheit in die Zeit. Sie flüchten nicht ins Metaphysische ... Sie wollen Sachlichkeit, wollen für tatsächliche Bedürfnisse arbeiten.«

Einer wie Grosz, dessen Blätter aus »Ecce-Homo« bereits 1923 wegen Unzüchtigkeit beschlagnahmt wurden, und dessen Mappe »Hintergrund« 1928 zu einem Prozess wegen Gotteslästerung führte, musste zwangsläufig mit den Nazis zusammenstoßen. Ende Februar 1933 erschien im nationalsozialistischen Hetzblatt »Völkischer Beobachter« der Artikel »Vom deutschen Kunstreich jüdischer Nation«, der »rechnerische Konstruktionskunst«, »Psychopathenkunst«, »Glorifizierung des Unterwertigen« und die »Kunst an der Grenze des Irrsinns« in hemmungsloser Weise angriff. Zu den so verunglimpften Künstlern gehörte neben Kandinsky, Feininger, Moholy-Nagy, Schwitters, Klee und Max Ernst natürlich auch George Grosz.

In der Münchner Zurschaustellung der »Entarteten Kunst« war Grosz mit zahlreichen Werken vertreten, die meisten von ihnen wurden zerstört oder sind bis heute nicht wieder aufgetaucht. Von der »Schlafstube« gibt es leider keine Abbildung und auch keine weitere Notiz von Sophie.

Clemens Toussaint setzte sich 1992 mit dem Sohn von George Grosz in Verbindung, der in New York lebt, wohin sein Vater bereits 1933 emigriert war. Doch er fand keine

Erwähnung dieses Bildes in der persönlichen Bestandsliste seines Vaters.

Erst in jüngster Zeit meldete sich bei Toussaint ein Kunsthistoriker, der im Fernsehen einen Film über den Raubkunst-Fahnder gesehen hatte. Er arbeite an einem Werkverzeichnis des Künstlers und bitte nun seinerseits Toussaint um Hilfe. Aus der Berliner Zeit, der wichtigsten künstlerischen Phase von George Grosz, seien allein über 170 Gemälde verschollen, zu denen vermutlich auch die »Schlafstube« gehört.

Also fuhr Toussaint nach Capri, wo der Kunsthistoriker in der legendären »Villa Malaparte« arbeitet, die auf einem Fels wie ein Keil das Meer zerschneidet. Eine Villa, die der Schriftsteller Curzio Malaparte in den vierziger Jahren erbauen ließ und die Godard für seinen berühmten Film »Le mépris«, mit Brigitte Bardot, Michel Piccoli und Fritz Lang, als Kulisse diente. »So führt mich manchmal ein Gemälde zu den außergewöhnlichsten Orten und Menschen«, sagt Toussaint, der solche Abenteuer liebt, »dieses Architektur-Denkmal hätte El Lissitzky sicherlich gefallen ...«

Ein großes *Aquarell* auf Karton von *Fernand Léger,* die *Nummer 8* auf Sophies Liste, gibt viele Rätsel auf. Es dürfte sich um eins der bedeutendsten Werke des französischen Kubismus handeln, denn Sophie Küppers wählte ihre Bilder mit großem Sachverstand und untrüglichem Instinkt für Kommendes aus.

Es ist nicht sicher, wann sie es gekauft hat. Vielleicht kurz nach ihrer großen Erbschaft im Jahr 1919. Vielleicht auch anlässlich einer Reise nach Paris im Jahr 1925. Durch Vermittlung der Dresdener Kunstsammlerin Ida Bienert sollte sie in der dortigen Kunsthandlung Kühl und Kühn eine Ausstellung mit den Arbeiten von Piet Mondrian, Man Ray, Fernand Léger und den französischen Nachkubisten vorbereiten.

Über ihren Parisaufenthalt schrieb Sophie: »Kameradschaftlich nahmen mich die französischen Künstler auf, interessierten sich für Lissitzky und zeigten mir bereitwilligst ihre Arbeiten ... Besonders Léger war von kämpferischer Sicherheit, war empört über das staatliche Ausstellungs- und kunsthändlerische Unwesen. Er war einer der wenigen sozial eingestellten Künstler in dem Paris von 1925.« Vielleicht hat Sophie bei dieser Gelegenheit das Aquarell vom Künstler persönlich erworben, vielleicht auch drei Jahre später, als sie erneut nach Paris fuhr, diesmal zusammen mit El Lissitzky. Über den Atelierbesuch bei Léger schrieb sie:

»Er begrüßte Lissitzky sehr erfreut, zeigte seine Arbeiten, die sich nach der kubistischen Periode zu einem Konstruktionsstil entwickelt hatten. Der stattliche blonde Normanne war herb und kühl in seiner Farbgebung. Er revoltierte gegen den üblichen Kunstbetrieb und stand den Fragen des Sozialismus, der Arbeiterklasse schon damals in seinem Schaffen sehr nahe.«

Die Wahrscheinlichkeit ist groß, dass das Bild von den Nazis zerstört wurde. Nach seiner Beschlagnahme kam es im Depot im Schloss Niederschönhausen in Berlin an und wurde dort mit der Inventar-Nummer 14214 registriert. Dahinter steht ein großes »V« für »vernichtet«.

Eine andere mögliche Variante: Als El Lissitzky 1930 zum letzten Mal Hannover und die Dorners besuchte, nahm er aus der Sammlung zwei Werke von Paul Klee, eins von Léger sowie eine Südsee-Plastik mit. Der Weg der beiden Klee-Bilder und der kleinen Frauenskulptur sind bekannt. Möglich, dass es sich bei dem Léger um Sophies Aquarell handelte. Möglich, dass Lissitzky es irgendwo deponierte, weil es zu groß fürs Handgepäck nach Moskau war. Doch auch hier verlieren sich die Spuren im Nichts.

Zu *Karl Schmidt-Rottluff* – sein »*Aquarell einer Landschaft*« ist die *Nummer 11* auf ihrer Liste – dürfte Sophie auch eine persönliche Beziehung gehabt haben. Ein Werk des gebürtigen Chemnitzer Malers und Bildhauers gehört ebenfalls zu den großzügigen Kunstkäufen nach der Erbschaft von 1919.

Am 25. April 1920 veranstaltete die Kestner-Gesellschaft die Ausstellung »Schmidt-Rottluff. Negerkunst«. Auf dem Plakat ist ein Holzschnitt des Künstlers abgebildet. Die Ausstellung zeigte Gemälde und Aquarelle von Schmidt-Rottluff, sowie geschnitzte Figuren, Masken, Fetische und Gebrauchsgegenstände aus Afrika und Ozeanien.

Die zweite der insgesamt sechs Kestner-Mappen – herausgegeben für die Mitglieder der Kestner-Gesellschaft in einer limitierten Auflage von 50 Exemplaren, jeweils sechs Lithographien enthaltend – hatte Schmidt-Rottluff unter dem Titel »Fischer« gestaltet. Diese Kestner-Mappen, die erste trägt die Handschrift El Lissitzkys, sind heute rare Kostbarkeiten.

Schmidt-Rottluff, der Expressionist und Mitbegründer der Künstlergruppe »Brücke«, erregte zwangsläufig das Missfallen der Nazi-Kunstwächter. 1937 ließen sie 600 seiner Werke beschlagnahmen. In der Ausstellung »Entartete Kunst« sah er sich unter der Schlagzeile »Deutsche Bauern jiddisch gesehen« präsentiert. Und zusammen mit Ernst Ludwig Kirchner wurde ihm eine eigene Wand reserviert unter dem Motto: »So schauten kranke Geister die Natur«.

Leider gibt es von dem Aquarell keine Abbildung. Auf der

Verlustliste des Hannover-Museums stehen drei Schmidt-Rottluffs.

Toussaint wird weiter nach Sophies »Landschaft« forschen.

Die *Nummer 9* auf Sophies Liste, »*Neoplastizisme*« genannt, ist ein wichtiges Werk des holländischen Malers *Piet Mondrian,* das Sophie persönlich vom Künstler erworben hat. Den stillen, zurückhaltenden und damals in den zwanziger Jahren in ärmlichen Verhältnissen in Paris lebenden Mondrian hat sie stets besonders gefördert, durch ihre Vermittlung konnte er 1924 sein erstes Bild nach Deutschland verkaufen.

Auch El Lissitzky schätzte Mondrian als Künstler und als Mensch. Am 24. September 1925 schrieb er aus Moskau an sein »Muttilein«: »Ich gratuliere Dir zu der Ausstellung *(bei Kühl und Kühn in Dresden),* bin sicher, dass sie sehr schön ist. Wünsche Dir besten Erfolg. Alle brauchen es – Du, auch Mondrian. Habe einen Brief von Tilly Brugmann aus Den Haag bekommen. Sie schreibt, dass sie im Herbst in Paris bei Mondrian war, dass seine Gelder schon verbraucht sind und er ungeduldig auf deine Dresdner Erfolge wartet. Jedenfalls hast Du Mondrian zu der Abrundung seiner Entwicklung verholfen, dafür werden Dir die Engel im Himmel ein Ständchen bringen.«

Bei ihrem Aufenthalt in Paris 1928 besuchten Sophie und El Lissitzky Mondrian in seinem Atelier in der Rue du Départ. »Trotz Unkenntnis der französischen und der deutschen Sprache«, schrieb sie über den Besuch, »verstanden sich die beiden Künstler sofort. Ihre Experimente, Lissitzkys im Raum, Mondrians in der Fläche, ergänzten sich gegenseitig. Lissitzky war sehr beeindruckt von den klaren, farbigen Aufteilungen Mondrians; er sagte ihm eine große Zukunft für die Anwendung der Farbe als Komponente der Architektur voraus.«

Ihren eigenen Mondrian, »Neoplastizisme«, auch »Komposition Schilderij No. 2 mit Blau, Gelb, Schwarz und verschiedenen hellgrauen und weißen Tönen« genannt, vertraute Sophie zusammen mit ihren anderen Bildern Alexander Dorner an, als sie nach Moskau übersiedelte.

Im Werkverzeichnis von Mondrian findet sich lediglich die Vermutung, dieses Bild habe, zusammen mit dem weiteren aus dem Provinzialmuseum sowie einem dritten aus dem Museum Folkwang in Essen zu den von den Nazis beschlagnahmten Werken gehört, die keine Käufer fanden und schließlich vernichtet wurden.

Clemens Toussaint hat eine andere Spur des großformatigen Ölgemäldes gefunden: Nach seiner Beschlagnahme wurde es nach Berlin gebracht und erhielt dort die Nr. 7034 der Naziregistratur. Der Kunsthändler Karl Buchholz ließ das Bild, zusammen mit vielen anderen, über den nach New York emigrierten Kollegen Curt Valentin den amerikanischen Museen anbieten. So auch Alexander Dorner, inzwischen Direktor des Museums in Rhode Island.

Ihm schrieb Buchholz, er habe einige hochinteressante Werke von Lissitzky und Mondrian. Dorner schrieb zurück: »Interessiere mich besonders für einen Mondrian, den ich 1923 für das Provinzialmuseum in Hannover gekauft habe. Vielleicht kann ich ihn ja nochmals kaufen …« Dafür musste er allerdings ein ganzes Paket von Kunstwerken erwerben, womit er sich einverstanden erklärte. Buchholz schickte die Bilder nach New York zu Curt Valentin, der sie an Dorner weitergab.

Empört meldete sich dieser erneut bei Buchholz: »Das ist nicht der Mondrian, nach dem ich gefragt habe. Dieses Bild gehört einer Privatsammlerin in Hannover. Das ist ein gestohlenes Bild, das können Sie nicht verkaufen« – und schickte es an Curt Valentin zurück. Hier verliert sich seine Spur.

Toussaint vermutet, dass es sich irgendwo in den USA befindet. Er will versuchen, im Archiv Curt Valentins, das heute im Museum of Modern Art aufbewahrt wird, den weiteren Weg des Bildes nachzuvollziehen. Er ist dort nicht sonderlich willkommen, wegen der Sache mit Malewitsch ...

Während eines Amerika-Aufenthaltes hörte Toussaint von einer populären TV-Show, die vom Hollywoodsender Fox produziert wird und sich »Million Dollar Mysteries« nennt. In der Sendung geht es um alle möglichen verschwundenen Gegenstände, die aber mindestens eine Million Dollar wert sein müssen. Derjenige, der den Gegenstand ausfindig macht, bekommt den Finderlohn von eben einer Million. »Zunächst fand ich das alles etwas unseriös, aber als ich hörte, dass ein Special über von den Nationalsozialisten geraubte Kunst geplant war, wurde ich hellhörig. Und als ich erfuhr, dass da wirklich bekannte Familien mitmachen wollten, besorgte ich eine Bürgschaft und unterschrieb mit Jens Einverständnis einen Vertrag, in dem wir uns verpflichteten, eine Million Dollar Finderlohn zu bezahlen, falls das Bild gefunden würde. So groß wäre das Risiko nicht gewesen, denn das Bild wäre heute fünf bis zehn Millionen Dollar wert.«

Die Show lief, der Mondrian tauchte leider nicht auf. Dafür hatte ein anderer Teilnehmer mehr Glück. Während der Sendung kam ein Anruf für Marc Goldschmidt aus Florida: »Ich weiß, wo Ihr Monet hängt.«

Die »*Kubistische Landschaft bei Paris*« 1912 von *Albert Gleizes* ist die *Nummer 1* auf Sophies Liste. »Das Geheimnis dieses Bildes wird sich irgendwo in Südamerika lösen«, glaubt Clemens Toussaint.

Der Franzose Gleizes war nicht nur ein bedeutender Maler, sondern auch ein wichtiger Theoretiker des Kubismus. Er schuf in den Jahren 1912/13 einige Schlüsselbilder dieser Stilrichtung und verfasste die Abhandlung »Du cubisme« aus dem Jahr 1912. Auch Paul Erich Küppers veröffentlichte 1920 in Leipzig ein Buch unter dem Titel »Der Kubismus«. So wird es nicht nur eine Frage des ästhetischen Wohlgefallens, sondern auch der intellektuellen Affinität gewesen sein, dass Albert Gleizes' farbenprächtiges Gemälde zur Sammlung Küppers gehörte. Später hing die »Kubistische Landschaft« in Lissitzkys »Abstraktem Kabinett« im Provinzialmuseum, im Inventarkatalog des Museums wird sie als »Leihgabe Sammlung Küppers« vermerkt.

1937 wurde das Bild zusammen mit den anderen beschlagnahmten Werken des Hannover-Museums nach Berlin transportiert. Dort verlor sich dann zunächst seine Spur.

Systematisch hatten die Nazis in dem Depot in der Köpenickstraße jedes einzelne angekommene Werk fotografiert und inventarisiert. Doch bis vor einiger Zeit existierte lediglich der erste Teil dieser nach Städten geordneten Liste, der von A wie Aachen bis G wie Greifswald reichte. Dann tauchte plötzlich im Victoria and Albert Museum in London 1997 im Nachlass des Londoner Kunsthändlers Harry Fischer der zweite Teil des Gesamtinventars auf. Eine Riesensensation, denn nun waren alle über 30 000 aus deutschen Museen entfernten Kunstwerke, ihr ursprünglicher Standort, der Name des Verwerters und häufig auch der Preis dokumentiert.

Toussaint fuhr sofort nach London: »Ich fand tatsächlich unseren Gleizes unter der Nummer 7030, dahinter der Vermerk: Kauf, Buchholz.«

Bei Kriegsende hatte sich der Nazi-Kunsthändler Buchholz nach Bogota in Kolumbien abgesetzt. Dort betrieb er wieder eine Galerie. Es ist zu vermuten, dass er seine eigenen Bestände mitgenommen hat. Toussaint fand heraus, dass zwei Söhne von Buchholz in Bogota leben und dass es dort eine Firma Buchholz & Buchholz gibt. »Aber ich kann dort nicht einfach anrufen und mit der Tür ins Haus fallen. Um ein so sensibles Gespräch über ein gestohlenes Bild zu führen, brauche ich viel Zeit und eine geschickte Strategie. Ich werde wohl irgendwann nach Bogota fliegen.«

25. »Russe pfändet Millionengemälde!«

Die Szene hätte einer Filmkomödie von Billy Wilder entstammen können. Doch sie trug sich wirklich zu.

Clemens Toussaint und der Kölner Anwalt von Jen Lissitzky saßen am späten Morgen des 7. März 1992 im Café Kranzler in Berlin, rührten in ihren Kaffeetassen, besprachen die aufregenden Ereignisse des Vortages und schauten zwischendurch auf den lebhaften Betrieb draußen auf dem Kurfürstendamm.

Da fuhr ein roter LKW-Oldtimer langsam über die Allee. Auf seiner Ladefläche war eine Stellwand montiert, auf der in riesigen Lettern zu lesen war:

»BILD heute, Sonnabend, 7. März 1992. Berlin. Museums-Skandal: Russe pfändet Millionen-Gemälde«.

Keinem einzigen Menschen konnte an diesem Vormittag auf dem Ku'damm diese Schlagzeile entgehen, es sei denn, er war des Lesens nicht mächtig. Offenbar wollten die Boulevardzeitungs-Macher Volkes Stimme zu Gehör bringen: Was wollte dieser Russe aus dem fernen Sibirien? Einfach nach über 50 Jahren daherkommen und ein Bild aus einem Museum holen, das angeblich seiner ehemals deutschen Mutter gehört hatte?

Tatsache war, und das wurde von der seriöseren Presse und ihren Lesern auch so gesehen, dass Jen Lissitzky als Erster den Mut aufbrachte, vom deutschen Staat ein Bild zurückzuverlangen, das dessen Rechtsvorgänger seiner Mutter vor 55 Jahren gestohlen hatte.

Auf der Suche nach den verschollenen Bildern auf der Liste von Sophie Lissitzky-Küppers war ihr Sohn sehr schnell auf *Nummer 4,* die »*Sumpflegende*« von *Paul Klee,* gestoßen.

Sie hing in einer öffentlichen Sammlung, in der Städtischen Galerie im Lenbachhaus in München. Und er konnte sie gegen Bezahlung eines Eintrittsgeldes betrachten, wie jeder andere Besucher auch. Das Bild umdrehen und nachschauen, was auf der Rückseite stand, konnte er allerdings nicht. Dann wäre die Alarmanlage ausgelöst worden. Und er konnte auch nicht mit dem Museumsdirektor Helmut Friedel reden. Der hatte keine Zeit für den armen Bittsteller.

Als er vor dem Bild stand, das seine Mutter so geliebt hatte, stellte sich Jen vor, wie sie an seiner Stelle reagiert hätte: »Mit Zorn? Mit Ohnmacht? Mit Resignation? Ich weiß es wirklich nicht. Wahrscheinlich, so wie ich meine resolute Mutter kenne, hätte sie es einfach von der Wand gerissen, Alarmanlage hin oder her. Und sie hätte allen gezeigt, was auf der Rückseite in der Handschrift von Paul Klee steht: ›1919.163. Sumpflegende Klee, verkauft. Besitzer Dr. Küppers‹. Ja, das hätte meine Mutter getan.«

Als sich Sophie Küppers im Jahr 1927 entschloss, El Lissitzky nach Moskau zu folgen, wusste sie ihr Bild in den vertrauensvollen Händen von Alexander Dorner, dem Leiter des Provinzialmuseums.

Als im Jahr 1937 Hitlers wüster Bildersturm auch ihre »Sumpflegende« erfasste, zitterten Sophie und der schwer kranke El Lissitzky in Moskau vor Stalins Säuberungskommandos.

Als am 21. März 1941 Hildebrand Gurlitt, einer der vier mit den Nazis kooperierenden Kunsthändler, die »Sumpflegende« vom Deutschen Reich für 500 Schweizer Franken erwarb, waren es nur noch drei Monate bis zu Hitlers Einmarsch in die Sowjetunion und nur noch neun Monate bis zum Tod von El Lissitzky.

In den darauf folgenden Jahren, als die »Sumpflegende« in der Wohnung eines rheinischen Privatsammlers hing, durchlebte Sophie Lissitzky-Küppers ihre schwerste Zeit: Sie hatte nicht nur ihren geliebten Mann, sondern auch ihre beiden Söhne aus erster Ehe verloren und wurde als »Staatsfeindin« in die Verbannung nach Sibirien gejagt.

Als das Bild 1958 vermutlich noch immer in der gutbürgerlichen Stube der rheinischen Familie hing, erfuhr Sophie bei den Verwandten in Österreich, dass ihre gesamte Bildersammlung aus dem Provinzialmuseum in Hannover verschwunden war.

Als 1962 die »Sumpflegende« überraschend wieder auftauchte und bei einer Auktion im Kölner Kunsthaus Lempertz für 85 000 Mark dem Schweizer Galeristen Ernst Beyeler zugeschlagen wurde, unterrichtete Sophie Lissitzky im Kulturklub von Nowosibirsk russische Kinder in Nähen und Sticken, und ihr Sohn Jen arbeitete im Fernen Osten als Kameramann für Dokumentarfilme. Der Eiserne Vorhang verhinderte noch immer jegliche Kommunikation mit dem Westen.

In den Jahren danach, als die »Sumpflegende« ihre Reise durch verschiedene Galerien antrat und dabei immer teurer wurde, schrieb Sophie ihr viel beachtetes Buch über El Lissitzky, das 1967 in Dresden erschien. In dieser Zeit erkundigte sie sich beim Niedersächsischen Landesmuseum, dem ehemaligen Provinzialmuseum, in einem Brief erneut nach dem Verbleib ihrer Sammlung, und erhielt vom damaligen Direktor Harald Seiler mit dem Datum 4. Oktober 1968 folgende Antwort: »Tatsache ist, dass wir von den alten Bildern nur noch eines wieder besitzen. Das große Proun-Bild von El Lissitzky. Von den anderen Bildern ist mir nichts mehr bekannt geworden.« Dies schrieb ein Mann, der sich für sein Museum bei der Lempertz-Auktion um die »Sumpflegende« bemüht hatte, aber dann von seinem Ministerium »wegen rechtlicher Bedenken« daran gehindert wurde, das Bild zu ersteigern.

Als Sophie bereits seit vier Jahren in ihrem Grab unter den Birken von Sibirien ruhte, als ihr Sohn Jen und seine Frau Natascha Gemüse und Obst auf einem Acker ihrer Datscha in Estland anbauten und für ein paar Rubel an eine Kooperative verkauften, als sie sich immer wieder vergeblich um eine Ausreisegenehmigung in den Westen bemühten, erwarb – im Jahr 1982 – die Stadt München zusammen mit der Münter- und Eichner-Stiftung die »Sumpflegende« für ihre Städtische Galerie im Lenbachhaus. Sie bezahlte dem Luzerner Kunsthändler Rosengart 800 000 Mark.

Die Reise in die Vergangenheit von Sophie und ihrer »Sumpflegende« hatte Clemens Toussaint Schritt für Schritt nachvollzogen. Und nun ergab sich plötzlich eine Gelegenheit, die man einfach beim Schopf ergreifen musste:

In verschiedenen amerikanischen Museen wurde eine Ausstellung gezeigt, die als Rekonstruktion der berüchtigten »Entartete Kunst«-Schau von 1937 die Besucher aufwühlte. Viele der damaligen Bilder konnten allerdings nur durch Fotografien dokumentiert werden, weil ihr späteres Schicksal unbekannt war. Die »Sumpflegende« jedoch war im Original zu sehen.

In den ersten Märztagen des Jahres 1992 wanderte die

Ausstellung ins Deutsche Historische Museum nach Berlin. Im Katalog war auch die Nummer 2 auf Sophies Liste, Wassily Kandinskys »Improvisation Nr. 10« angekündigt, blieb dann aber im letzten Moment doch bei ihrem Besitzer in der Schweiz, der vielleicht Gefahr witterte.

Das Deutsche Historische Museum ist eine der ganz wenigen Ausstellungsstätten in Deutschland, die nicht kommunalen Trägern, sondern dem Staat gehören. Das war die Stunde von Jen Lissitzky und Clemens Toussaint. Sie heckten mit ihrem Anwalt einen Riesen-Coup aus: Da sich das Gemälde während der Ausstellung im Schutz der Bundesrepublik befand, also der Rechtsnachfolgerin jenes Staates, der es Sophie Lissitzky vor 55 Jahren geraubt hatte, würden sie nun genau diesen Staat zur Rechenschaft ziehen. Außerdem war Berlin der geeignete Ort, um politischen Druck auszuüben.

Jens Kölner Anwalt fand einen aufgeschlossenen und mutigen Richter beim Landgericht in Berlin, der ihm eine einstweilige Verfügung auf Sicherstellung des Klee-Bildes ausstellte.

Leider hatten die furchtlosen Kämpfer für Gerechtigkeit ihre Rechnung ohne den damaligen Museumsdirektor Christoph Stölzl gemacht. Der stellte sich vor das Bild und knurrte vor laufenden Kameras und lauschenden Mikrofonen den Obergerichtsvollzieher Schinkel an: »Nur über meine Leiche!« So jedenfalls schilderte es die Bild-Zeitung in ihrem Aufmacher am 7. März. Im Text hieß es: »Tatort: die Ausstellung ›Entartete Kunst‹ im Alten Museum am Lustgarten. Ohne Vorankündigung waren ein Gerichtsvollzieher und der Kölner Anwalt eines Exil-Russen aufgetaucht. Sie wedelten mit einer einstweiligen Verfügung des Landgerichts, ein Speditionswagen wartete vor dem Museum. Lautstark verlangten sie die Herausgabe des Bildes an den ›eigentlichen‹ Eigentümer Jen Lissitzky.

Stölzl: ›Beispiellos. Dieses Gemälde, mit seiner Maltechnik Öl auf Papier auf Leinwand ist durch abrupte Klimaschwankungen äußerst gefährdet. Es dürfte nur in einer Klimakiste transportiert werden, die sich zuvor mehrere Tage auf Temperatur und Luftfeuchtigkeit des Museums einstellt.‹

Und noch etwas empörte den Museums-Chef: ›Die Justiz gefährdet Berlins Ruf als Ausstellungsort. Sollte sich in der Welt herumsprechen, dass Berliner Richter Kunstwerke aus Ausstellungen abholen lassen, sehe ich schwarz für die zukünftige Leihfreudigkeit in Richtung Berlin …‹

Stölzl setzte durch: Erst nach der Ausstellung, Ende Mai, geht die ›Sumpflegende‹ ans Berliner Landgericht.«

Was jedoch nicht geschah. Das Auslieferungsbegehren scheiterte in zweiter Instanz am Widerspruch des Berliner Kammergerichts. Der Mann aus Sibirien bekam sein Bild nicht zurück. Es wurde wieder nach München transportiert, selbstverständlich unter optimalen klimatischen Bedingungen.

Die Berliner Schlappe ließ Toussaint nicht ruhen. Es gab ja noch München. Die Stadt, in der die Verlegerstochter Sophie Schneider aufgewachsen war. In der Paul Klee seine »Sumpflegende« gemalt, in der Sophie und ihr Mann Paul Küppers sie erworben hatten. Und wo sie nun in einem Museum hing.

Jen Lissitzky reichte Klage auf Herausgabe des Gemäldes gegen die Stadt München ein. Ein mutiger Schritt, der reichlich wenig Aussicht auf Erfolg hatte.

Der ehemalige Direktor des Lenbachhauses, Dr. Armin Zweite, wusste sehr wohl, dass »auf dem Bild ein Schatten lag«, wie er sich zu einem früheren Zeitpunkt in einem Fernsehinterview ausgedrückt hatte. Dennoch wehrte sich sein Nachfolger Professor Dr. Helmut Friedel gegen die Herausgabe. Wenn er es wage, hier zu klagen, dann würde man den Streitwert des Gemäldes derart in die Höhe treiben, dass ihm die Lust am Klagen für immer vergehen würde, hatte ein leitender Mitarbeiter der Rechtsabteilung der Stadt München dem Vernehmen nach Lissitzkys Kölner Anwalt am Telefon angedroht.

Und in der Tat, der in der Klage angegebene Streitwert von 300 000 Mark wurde vom Gericht auf 4 Millionen Mark festgelegt. Entsprechend kletterten auch die Kosten des Prozesses in die Höhe.

Wieder ging der Fahnder zurück in die kunstfeindlichen Zeiten des Nationalsozialismus und erfuhr: Bilder, die Privatpersonen gehörten, waren von der Beschlagnahmeaktion nach dem neu geschaffenen Gesetz von 1938 ausgenommen. Sie sollten nach der Ausstellung »Entartete Kunst« ihren Eigentümern zurückgegeben werden, was auch in vielen Fällen geschah. Doch die Bilder aus der Sammlung Küppers, die in der Liste des Provinzialmuseums nachweislich als »private Leihgaben« aufgeführt waren, blieben zunächst im Sonderdepot Niederschönhausen und wurden erst später verkauft. In einem Schreiben vom 17. September 1938 an Propagandaminister Goebbels gab Dr. Franz Hofmann Auskunft über die »Verwertung der sichergestellten Produkte entarteter Kunst«, für die er verantwortlich war. Toussaint fand darin einen entlarvenden Satz: »Die Staatsangehörigen der Sowjet-Republik sind der Vollständigkeit halber in die Liste mit aufgenommen. Der Fall bleibt wohl gesondert zu prüfen.«

Das dürfte im Fall von Sophie Lissitzky bedeuten, folgerte Toussaint, »dass auf Gemälde einer verhassten Bolschewikin, die einen jüdischen Russen geheiratet hatte, der zu allem Überfluss auch noch artfremde Kunst produzierte, wohl keine Rücksicht mehr genommen werden brauchte ...«

Die Anwälte der Stadt München zweifelten nicht nur Sophie Küppers als Eigentümerin der »Sumpflegende«, sondern auch die Einziehungsaktion von 1937 im Provinzialmuseum grundsätzlich an. Sie fabulierten von einer möglichen freiwilligen Herausgabe und sprachen sogar von einem »Akt vorauseilenden Gehorsams« der damaligen Museumsleitung.

Dass es sich bei Hildebrand Gurlitt, der das Bild 1941 vom Deutschen Reich erwarb, um einen der vier Nazi-Kunsthändler handelte, wischten sie kurzerhand vom Tisch. Ihm könne keine Bösgläubigkeit unterstellt werden, als er die »Sumpflegende« kaufte.

Jen Lissitzkys Klage wurde am 8. Dezember 1993 vom Landgericht München in allen Punkten abgewiesen: Er habe weder nachweisen können, dass sich das Gemälde im Eigentum von Paul Erich Küppers befunden habe, noch dass seine Mutter die Alleinerbin gewesen sei. Auch seiner Auffassung, dass alle Erwerber der »Sumpflegende« bösgläubig gehandelt hätten, konnte sich das Gericht nicht anschließen. Und außerdem sei ja die Verjährungsfrist nach deutschem Recht bereits im Jahre 1967 abgelaufen!

So urteilte das Landgericht, obwohl ihm ein Gutachten des Rechtsprofessors Ulrich Drobnig vom Hamburger Max-Planck-Institut für ausländisches und internationales Privatrecht vorlag, in dem es hieß: »Sophie Lissitzky-Küppers bzw. ihr Sohn Jen haben ihr Eigentum an dem Bild ›Sumpflegende‹ durch die späteren Erwerbsvorgänge nicht verloren. Nach herrschender Meinung verjährt der Eigentumsherausgabe-Anspruch nach 30 Jahren, doch sprechen die besseren Gründe dafür, ihn für unverjährbar zu halten.«

Im Urteil steht ein beachtenswerter Satz: »Im Jahre 1941 wurde das Bild vom Deutschen Reich erworben. Auf Grund der Tatsache, dass auf der Veräußererseite der Fiskus steht, führt dies zu einer Vertrauenssituation, auf die sich der Erwerber grundsätzlich berufen kann. Er kann darauf vertrauen, dass der Veräußerer auch Eigentümer der zu veräußernden Sache ist ...«

Innerhalb von zehn Minuten wurde dieser erste bedeutende Prozess in Deutschland um einen Fall von Nazi-Raubkunst am 8. Dezember 1993 vor dem Münchener Landgericht abgehakt. Danach folgte eine Verkehrssache. Als Jen Lissitzky ankam – sein Zug hatte ein paar Minuten Verspätung – war alles schon gelaufen. Toussaint wunderte sich, wie gefasst er reagierte: »Er akzeptierte das Urteil als eine Realität, wenn auch nicht als eine gerechte. Er möchte nach wie vor wissen: ›Wem gehört das Bild? Meine Mutter hat es nie verkauft. Gehört es also ihr oder dem Museum?‹ Die Frage ist bis heute unbeantwortet.«

Die juristische Fachpresse bedauerte, dass eine der wichtigsten Klagen der frühen 1990er Jahre so unangemessen diskutiert worden war.

Für Clemens Toussaint war die Sache nun auch erledigt. In die zweite Instanz zu gehen, wäre unter diesen Umständen völliger Irrsinn gewesen. Ihm blieb nichts als ein Berg von Schulden. Und ein gewaltiger Zorn. Einen Moment dachte er daran, aufzugeben: »Es ist Wahnsinn, was du hier machst! Du stehst ganz allein da! Die Öffentlichkeit will die Wahrheit nicht wissen, und der Staat schon gar nicht.« Aber er dachte auch an das Versprechen, das er Jen Lissitzky gegeben hatte. Sie waren ein Team, und sie wollten ein »winning team« werden.

In den nächsten Jahren verlegte Toussaint sein Betätigungsfeld nach Amerika, wo man für Fragen der Raubkunst sehr viel sensibler ist als hierzulande. Er lernte dabei die wichtigsten amerikanischen Anwälte kennen, die sich auf dieses Gebiet spezialisiert haben. Das sollte ihm später helfen. »Sophies Liste habe ich aber nie aus den Augen verloren. Ich wusste, dass sich eines Tages, irgendwann, etwas bewegen würde ...«

Dieser Tag schien am 3. Dezember 1998 gekommen, als die Washingtoner Konferenz über Holocaust-Vermögen ihre Grundsätze zu Kunstwerken bekannt gab, die, von den Nationalsozialisten beschlagnahmt, an ihre früheren Eigentümer oder deren Erben zurückgegeben werden sollen. Ein Jahr später, am 14. Dezember 1999, erklärten Bundesregierung, Länder und kommunale Spitzenverbände in Deutschland ihre Bereitschaft, sich auf der Basis der Washingtoner Grundsätze um eingezogene Kulturgüter aus der Nazi-Zeit zu kümmern.

Von dieser – reichlich späten – Absichtserklärung, der sich selbstverständlich auch die Stadt München angeschlossen hatte, bis zur praktizierten Wiedergutmachung sind die Wege zwar noch lang und mit Hindernissen jeder Art gepflastert. Aber die festgefahrenen Fronten gerieten wieder in Bewegung. Und Toussaint glaubte: »Wir haben nicht umsonst gearbeitet. Wir waren nur der Zeit etwas voraus. Wir fingen dann dort wieder an, wo wir 1993 resigniert aufgehört hatten.«

Das bedeutete erneute Gespräche mit den Verantwortlichen in München. Die Einstellung von Museumsdirektor Helmut Friedel hatte sich in der Zwischenzeit allerdings nicht geändert. Er bleibt bei seiner Meinung: Das Bild gehört der Stadt und nicht Sophie Lissitzky-Küppers. Und schon gar nicht ihrem Sohn.

Dann plötzlich meldeten sich weitere Nachkommen. Ein Familienzwist ist ausgebrochen, der der Stadt München eigentlich nur gelegen kommen kann. Denn das könnte eine Verzögerung von Monaten, vielleicht sogar von Jahren bedeuten.

Es sind die insgesamt drei Nachkommen der beiden früh verstorbenen Küppers-Söhne, die seit kurzem ihre Rechte am Erbe von Sophie Lissitzky-Küppers fordern. Nach Ansicht von Jen Lissitzkys Anwälten bestehen diese Rechte nicht, weil sie es versäumt hätten, innerhalb von sechs Monaten nach Sophies Tod ihre Erbansprüche anzumelden. Der notariell bestätigte Erbschein belege, dass Jen Lissitzky der alleinige Erbe des Vermögens seiner Mutter ist.

Der Stadt München liegen zwei Gutachten vor. Das eine von Harold J. Berman, einem ehemaligen Harvard-Professor, der mehrere Bücher zum russischen Erbrecht geschrieben hat. Das andere von Professor Dr. Dagmar Coester-Waltjen vom Institut für Ostrecht in München. Beide kommen zum selben Ergebnis: Jen Lissitzky sei alleiniger Erbe nach seiner Mutter. Die anderen Familienmitglieder, die Nachfahren seiner Halbbrüder, ob ehelich oder unehelich, hätten ihre Rechte verwirkt.

Aus moralischen Erwägungen, aber aus freien Stücken, wie er betont, wollte Jen Lissitzky die Nachkommen seiner Halbbrüder, die er zuvor kaum oder gar nicht gekannt hatte, am Erbe seiner Mutter beteiligen. Er bot ihnen während eines ersten gemeinsamen Treffens in Dresden an, sie an Erlösen aus künftigen Verkäufen angemessen zu beteiligen. Einer der drei Verwandten, der Dresdener Arzt Peter Küppers, ist mit dem Angebot seines Onkels einverstanden. Die beiden anderen – Anita Templin, die Tochter des älteren Küppers-Sohnes Kurt, und Olga Kolosowa, die uneheliche Tochter des Küppers-Sohnes Hans, die sich heute Olga Küppers nennt – lehnten dieses Angebot ab.

Inzwischen, mit Datum vom 21. November 2001, hat sich Münchens Oberbürgermeister Christian Ude Jen Lissitzkys Münchener Anwalt gegenüber zu dem Fall geäußert. In dem Schreiben heißt es: »Sie dürfen sicher sein, dass auch der Stadt an einer für alle Seiten befriedigenden Lösung auf der Basis der Washingtoner Prinzipien gelegen ist. Die Rückgabe des Bildes kann ich Ihnen aber nicht in Aussicht stellen ...«

»Wir lassen jetzt erst recht nicht locker, wir wollen eine Entscheidung auf höchster politischer Ebene, und die werden wir auch bekommen«, gibt sich Toussaint optimistisch. Und Jen Lissitzky wird nicht aufgeben, bis die »Sumpflegende«, das Lieblingsbild seiner Mutter, an der Wand seines Hauses im andalusischen Ronda hängt.

26. Erste Erfolge

Sie hängt bereits über dem Kamin seiner Finca. Er kann sie anfassen, durch die Wohnung tragen oder einfach nur anschauen – die kleine kubistische Gouache »La grappe de raisins« des polnisch-französischen Künstlers *Louis Marcoussis,* der aus einer jüdischen Industriellenfamilie in Warschau stammte und sich um 1910 in Paris dem Kreis um Braque, Picasso und dem Dichter Apollinaire anschloss.

Jetzt gehört *»Die Weintraube«*, eine Vorstudie für ein großes Ölbild, das der Künstler im selben Jahr 1920 malte, Jen Lissitzky. Sie ist inzwischen etwa 100 000 Dollar wert. Es ist das erste Bild aus der Sammlung seiner Mutter, die *Nummer 10* auf ihrer Liste, das endlich zurückgekommen ist. Er will es nie verkaufen. Es hat ihm seinen fast schon verlorenen Glauben an die Gerechtigkeit zurückgebracht, zumindest ein kleines Stück davon.

Bei der feierlichen Übergabe des Bildes Anfang März 2000 wurde ein Brief Jen Lissitzkys vorgelesen, in dem er sich auf seine Weise bedankte:

»Und ich stehe vor einem Dilemma: muss ich danke sagen? Es geht um einen großen Begriff – Gerechtigkeit, ganz groß geschrieben, ohne Anführungszeichen, Ironie oder Sarkasmus. Also, ich sage nicht danke, sondern ich freue mich ...«

»Die Weintraube« war eins der ersten Bilder von Sophie, das Toussaint aufspürte. Es lag im Museum Ludwig in Köln, im Graphischen Kabinett, in einem der Schränke für Papierarbeiten. Wenn man es sich anschauen wollte, musste man dem Museum seinen Wunsch vortragen, dann kam ein Mitarbeiter, öffnete den Schrank mit einem Schlüssel, zog sich feine weiße Stoffhandschuhe an und holte das Bild heraus. Eigentlich schade, dass diese schöne kubistische Arbeit nie an einer Wand des Museums gehangen hatte.

Die Geschichte des Bildes ließ sich schnell nachvollziehen. Es hatte in El Lissitzkys Abstraktem Kabinett im Provinzialmuseum Hannover gehangen, wovon ein zeitgenössisches Foto zeugt, wurde mit den anderen Gemälden 1937 eingezogen und nach Berlin gebracht. Es bekam eine Registriernummer. Dann kaufte es der bereits erwähnte Kunsthändler Hildebrand Gurlitt vom Deutschen Reich und gab es noch während des Krieges an den Kölner Sammler Josef Haubrich weiter. Der stiftete es 1950 der Stadt Köln, die es fortan als ihr Eigentum betrachtete.

Im Juni 1992 forderte Jen Lissitzkys Kölner Anwalt das Gemälde zurück. Im Oktober antwortete ihm dann die damalige Generaldirektorin der Kölner Museen, Hiltrud Kier: »Für Ihre Darlegung – Frau Sophie Lissitzky-Küppers habe dieses Bild 1926 dem Provinzial-Museum in Hannover als Leihgabe überlassen – habe ich keine Bestätigung gefunden. Ein Herausgabeanspruch ist nicht ersichtlich. Vielmehr befindet sich das Bild rechtmäßig im Eigentum des Museums Ludwig.«

Es mussten weitere Jahre vergehen, die Washingtoner Konferenz stattfinden und in Emden von der Henri-Nannen-Stiftung das erste Raubkunst-Werk in Deutschland zurückgegeben werden. Es handelte sich um ein Otto-Mueller-Gemälde, das der jüdischen Familie Littmann gehört hatte, deren Nachfahren heute in Israel leben. Eine noble Geste.

Natürlich fand diese erste offizielle Restitution in der Presse große Beachtung. Da war es für Clemens Toussaint nicht mehr allzu schwer, die neu ernannte Kölner Kulturdezernentin Marie Hüllenkremer davon zu überzeugen, diesem Beispiel zu folgen, zumal sich auch im Kölner Museum ein Otto Mueller aus der Littmann-Sammlung befand.

Am 4. April 2000 wurde die Restitution der »Weintraube« von der Stadt Köln offiziell bestätigt. Jen Lissitzky revanchierte sich mit einer Entwurfszeichnung seines Vaters vom Russischen Pavillon der Kölner Weltausstellung »Pressa« im Jahr 1928.

Der zweite *Paul Klee* in der Sammlung von Sophie Lissitzky-Küppers, die *Nummer 6* auf ihrer Liste, das Aquarell *»Fliegenstadt«* oder *»Verlassener Platz einer exotischen Stadt«* von 1921 hat eine aufregende Reise mit Bahn, Schiff und Flugzeug rund um die Welt hinter sich: Es kam aus München nach Hannover, von Hannover nach Berlin, von Berlin nach Paris, von Paris nach San Francisco, von San Francisco nach Amriswil in der Schweiz, von dort nach Tokio, von Tokio nach Kioto, und schließlich, Anfang des Jahres 2001, von Kioto nach Ronda zu Jen Lissitzky.

Es war zunächst der typische Weg eines der missliebigen Werke dieses von den Nazis in besonderem Maße verhöhnten Künstlers: Entwendet aus dem Provinzialmuseum, nach Berlin transportiert, in der Liste der beschlagnahmten Bilder unter der Nummer 7205 und dem Titel »Die Gelbe Schlange« registriert. 1940 kaufte es der Berliner Galerist Ferdinand Möller für ein »Taschengeld« vom Deutschen Reich, auch er einer der vier Nazi-Kunstvermarkter. Über den berühmten Kunsthändler Berggruen und weitere Stationen kam es schließlich zu dem japanischen Industriellen Masayuki Murata, der mit Mikrochips ein Vermögen gemacht hat und sich in seiner Heimatstadt Kioto ein eigenes Privatmuseum leistet, in dem er höchstpersönlich die Tickets der Besucher abreißt.

Eine abenteuerliche Geschichte, so recht nach dem Geschmack von Toussaint. Nach längeren Recherchen hatte er herausgefunden, dass sich das Aquarell irgendwo in Japan befinden musste, wohin es 1990 nach einer Versteigerung in der Schweiz gegangen war. Ein französischer Bekannter, der in Japan lebt, machte sich für ihn auf die Suche und fand heraus, dass dieser Herr Murata das Aquarell 1997 in einer Galerie in Tokio gekauft hatte.

Wie erklärt man einem ehrenwerten Japaner, dass es sich bei seinem delikaten Aquarell, das er in gutem Glauben erworben hat, um Raubgut handelt? Clemens Toussaint schrieb ihm einen langen Brief und schilderte die Geschichte dieses Bildes und seiner Eigentümerin. Herr Murata zeigte sich gerührt. Er war sofort bereit, es gegen einen symbolischen Preis, über dessen Höhe Stillschweigen vereinbart wurde, dem Sohn jener unglücklichen Frau, die das Schicksal nach Sibirien verschlagen hatte, zurückzugeben. »Er hat sich sehr großzügig verhalten«, bestätigt Toussaint.

Im Flugzeug nach Tokio entdeckte der Kunstfahnder in der englischsprachigen »Japan Times« einen großen Aufmacher, mit dem Kopf von Herrn Murata neben dem Bild von Klee und der Überschrift »Klee-Gemälde wird heute von dem japanischen Industriellen Murata an Vertreter der rechtmäßigen deutschen Eigentümerin zurückgegeben«. Am nächsten Tag fuhr Toussaint mit dem Hochgeschwindigkeitszug nach Kioto.

»Dort erwartete mich Herr Murata zum Mittagessen in einem japanischen Holzhaus, wo die Tische quasi auf dem Boden liegen und man sich im Schneidersitz davor platzieren muss, was für uns Europäer spätestens nach fünf Minuten zur Qual wird. Herr Murata lächelte. Er ist ein ungeheuer reicher und gebildeter Mensch. Seine Firma besitzt Niederlassungen auf der ganzen Welt, unter anderem auch in Bayern. Dort habe er, erzählte er mir, im Lenbachhaus die Bilder von Klee und Kandinsky gesehen und alsbald beschlossen, seine Sammlung japanischer Lackkunst aus dem 19. Jahrhundert mit Bildern dieser beiden Künstler zu ergänzen. Diese unterschiedlichen Welten zeigt er in seinem Kiyomizu Sannenzaka Museum.

Als ich am nächsten Tag wie verabredet zum Museum kam, stand er an der Kasse und gab mir feierlich die Hand. Im Museum herrschte Totenstille, kein einziger Besucher war zu sehen. Die Mitarbeiterinnen standen in ihren roten Kimonos aufgereiht wie Soldaten beim Appell und lächelten mich an. Dann zeigte mir Herr Murata seine exquisite Sammlung. Immer noch war weit und breit kein Mensch zu sehen. Ich wunderte mich. Als wir schließlich die Museumstreppe zu den oberen Räumen hinaufgingen, sah ich plötzlich durch das Geländer ein dicht gedrängtes Spalier von Menschen. Alsbald gerieten wir in ein Blitzlichtgewitter. Die gesamte japanische Presse schien anwesend zu sein. Es war eine Pressekonferenz, die ich so schnell nicht vergessen werde. Ich war erstaunt über das große Interesse der Japaner an deutscher Geschichte. Und ich bewunderte Herrn Muratas PR-Talent. Am nächsten Morgen berichteten sämtliche Medien über das Ereignis.

Nachdem wir die ganzen Verträge gemacht und die Papiere ausgetauscht hatten, holte Herr Murata das Klee-Aquarell aus der Vitrine, in der es ausgestellt war, und packte es eigenhändig ein. Mit dem Bild im Arm schlief ich im Zug nach Tokio völlig erschöpft ein.

Ich wollte es Jen unbedingt persönlich überreichen. Mitten in der Nacht kam ich mit qualmenden Autoreifen vor seiner Finca an. Seine Hunde begrüßten mich lautstark. Jen war wirklich sehr gerührt, und seine Frau Natascha zauberte ein russisches Festmahl. Als der Morgen dämmerte, fuhr ich wieder ab, um mein Flugzeug zu erreichen. Ich hatte nur zwei Stunden geschlafen.«

Das Schicksal des dritten Aquarells von *Paul Klee,* die *Nummer 5* auf Sophies Liste, »*Haus und Mond*« oder »*Landschaft mit dem aufgehenden Vollmond*« von 1919, ist noch ungeklärt. Die Jahre zwischen 1937, als es aus dem Provinzialmuseum verschwand, und 1963, als es plötzlich wieder auftauchte, liegen im Schatten.

In der Aufstellung des Bestands der von Ferdinand Möller ab 1938 erworbenen Kunstwerke aus den beschlagnahmten Beständen steht unter der Nr. 72: Klee, Vollmond über der Stadt, Aquarell. Ob es sich dabei um Sophies Aquarell handelt, ist nicht gesichert.

Toussaint hat jedoch in Erfahrung gebracht, dass es von der Londoner Galerie Marlborough Fine Art an den Kunsthändler Knödler in New York verkauft wurde, dass es von dort zu der Düsseldorfer Galerie Grosshenning gelangte und sich zumindest bis vor kurzem im Besitz einer Krefelder Sammlerin befand. Der Kunstfahnder wird sich auch um dieses Bild weiter kümmern.

Wie selten auf dem internationalen Kunstmarkt die – heute sehr wertvollen – Bilder von *El Lissitzky* sind, stimmt seinen Sohn Jen Lissitzky besonders traurig. Denn er besitzt kein einziges wichtiges Werk seines Vaters. Und über die beiden auf Sophies Liste, die *Nummern 12* und *13*, »*Proun S. K.*« (S. K. steht für Sophie Küppers) und »*Proun Schwarzes Kreuz*« gibt es auch nur eine Reihe vager Vermutungen.

Leider existieren von beiden Bildern keine Fotografien. Allerdings hat El Lissitzky in einem Brief vom 31. Mai 1924 von seinem Schweizer Kurort Orselina eine briefmarkengroße Skizze des »Prouns S. K.« gezeichnet und dazu geschrieben: »Liebe Mutti, es ist schon vielleicht der letzte Brief aus Orselina. Ich habe nicht gedacht, dass es so schnell geht und dass wir in einer Woche in unserem Schloss in Ambri sind. Ich hoffe, dass Ihr alle gesund ankommt und ich werde inzwischen meine Koffer packen.

Ich stelle jetzt keine Fragen – in ein paar Tagen können wir alles besprechen. Ich bitte nur, alle meine Negative, die beim Fotografen sind (unbedingt lasse Deinen Proun fotografieren) mitzubringen ...«

In der Nazi-Registratur wird nur eine abstrakte Komposition von Lissitzky als fremder Besitz aufgeführt, aber Sophie besaß zwei.

Toussaint vermutet, dass die Lissitzky-Bilder nie im Nazi-Depot in Berlin waren, sondern bereits vorher aus dem Museum in Hannover verschwunden sind. »Vielleicht hat sie Alexander Dorner mit nach Amerika genommen, vielleicht werde ich dort eines Tages ihre Spur wiederfinden ...« Aber sowohl Dorner als auch seine Frau leben längst nicht mehr. Sie haben keine Nachkommen.

Auf einer handschriftlichen Liste, die Jen Lissitzky im

Nachlass seiner Mutter fand, hatte sie vermerkt »Lissitzkys bei Kühl und Kühn Dresden«. Es könnte also auch sein, dass sie bei dieser Galerie waren. Im Krieg wurde Dresden fast völlig zerstört. Vielleicht sind ihre Lissitzkys im Bombenhagel auf Dresden umgekommen.

27. Zwei schwarze Flecke

Das Aquarell von *Wassily Kandinsky* heißt »*Zwei schwarze Flecke*« und trägt seinen Namen zu Recht. Auf ihm lasten noch mehr schwarze Flecken, allerdings sind diese ausnahmsweise nicht von den Nazis verursacht worden. Auf Sophies Liste ist es als *Nummer 3* lediglich als »*Aquarell*« bezeichnet.

Wassily Kandinsky hat Sophie Küppers dieses Aquarell 1924 geschenkt, vermutlich als Dankeschön, weil sie zuvor ein großes Ölbild von ihm gekauft hatte. Sie kannten sich aus dem Künstlerkreis um Kurt Schwitters. Den gebürtigen Moskauer verband vieles mit Deutschland; seine Lehrtätigkeit am Bauhaus in Weimar hatte er 1932, bevor das Bauhaus von den Nazis 1933 endgültig aufgelöst wurde, beendet und war nach Neuilly-sur-Seine bei Paris übergesiedelt.

El Lissitzky hatte bereits 1922 in der Zeitschrift »Gegenstand« über ihn geschrieben: »Kandinsky stellt bei Wallerstein neue Arbeiten aus. Die Bezeichnung ist neu. Es sind nicht Kompositionen wie früher, sondern genauer ›Kreise auf Schwarz‹, ›Blaues Segment‹, ›Rotes Oval‹, ›Mit quadratischen Formen‹. Tatsächlich sind in die über die Grenzen der viereckigen Leinwand wuchernde Vegetation klare geometrische Formen eingefügt. Aber sie sind so von Farbe überstäubt, dass sie nicht imstande sind, das Unorganisierte zu befestigen. Aus Russland hat Kandinsky eine gewissenhafte Beziehung zur Farbigkeit der Leinwand mitgebracht. Aber wie früher keine Geschlossenheit, keine Klarheit, kein Gegenstand.«

Das Aquarell muss wohl vom Bildersturm der Nazis verschont geblieben sein, denn es gelangte nie nach Berlin, wie Clemens Toussaint herausfand. Es stand auf keiner Liste. Stattdessen blieb es lange Jahre verschwunden. Er recherchierte zunächst im Hannoveraner Umfeld von Sophie Küppers. Vielleicht war das Aquarell dort irgendwo noch versteckt, vielleicht auf dem Dachboden des Hauses, in dem sie zuletzt gewohnt hatte. Vielleicht war es in die Sammlung des Konsuls Bahlsen geraten, der das Haus 1945 gekauft hatte und zu dem durch das gemeinsame Engagement in der Kestner-Gesellschaft sicherlich eine freundschaftliche Beziehung bestanden hatte. Doch der alte Konsul konnte Toussaint nichts über irgendwelche versteckten oder wieder aufgetauchten Bilder sagen. Vielleicht war das Aquarell aber auch mit Alexander Dorner nach Amerika gelangt?

Das Bild tauchte erst am 20. November 1989 wieder auf, bei einer Auktion des Kunsthauses Lempertz in Köln. Jen Lissitzky forschte zu dieser Zeit alle Auktionskataloge durch und stieß so auf das kleine Aquarell, das seiner Mutter gehört hatte. Er kam leider zu spät. Die Auktion war bereits gelaufen und das Bild mit der Nummer 321 für 1,1 Million Mark an den rheinischen Sammler Paul Heinz Bendix in Bergisch Gladbach verkauft worden. Im Dezember 1989 bekam er von Henrik Hanstein, dem Besitzer des Auktionshauses, folgende Antwort auf seine Frage nach dem Einlieferer des Bildes: »Das Aquarell von Kandinsky, über das wir telefoniert haben, kam über das Ausland zu uns. Der Einlieferer hat es von einer Verwandten geerbt und uns versichert, dass sich die Arbeit seit über zehn Jahren in Familienbesitz befunden hat. Niemals gab es irgendwelche Bedenken, dass das Blatt etwa nicht rechtmäßig in den Besitz der Familie gelangt sei. Mehr konnte ich nicht in Erfahrung bringen. Ich verstehe natürlich Ihre Rückfrage, halte aber die Eigentumsverhältnisse auf der Einlieferseite für einwandfrei und gesichert.« Auch auf weitere Nachfragen gab der Auktionator den Namen des Einlieferers nicht bekannt.

Die Geschichte versickerte – bis die Zusammenarbeit zwischen Jen Lissitzky und Clemens Toussaint begann. Dem ließ sie keine Ruhe. Etwas stimmte nicht. Immer wieder sprach er mit Lissitzky über die Vergangenheit, was er von seiner Mutter wusste, woran er sich erinnerte. Ob es nicht doch noch irgendwelche schriftlichen Hinweise gab ...

So fügte sich schließlich Mosaikstein zu Mosaikstein. Und die inzwischen verstorbene Betty Beck, die Wohltäterin aus Bremen, gab doch noch ihr Geheimnis preis.

Natürlich hatte Jen, nachdem er in den Westen gekommen war, auch nach dem Safe gefragt, den sie für ihn bei der Sparkasse in Bremen gemietet hatte und in dem er und seine Mutter ein Büchlein vorfinden sollten und noch einiges an Geld für ihren Start in Deutschland, wie Betty Beck ihnen nach Sibirien geschrieben hatte. Doch der Safe mit der Nummer 105 war bereits im Jahr 1988, noch vor dem Tod von Betty Beck, an einen anderen Kunden vermietet worden.

Vielleicht hatte ihnen Betty Beck in einem hinterlegten Büchlein tatsächlich gestanden, dass sie die rote Künstlermappe besessen hatte. Vielleicht wäre auch noch das eine oder andere Kunstwerk da gewesen. Wenn nicht jemand den Safe rechtzeitig geräumt hätte, bevor Jen Lissitzky plötzlich auftauchte ...

Toussaint fand heraus, dass es einen Neffen gab, dem Betty Beck am 13. März 1985 ihr gesamtes Vermögen übertragen hatte. Und dass nach ihrem Tod wichtige Papierarbeiten von Lissitzky und seinen Zeitgenossen ganz massiv in deutschen Auktionshäusern auftauchten, und immer von demselben Einlieferer. Jen Lissitzkys Kölner Anwalt erstattete Strafanzeige gegen den Neffen, der von Anfang an gewusst habe, dass ihm die Kunstgegenstände nicht gehörten, und der sich das Büchlein im Safe angeeignet und das Schließfach ausgeräumt habe. Außerdem habe er seine Tante zu einem notariellen Erbvertrag gezwungen. Doch die Staatsanwaltschaft stellte das Verfahren mangels Beweisen ein, denn Jen Lissitzky konnte für diese Behauptungen keine hieb- und stichfesten Beweise liefern. Die rote Mappe hat er schließlich nie gesehen.

Clemens Toussaint kann sich vorstellen, dass noch weitere Kunstwerke aus dieser Sammlung in deutschen oder internationalen Auktionshäusern auftauchen, ohne dass man dagegen vorgehen könnte.

Auch eine juristische Auseinandersetzung mit dem Sammler Bendix blieb erfolglos. Das deutsche Recht geht von der Vorstellung aus, dass derjenige, der auf einer öffentlichen Versteigerung kauft, rechtmäßiger Eigentümer wird. Wieder eine bittere Erfahrung für Jen Lissitzky.

28. Kandinskys »Improvisation Nr. 10«

In Sophie Küppers Salon in der Königstraße 8 in Hannover überstrahlte *Wassily Kandinskys »Improvisation Nr. 10«* mit ihrer fröhlichen Farbkraft und ihrer ungestümen Vitalität alle anderen Kunstwerke, die dort versammelt waren – ein Bild, dessen Wirkung sich keiner der Besucher im gastfreundlichen Haus der Küppers entziehen konnte. Auf Sophies Liste ist es als *Nummer 2* angegeben mit der Bezeichnung »Großes abstraktes Ölgemälde 1910 (mit Gebirgsformen)«.

Heute gilt die »Improvisation Nr. 10«, die in keinem Kunstlexikon unerwähnt bleibt, als Schlüsselwerk der Kunst des 20. Jahrhunderts und ihr Schöpfer als Wegbereiter der abstrakten Malerei. »Die Harmonie von Farbe und Form muss allein auf dem Prinzip des eigenen Kontakts mit der menschlichen Seele beruhen«, schrieb Kandinsky 1912 in seinem Essay »Über das Geistige in der Kunst«.

Dieses meisterliche Bild, dessen Wert Experten heute auf 25 bis 30 Millionen Dollar schätzen, ist Prunkstück der Basler Fondation Beyeler in dem von Renzo Piano errichteten Museum inmitten eines Parks in Basel-Riehen, zweifellos eines der schönsten Privatmuseen Europas, das Ernst Beyeler mit seinem ganzen kostbaren Inhalt – mit Sachverstand ausgesuchte Malerei der Klassischen Moderne sowie Kunst aus Afrika, Ozeanien und Alaska – der Bevölkerung gestiftet hat.

Eine wahrhaft große Tat des über 80-jährigen Basler Sohns eines Bahnbeamten, der nach einer beispiellosen Karriere als einer der erfolgreichsten Kunsthändler Europas gilt. Und als einer der reichsten Männer der Schweiz. Er betrachtet das Bild als sein Eigentum. Doch das tut auch Jen Lissitzky: Es hing einst im Salon seiner Mutter in Hannover, und sie hatte es nie verkauft.

Um die »Improvisation Nr. 10« ist der spektakulärste Raubkunst-Streit Europas entbrannt – und Clemens Toussaint hat eine der spannendsten und zugleich traurigsten Geschichten aufgespürt, in der menschliches Leid und menschliche Hybris dicht beieinander liegen.

Am 27. Juni 1910 setzte Wassily Kandinsky in Moskau den letzten Pinselstrich auf sein Bild und trug es als »Improvisation Nr. 10« in seine Werkliste ein. Damals stand der russische Künstler, Schüler des Jugendstilmeisters Franz von Stuck, nach Romantik und Symbolismus am Beginn einer neuen Schaffensphase der abstrakten Improvisationen und Kompositionen. Er leitete den Begriff Improvisation von jenen Musikstücken ab, die als Impromptus wie aus dem Stegreif gespielte Improvisationen wirken. Der Künstler selbst nannte sein Bild »Regenbogen«, es lässt sich als Landschaft nach einem Gewittersturm interpretieren. Bei den zwei zackigen Linien in der oberen Bildmitte könnte es sich um Blitze handeln, doch Kandinsky selbst erzählte, sie seien entstanden, als er beim Malen durch eine laute Klingel aufgeschreckt wurde.

Im Dezember 1910 wurde die »Improvisation Nr. 10« in der Moskauer Avantgarde-Ausstellung »Karo Bube« präsentiert. Von dort wanderte sie in die Berliner Galerie »Der Sturm«, wo sie Franz Kluxen erwarb. Er war der bedeutendste deutsche Sammler moderner Kunst vor dem Ersten Weltkrieg, eine geheimnisumwitterte Persönlichkeit, kunstvernarrter Sohn eines reichen Unternehmers aus Münster, der ihm ein Kaufhaus vererbt hatte. August Macke schrieb am 1. Juli 1912 in einem Brief an seinen Freund Franz Marc über ihn: »Dann ein Käufer meiner Spaziergänger im Sonderbund, Kluxen. Einsamer, wohlhabender Jüngling, der sich in Wyk auf Föhr eine Villa gebaut hat und nun Bilder sucht für die Einsamkeit. Er hat Lust zu deinen Rehen, die bei mir hängen ... Ebenso hat er auf einen ganz neuen Picasso in Köln geboten ... Er ist ganz intelligent.« Franz Marc bedankte sich für den Kunden: »Schönen Dank für die Karte betr. Kluxen. Ich habe ihm direkt geschrieben und 1100 Mark verlangt ... Der Mann hat ja die Kaufkrankheit.«

Von Kandinsky muss Kluxen mindestens fünf abstrakte Ölgemälde besessen haben. Vielleicht war ihm diese »Improvisation« zu farbig, er tauschte sie jedenfalls nach einiger Zeit in derselben Galerie gegen Kandinskys »Schwarze Striche«.

Kluxen wurde, wie Toussaint bei seinen Recherchen erfuhr, in den dreißiger Jahren mehrmals von den Nazis verhört. Er gehörte einer Freimaurerloge an, die erbarmungslos verfolgt wurde, weil viele ihrer Mitglieder Juden waren. Seine Sammlung, die aus über 500 Kunstwerken sämtlicher bedeutender Maler der Moderne bestand, verschwand spurlos, als der große Bildersturm ausbrach. Nach dem Krieg suchte er nach seinen Bildern, vergeblich. Er lebte noch bis 1968 – und starb als gebrochener Mann.

Im Oktober 1919 wurde Sophie Küppers nach Franz Kluxen die neue Eigentümerin der »Improvisation Nr. 10«.

Hätte das Bild, so wie Toussaint es in einem Drehbuch schreiben wollte, Augen, Ohren und Emotionen gehabt, dann hätte es von einer kurzen, aber glücklichen Zeit in Hannover erzählt, von vielen Menschen, die in seiner Gegenwart fröhliche Feste feierten, von einer Zeit großer Trauer und Stille im Salon, als Sophie ihren Mann Paul Küppers so plötzlich verlor, von einer Zeit des Aufbruchs und der Aufregungen um den faszinierenden Künstler El Lissitzky – und schließlich von einem wehmütigen Abschied, als Sophie nach Moskau fuhr.

Das Bild hätte erzählt, wie es zunächst im Provinzialmuseum hing und von den Besuchern bewundert wurde, wie es ganz überraschend in den Keller verfrachtet wurde, als die Nationalsozialisten die Macht ergriffen und sich auf ihre Weise der Kunst annahmen. Und wie ihm dieses Versteck überhaupt nichts nutzte.

Die Nazis nannten es Verfallskunst und zerrten es mit rohen Händen ins Scheinwerferlicht dieser würdelosen »Ausstellung der Entarteten« in München. Aber sie hatten einen sicheren Instinkt für die herausragende Bedeutung der »Improvisation Nr. 10«. Sie wussten, dass es sich um eine Leihgabe handelte. Mehr noch, am 25. November 1938 fragte das Reichsministerium für Volksaufklärung und Propaganda bei der Direktion des Landesmuseums nach der Wohnadresse der in die Sowjetunion ausgewanderten Leihgeberin Sophie Küppers. Von dem Gesetz über Einziehung von Erzeugnissen entarteter Kunst vom 31. Mai 1938, das nachträglich die ganze verbrecherische Aktion des Bildersturms legalisieren sollte, waren namentlich Leihgaben ausländischer Staatsangehöriger ausgenommen. Sophie hätte also ihre Bilder nach geltendem Nazirecht zurückerhalten müssen. Ob ihre damalige Moskauer Adresse dem Museum bekannt war und vor allem weitergegeben wurde – schließlich war zu diesem Zeitpunkt ihr mutiger Beschützer Alexander Dorner bereits durch den linientreuen und ängstlichen Ferdinand Stuttmann abgelöst worden –, ist nicht bekannt. Ein Schreiben hat Sophie jedenfalls nie bekommen.

Zusammen mit Ferdinand Möller erlebte die »Improvisation Nr. 10« dann neue Abenteuer. An dem Berliner Kunsthändler, der die Kunst und die Künstler des 20. Jahrhunderts leidenschaftlich liebte und förderte, scheiden sich die Geister. Die einen hätten ihn nach dem Zweiten Weltkrieg bei den Nürnberger Kriegsverbrecher-Prozessen gern auf der Anklagebank gesehen als Mitläufer der Nazis mit dem besonderen Auftrag, das Reich von »artfremder« Kunst zu säubern. Die anderen sahen in ihm einen Helden, der zwar mit den Nazis kooperierte, aber dabei stets sein Ziel verfolgte, den ausgegrenzten Künstlern zu helfen und ihre Werke zu retten. Was ihm durch geschicktes Taktieren in vielen Fällen gelang. Sein Biograph Eberhard Roters schreibt: »Der Kunsthändler Möller steuert sein Schiffchen gegen den Sturm, und es ist ihm zu bescheinigen, dass er ein meisterlich geschickter Steuermann ist.«

Seine Galerie in Berlins Kunst- und Diplomatenviertel am Schöneberger Ufer war in den zwanziger und auch noch in den frühen dreißiger Jahren ein Zentrum des deutschen Expressionismus. Ein umfangreicher Briefwechsel mit Künstlern wie Ernst Ludwig Kirchner, Paul Klee, Karl Schmidt-Rottluff, Wassily Kandinsky und vielen anderen dokumentiert, dass hier nicht nur Geschäfte zwischen Galerist und Künstler abgewickelt, sondern häufig auch die Sorgen und Nöte in den Zeiten der Unterdrückung besprochen wurden.

Bereits 1928 veranstaltete Möller in seiner Galerie eine Ausstellung mit 54 Aquarellen von Wassily Kandinsky aus den Jahren 1927 und 1928, streng geometrische Formen aus der Dessauer Zeit. Die Reaktionen der Kritik reichten von Ablehnung über verlegene Zustimmung bis zur begeisterten Bestätigung.

Der Künstler und sein Galerist lernten sich auf einer Reise Möllers nach Dessau im Sommer 1929 persönlich kennen. Danach vertieften sich ihre Beziehungen. 1932 lud die Galerie am Schöneberger Ufer zu einer großen Sonderausstellung mit Zeichnungen und Aquarellen Kandinskys aus den Jahren 1910 bis 1931 ein. Der geschäftliche und persönliche Kontakt riss auch in den Jahren nach 1933 nicht ab, als sich Kandinsky bereits nach Neuilly-sur-Seine in Frankreich zurückgezogen hatte und seine Werke im Deutschen Reich nicht mehr erwünscht waren.

Inzwischen nahmen auch die Angriffe auf die Galerie zu. Konnte Möller im scheinbar liberalen Olympiajahr 1936 noch »Dreißig Deutsche Künstler« von Barlach bis Schmidt-Rottluff zeigen, wurden 1937 die Fesseln wieder enger gezogen.

Gleich nach der berühmten Eröffnungsrede von Adolf Hitler zur Ausstellung im neu erbauten »Haus der Deutschen Kunst« in München, in der er unmissverständlich die künftigen Richtlinien deutscher Kunst festlegte, schrieb Möller mit Datum vom 7. Juli an seine Geschäftsfreunde: »Die Galerie Ferdinand Möller, Berlin, teilt mit, dass sie nach 20-jähriger Ausstellungstätigkeit für junge deutsche Kunst zukünftig keine Kunstausstellungen mehr veranstaltet. Sie wird sich weiterhin ausschließlich dem Kunsthandel mit charakteristischen Meisterwerken früherer Epochen widmen.«

Als kurze Zeit später der große Ausverkauf der »entarteten Kunst« begann, wurde Möller wegen seiner bekannt guten Kontakte in die USA für die Nazis wieder interessant.

Sie beauftragten ihn, die beschlagnahmten Kunstwerke ins Ausland zu verkaufen. Die Spottpreise, mit denen die Bilder und Skulpturen gehandelt wurden, führten in der Nachkriegszeit zur kritischen Betrachtung dieser Händler.

Für die »Improvisation Nr. 10« zahlte Ferdinand Möller 100 US-Dollar. Falls er zu diesem Zeitpunkt nicht wusste, dass es sich dabei um die Leihgabe von Sophie Küppers handelte, was unwahrscheinlich ist, erfuhr er es spätestens im Mai 1939, als er für das Gemälde einen Käufer suchte und sich deswegen auch an Alexander Dorner in Amerika wandte. Der wies den Kauf empört zurück und klärte Möller darüber auf, dass das Bild einer deutschen Kunstsammlerin gehöre, die nun in Moskau lebe. Es ist nicht bekannt, ob Möller versuchte, sich mit Sophie Lissitzky in Verbindung zu setzen.

Den Kandinsky behielt er zunächst. Im Unterschied zu den drei Kollegen, die emsig verfemte Kunst ins Ausland absetzten, hortete er den größten Teil der Bilder von Kirchner, Klee, Feininger, Mueller, Schmidt-Rottluff, Kandinsky und anderen unliebsamen Künstlern gegen den ausdrücklichen Befehl des Propagandaministeriums und rettete sie so über den Krieg.

Als es in Berlin immer gefährlicher für ihn wurde, zog er mit seiner Frau Anfang des Jahres 1938 in ein neu erbautes Haus nach Zermützel. Das Dorf in Brandenburg in der Nähe des Städtchens Neuruppin inmitten einer einsamen Landschaft mit Wäldern, Wiesen und Seen, war ein ideales Versteck für seine Bilder, Graphiken und Plastiken. Vergraben in einer Zinkkiste im Garten überlebte die »Improvisation Nr. 10« zusammen mit anderen Kunstwerken sämtliche Kriegswirren.

Schon am 3. August 1946 veranstaltete Möller seine erste Nachkriegsausstellung in Neuruppin. Er nannte sie »Freie deutsche Kunst« und grub dafür seine Schätze wieder aus.

Als die Siegermächte das geschlagene Deutschland im Juni in vier Zonen und Berlin in vier Sektoren zerschnitten, fiel Zermützel in die Hände der Sowjets. Zunächst wollte Möller in seine alten Berliner Galerieräume zurückkehren, doch dann überstürzten sich die Ereignisse.

Zwei seiner Bilder, »Sich kämmender Akt« von Ernst Ludwig Kirchner und »Frühling in Flandern« von Erich Heckel hatte Möller 1946 für eine Kunstausstellung in Dresden zur Verfügung gestellt. Sie stammten aus dem Beschlagnahmegut der Nazis und hatten vormals dem Staatlichen Museum Moritzburg in Halle gehört. Nach der Ausstellung bekam Möller seine Bilder nicht mehr zurück. Begründet wurde die Weigerung mit einer Ermächtigung der Sowjetischen Militäradministration in Deutschland vom 8. Oktober 1946, das von den Faschisten entwendete Kunstgut dorthin zurückzuführen, von wo es gekommen war. Ein Einspruch Möllers blieb erfolglos. Nun musste er auch um seine anderen Bilder, ob rechtmäßig in seinem Besitz oder nicht, fürchten. Irgendwann, zwischen Mai und Oktober 1949, setzte er sich mit ihnen nach Köln ab.

Am Verkauf einiger Bilder im hektischen Kunstbetrieb dieser neuen Zeit des Wiederaufbaus muss er so gut verdient haben, dass er sich von dem bekannten Architekten Wilhelm Riphahn mitten hinein ins zerbombte Köln in unmittelbarer Nähe des Neumarkts eine neue Galerie hinsetzen ließ. Der viereckige Flachbau, der einem römischen Atriumhaus gleicht und um einen offenen Garten angelegt ist, wurde von der Presse als »Deutschlands schönste Kunstgalerie« gefeiert.

In der Eröffnungsausstellung am 15. November 1951, die Möller »Die alten Meister der modernen Kunst in Deutschland« nannte, war auch eine Improvisation von Kandinsky dabei.

Die »Improvisation Nr. 10« hatte zu diesem Zeitpunkt bereits ihren Besitzer gewechselt.

In diesem Jahr, es dürfte noch vor der Eröffnung der Galerie gewesen sein, erschien bei Möller in Köln ein junger Mann aus Basel, Ernst Beyeler. Obwohl er später immer wieder betonte, nicht gewusst zu haben, dass Möller einer der vier Nazihändler war, müsste der 30-Jährige bereits damals aus erster Hand erfahren haben, was sich im Nachbarland Schreckliches zutrug. Der Student der Ökonomie und Kunstgeschichte hatte während des Krieges in einem Buchantiquariat in Basel gearbeitet, das einem aus Deutschland geflohenen jüdischen Buchhändler gehörte. Zahlreiche jüdische Verfolgte brachten ihm in dieser Zeit ihre kostbaren Sammlerstücke, darunter viele Erstausgaben, zum Verkauf, um ihren Lebensunterhalt zu finanzieren. Unwahrscheinlich, dass Beyeler nichts von ihren Schicksalen erfuhr. Als der Buchhändler Schloss 1945 starb, übernahm der junge Angestellte das Geschäft in der Bäumleingasse 9 mitten in der Altstadt. In den nächsten Jahren reduzierte er die Buchbestände und wandte sich immer mehr dem Kunsthandel zu.

Es sei ein »Coup de foudre« gewesen, eine Liebe auf den ersten Blick, wie Beyeler gern erzählt, als Möller in Köln ihm die »Improvisation Nr. 10« zeigte. Von Möllers Schätzen hatte der junge Beyeler vermutlich von Georg Schmidt, dem damaligen Direktor des Basler Kunstmuseums gehört, der sich bereits 1939 im Nazi-Depot Schloss Schönhausen bediente und sich damit den Vorwurf einhandelte, mit seinen Ankäufen die Kriegswirtschaft des Dritten Reiches zu unterstützen. Er wurde zum emsigsten Einkäufer der frei werdenden modernen Kunstbestände des totalitären Deutschland. Nutznießer war das Basler Museum.

Auch durch diesen intimen Kenner der deutschen Raubkunst-Szene dürfte Beyeler, der heute behauptet, von nichts etwas gewusst und somit das Bild »gutgläubig« erworben zu haben, bestens unterrichtet gewesen sein, als er sich zu Möller nach Köln aufmachte.

Beyeler erwarb die »Improvisation Nr. 10« für 18 000 Schweizer Franken, was damals 15 000 Mark entsprach. Eine Menge Geld für den jungen Kunsthändler, er brauchte vier Wochen, um es aufzutreiben. Eine Sammlerin in Winterthur kaufte es ihm schon im Jahr 1952 für 28 000 Franken ab. Als sie es drei Jahre später wieder abgeben wollte, nahm er es für 40 000 Franken zurück.

Heute erzählt er gern, wie sehr er an diesem Bild hänge, das er gleich zweimal gekauft habe. Besucher seiner Privatwohnung berichteten, dass die »Improvisation Nr. 10« dort an exponierter Stelle gehangen habe – ganz so wie damals in der Wohnung von Sophie Küppers.

Dieses Bild von Sophies Liste zu finden, war für Clemens Toussaint relativ einfach. Ihm war jedoch der enorm hohe Streitwert einer Klage sowie die exponierte Stellung des Gegners klar. »Wer konnte es schon wagen, gegen einen Schweizer Milliardär in den Ring zu steigen, ohne k.o. geschlagen zu werden. Die Zeit war politisch noch nicht reif in der Schweiz, und wir kümmerten uns zunächst um die Bilder in Deutschland.«

Trotzdem setzte sich Jen Lissitzky mit Ernst Beyeler in Verbindung. Es kam zu einer Begegnung in Basel. Beyeler gab sich dem Künstlersohn gegenüber sehr freundlich und aufgeschlossen, er zeigte Jen das Bild, das sich damals, vor der Eröffnung seines Museums, noch im Depot befand. Er weigerte sich aber, ihm auch die Rückseite zu zeigen. Jen Lissitzky hätte darauf eine Inventarnummer der Nazis und einen Schweizer Zollstempel ohne Datum gefunden, weitere Spuren sind getilgt. Beyeler erklärte ihm, dass er sich als Eigentümer fühle, er solle sich an die deutsche Regierung wenden, die habe seiner Mutter das Bild schließlich abgenommen, nicht er.

Einige Zeit nach dem Besuch, am 8. März 1993, schrieb Jen Lissitzky folgenden Brief:

»Sehr geehrter Herr Beyeler,

gestatten Sie mir, auf diesem Wege nochmals meine Anerkennung für unsere Begegnung in Basel auszusprechen. Erfreut hat mich die Tatsache, dass Sie bereit waren, mir das Gemälde im Original zugänglich zu machen. Ich war tief beeindruckt, diesem wichtigen Werk Kandinskys schließlich gegenüberzustehen, nachdem mir meine Mutter so oft in Nowosibirsk von ihm erzählt hatte.

Die Tatsache, dass ich mich nun als Fremder diesem Familienstück nähern muss, hat mich tief erschüttert. Sie gaben mir zu verstehen, dass Sie nicht die geringste Veranlassung haben, die Eigentumslage des Gemäldes in Frage zu stellen. Wie soll ich dies alles begreifen?

Da mir die Fachsprache der Juristen fremd ist, habe ich eine Kölner Research-Company damit beauftragt, die genaue Rechtslage zu prüfen. Man hat das Max-Planck-Institut für internationales Privatrecht mit der Bitte um Klärung bemüht. Das Ergebnis ist klar und eindeutig, und besagt, dass mir die ›Improvisation Nr. 10‹ noch immer gehört …

Ich appelliere an Ihre Seriosität, ein Agreement zwischen Gentlemen möglich zu machen. Der Wert dieser Arbeit ist inzwischen so enorm, dass eine gütliche Regelung möglich sein sollte. Meine Diskretion sei Ihnen versichert. Ich bin für viele Ideen offen, denn natürlich will auch ich begrüßen, dass einem so wichtigen Bild sein Platz in einem Museum schließlich zusteht ...«

Die Antwort von Ernst Beyeler ließ nicht lange auf sich warten:

»Sehr geehrter Herr Lissitzky,

beim Durchlesen des juristischen Gutachtens betreffend ›Improvisation 10‹ von Kandinsky, das Sie mir mit Ihrem Brief vom 8. März 1993 zugesandt haben, scheint das maßgebende Element Ihrer Forderung Bösgläubigkeit seitens der Erwerber des Bildes zu sein. Gerade dieses Argument ist vollkommen haltlos, da ja meines Wissens die meisten Kunstwerke der ganzen ›entarteten Aktion‹ aus Museen stammten. Sie wurden auch auf Auktionen oder direkt in Deutschland von manchen Museen aus der ganzen Welt erworben. Einer der Hauptkäufer war Dr. Georg Schmidt, der damalige Direktor des Kunstmuseums Basel, der dank Regierungsbeschluss Hauptwerke der ›entarteten Kunst‹ erwerben konnte. Es wurde ihm als große Tat angerechnet, dass er auf diese Weise zahlreiche Kunstwerke gerettet hat, die dem deutschsprachigen Raum somit erhalten blieben. Nie habe ich etwas darüber gehört, dass einer der Erwerber dieser Kunstwerke eine Sorgfaltspflicht unterlassen hat, abzuklären, ob diese Bilder zu Recht durch den deutschen Staat veräußert werden konnten ...

Im Übrigen möchte ich auch erwähnen, dass Ferdinand Möller ein geachteter und anerkannter Kunsthändler für deutsche Kunst und besonders für deutsche Expressionisten war, der mit diesen Künstlern befreundet war und sich für sie sehr eingesetzt hatte.

Mit freundlichen Grüßen …

PS: Wir haben übrigens einige ›entartete‹ Bilder aus deutschen Museen in Amerika aufgestöbert und sie wieder diesen Museen zugeführt, die sie dann auch zurückerworben haben.«

Jen Lissitzky durfte mit einer gütlichen Einigung also nicht rechnen. Die Verhandlungen, die nun Anwälte übernommen hatten, dauerten mehrere Jahre und blieben erfolglos. Jetzt fordert er sein Bild mit allem Nachdruck zurück.

Am Freitag, dem 13. Juli 2001, reichte er Klage beim Zivilgericht in Basel gegen die Fondation Beyeler ein. Das mächtige Gerichtsgebäude, dessen drohender Schatten über den kleinen mittelalterlichen Häusern in den engen Altstadtgassen lastet, zu denen auch die Beyeler-Galerie in der Bäumleingasse 9 gehört, wird nun zum Schauplatz des wichtigsten Raubkunst-Prozesses der Nachkriegszeit. Nach 50 Jahren wird Ernst Beyeler seine Vergangenheit, hier, in dieser vertrauten Umgebung, wieder einholen.

Mit seiner Klage will Jen Lissitzky notfalls bis hinauf zum Bundesgericht gehen.

Nach Schweizer Gesetz ist Beyeler der rechtmäßige Eigentümer des Bildes, wenn sein »gutgläubiger Erwerb« eindeutig nachgewiesen wird. Wer »gutgläubig« Diebesgut gekauft hat, erwirbt nach fünf Jahren die Eigentumsrechte, falls in dieser Zeit sein Besitz nicht angefochten wird. Sollte er aber »bösgläubig« gehandelt haben, gibt es keine Verjährung. »Bösgläubig« ist in der Rechtsprechung des Bundesgerichts auch jener, der beim Kauf unvorsichtig handelt und seiner Sorgfaltspflicht nicht nachkommt.

Am Montag, dem 19. November 2001, kam es im Basler Gericht zu einem Treffen der Kontrahenten Ernst Beyeler und Jen Lissitzky mit ihren Anwälten und der Richterin Fabia Beurret-Flück. Dieser letzte Schlichtungsversuch, bevor der Prozess seinen Lauf nimmt, scheiterte und fand mit einem zynischen »Geschenk« des Museumsstifters an den Künstlersohn ein trauriges Ende. Auf den Vortrag Jen Lissitzkys, die »Improvisation Nr. 10« habe neun Jahre in der Wohnung seiner Mutter gehangen und 50 Jahre bei Beyeler, da wäre es doch ein Akt der Gerechtigkeit, wenn er sie nun wieder mit nach Hause nehmen könne, antwortete Beyeler sinngemäß: Er schenke ihm gern auf Lebenszeit eine Eintrittskarte für das Museum, dann könne er sich das Bild jederzeit anschauen.

Epilog

Was gerecht und was ungerecht ist,
bestimmen die Mächtigen
(persisches Sprichwort)

Als Jen Lissitzky im März 2002 die druckfrische Erstausgabe dieses Buches in Händen hielt, rief er mich an und bedankte sich für meine Arbeit, die seine Mutter sicherlich erfreut hätte. Er sei nun zuversichtlich, dass die Gerechtigkeit siegen werde. Allerdings, so fügte er hinzu, etwas gefalle ihm an meinem Buch überhaupt nicht, ja, er sei darüber in Zorn geraten. Noch heute höre ich sein grimmiges Lachen: »Warum musste das Foto auf Seite 221 so groß sein? Ich habe es herausgerissen!«

Das Foto, das ihn so ärgerte, zeigt die junge Olga Kolosowa, die sich später Olga Küppers nannte und eine Enkelin seiner Mutter Sophie ist. Er hat das immer in Frage gestellt. Mit »diesem Weib«, das sich die Gunst seiner Mutter erschlichen habe, wollte er nichts zu tun haben.

Er war ein verbitterter alter Mann, der sich mit seiner Frau Natascha in die Einsamkeit einer südspanischen Hazienda zurückgezogen hatte. Seine Hunde und Pferde liebte er mehr als die Menschen, denen er mit Misstrauen begegnete. Die ärmliche Kindheit in sibirischer Verbannung und das Leben unter den Zwängen eines totalitären Staates hatten seinen Charakter geformt.

Trotzdem betonte er immer, wie wichtig für ihn die Zusammenarbeit und Freundschaft mit Clemens Toussaint sei, der keine Mühen und Risiken scheue, die verschollenen Kunstwerke seiner Mutter aufzuspüren.

Vor allem Wassily Kandinskys frühes Meisterwerk »Improvisation Nr. 10«, das im Museum der Fondation Beyeler in Riehen bei Basel hing, wollte er zurückhaben, um das Vermächtnis seiner Mutter zu erfüllen. Und natürlich auch, um sich einen angenehmen Lebensabend zu ermöglichen. Das war sein großer Traum.

Damals deutete vieles darauf hin, dass das Zivilgericht von Basel tatsächlich in einem der spektakulärsten Raubkunst-Prozesse Europas einen richtungweisenden Entscheid um den rechtmäßigen Besitz von Nazi-Raubkunst fällen werde.

Doch dann überschlugen sich die Ereignisse.

Clemens Toussaint pflegte seinen Geschäftspartner im wöchentlichen Rhythmus anzurufen, um ihn über den neuesten Stand der Verhandlungen zu unterrichten. So auch an jenem 29. April 2002.

»Ich hatte meinen ersten Satz noch nicht zu Ende gesprochen«, berichtete er, »da unterbrach mich Jen mit den Worten: ›Vergiss das alles, ruf mich nie mehr an. Wir haben einen neuen Anwalt. Wir werden uns mit Beyeler einigen. Wir brauchen dich nicht mehr!‹ Ich konnte das Gehörte nicht fassen und nahm das nächste Flugzeug nach Spanien, um persönlich mit Jen zu sprechen. Doch er wies mir die Tür.«

Genauso überrumpelt wurde das internationale Anwälteteam, das im Auftrag von Jen Lissitzky auf Herausgabe des Kandinsky-Gemäldes geklagt hatte.

Die öffentlich ausgetragenen Kampagnen und subtilen Drohungen in den vergangenen Monaten gegen Clemens Toussaint und auch gegen dieses Buch bekamen nun plötzlich einen Sinn.

Für den Schweizer Milliardär und Museumsstifter Ernst Beyeler war die Zeit knapp geworden. Er und seine Anwälte hätten auf die 130 Seiten lange Klageschrift antworten und vor Gericht Punkt für Punkt die Argumentation der Klage widerlegen müssen. Das hätte ihm zumindest eine unerwünschte Öffentlichkeit beschert und womöglich seinem Ansehen geschadet, denn längst diskutierte die internationale Presse den ungewöhnlichen Fall.

Doch in der Zwischenzeit hatte ein Leipziger Anwalt hinter dem Rücken aller Lissitzky-Berater für Beyeler und seine Stiftung den Weg für einen außergerichtlichen Vergleich geebnet. Ein Moskauer Gericht bescheinigte, dass es neben Jen Lissitzky noch drei weitere Erben gebe: Anita Templin-Küppers, Olga Küppers und Dr. Peter Küppers. Jen Lissitzky, der immer als Alleinerbe aufgetreten war, verzichtete auf Widerspruch und ließ sich schließlich in eine Erbengemeinschaft einbinden.

Diese erklärte, das Bild nicht zurückbekommen zu wollen, sondern sich mit einer angemessenen Entschädigung zufrieden zu geben. Am 2. Juli 2002 kam es zu einer überraschenden gemeinsamen Presseerklärung der Beyeler-Stiftung und der Erben von Sophie Lissitzky-Küppers. Danach war der Streit um Kandinskys »Improvisation Nr. 10« offiziell beigelegt. Die verworrenen Wege, die das Gemälde genommen hatte, waren an einem Endpunkt angelangt. Es durfte im Beyeler-Museum verbleiben, die Erben der früheren Besitzerin wurden entschädigt. Über die Höhe der Summe war Stillschweigen vereinbart. Die Rede ist von mindestens zehn Millionen Schweizer Franken.

In der Presseerklärung wurde Jen Lissitzky mit diesem

Satz zitiert: »Das heutige positive Ergebnis würde zweifellos auch die Zustimmung meiner Mutter gefunden haben.«

Dieser Mutter, die er immer als eine Frau geschildert hatte, die bis an ihr Lebensende um Gerechtigkeit gekämpft hatte?

Danach hat sich Jen Lissitzky nie mehr öffentlich geäußert.

In einem unserer Gespräche, kurz nachdem er zum ersten Mal das Museum in Riehen besucht und vor dem Kandinsky-Bild gestanden hatte, sagte er: »Meine Mutter wäre nicht einfach wieder hinausgegangen wie ich, sie hätte das Bild notfalls von der Wand gerissen.«

Der Fall ist abgeschlossen. Nach außen hin mit einem Happyend. Die Besucher des Museums dürfen sich weiter an dem Gemälde erfreuen. Ernst Beyeler bleibt der gefeierte Wohltäter der Kunst. Den Erben wurde ein komfortabler Lebensabend ermöglicht.

Doch es ist ein bitterer Sieg.

Eine Chance war vertan: Ein Präzedenzfall, wie 60 Jahre nach Kriegsende mit Nazi-Beutekunst umgegangen wird, ist im Sande verlaufen. Einige bedauern das. Andere sind froh darüber. Clemens Toussaint, der an der Ausgleichszahlung nicht beteiligt wurde, musste in einem weiteren langwierigen und kostspieligen Gerichtsverfahren von seinem einstigen Freund wenigstens einen Teil seiner Auslagen in Millionenhöhe zurückfordern. Die menschliche Enttäuschung überwiegt seine finanziellen Einbußen. »Du bist jung, du kannst noch mal von vorne anfangen«, hatte Jen Lissitzky ihm in jenem Telefonat geraten.

Clemens Toussaint führt seine Arbeit fort. Zur Zeit ist der Beutekunst-Spezialist mit einem Team von Kunsthistorikern auf Spurensuche nach den rund 800 Gemälden und

Zeichnungen für die Erbinnen des jüdischen Kunsthändlers Jacques Goudstikker. Der Amsterdamer kam 1940 auf seiner Flucht vor den Nazis ums Leben, seine berühmte Kollektion niederländischer Meister aus dem 17. Jahrhundert wurde während der deutschen Besatzungszeit von Reichsmarschall Hermann Göring nach Deutschland verschleppt. Aber das ist eine andere Geschichte ...

Ingeborg Prior,
im Juli 2005

Quellenverzeichnis

Antonowa, Irina und Jörn Merkert (Hg.): »Berlin–Moskau 1900–1950«, München 1995

Berger, Jacob: »Sechsmal befreit«, Berlin 2000

Buber-Neumann, Margarete: »Als Gefangene bei Stalin und Hitler«, München 1946

Buomberger, Thomas: »Raubkunst. Kunstraub«, Zürich 1998

Doschka, Roland (Hg.): »Marc Chagall. Ursprung und Wege«, München 1998

Dostojewskij, Fjodor M.: »Tagebuch eines Schriftstellers«, München 1992

Ehrenburg, Ilja: »Menschen. Jahre. Leben«, Memoiren in 3 Bänden, Berlin 1982

Jung, Henrike (Hg.): »Avantgarde und Publikum. Zur Rezeption avantgardistischer Kunst in Deutschland 1905–1933«, Köln 1992

Katenhusen, Ines: »Kunst und Politik. Hannovers Auseinandersetzung mit der Moderne in der Weimarer Republik«, Hannover 1998

Kisch, Egon Erwin: »Mein Leben für die Zeitung 1926–1947. Journalistische Texte 2«, Berlin 1983

Klee, Paul: »Paul Klee. Leben und Werk«, hrsg. von der Paul-Klee-Stiftung, Kunstmuseum Bern und dem Museum of Modern Art, New York, Stuttgart 1987

Kosko, Nelli: »Die geraubte Kindheit«, Ahlen/Westfalen 1998

Küppers-Lissitzky, Sophie: »Biografische Aufzeichnungen«, Privatarchiv Jen Lissitzky

Lissitzky, El: »El Lissitzky. Maler – Architekt – Typograph – Fotograf. Erinnerungen, Briefe, Schriften. Übergeben von Sophie Lissitzky-Küppers«, Dresden 1967, 1992

Lissitzky, El: »Proun und Wolkenbügel. Schriften, Briefe, Dokumente«, herausgegeben von Sophie Lissitzky-Küppers und Jen Lissitzky, Dresden 1977.

Mierau, Fritz (Hg.): »Russen in Berlin. Literatur, Malerei, Theater, Film 1918–1933«, Leipzig 1990

Roters, Eberhard: »Galerie Ferdinand Möller«, Berlin 1984

Schmied, Wieland (Hg.): »Wegbereiter zur modernen Kunst. 50 Jahre Kestner-Gesellschaft«, Hannover 1966

Schuster, Peter-Klaus (Hg.): »Nationalsozialismus und ›Entartete Kunst‹. Die ›Kunststadt‹ München 1937«, München 1987

Schwitters, Kurt: »Anna Blume und andere. Literatur und Graphik«, hrsg. v. Joachim Schreck, Köln 1986

Stassowa, Jelena: »Genossin ›Absolut‹. Erinnerungen«, Berlin 1978